대역관

김지남

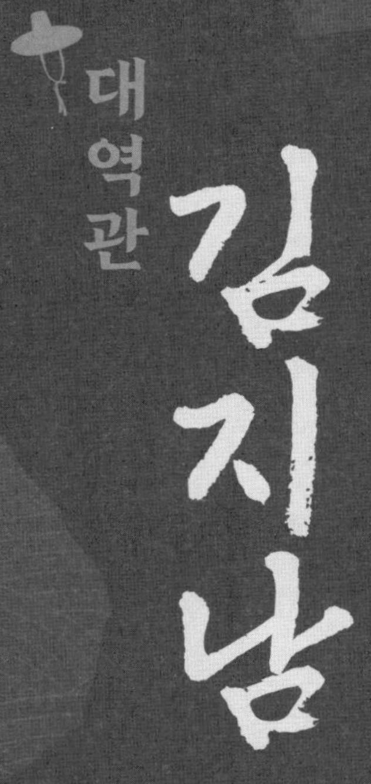

하치경 장편소설

백두산정계비의 진실

백두산정계비의 진실

백두산정계비는 조·청 두 나라의 국경조약입니다.
따라서 두만강이 아닌 토문강이 변계의 기준이 되어야 합니다.

바른북스

목차

1.

국경의 살인사건

1710년 11월 9일 오후, 음산한 가을비 속에 요란한 말발굽 소리가 돈화문 앞에서 멈췄다. 파발꾼의 얼굴은 상기되어 있고 말은 숨을 헐떡거렸다.

"평안도 관찰사 장계이옵니다."

한 통의 장계가 당직 승지에게 전해졌다. 겉봉에는 관찰사 이제(李濟)의 수결이 선명했다. 장계는 지난 10월, 평안도 위원에 사는 조선인들이 압록강 너머 청나라 사람 다섯을 죽이고 재물을 약탈해 갔다는 내용이었다. 당시 월강도 중죄였다. 게다가 사람을 다섯이나 죽이고 재물까지 훔쳐 왔다니 이것은 조선의 임금과 청의 황제가 풀어야 할 심각한 외교문제였다. 도승지는 장계를 황급히 임금에게 올렸다. 임금은 비변사에 긴급안보회의 성격인 지변사재상회의(知邊司宰相會議)를 열라고 하명했다.

잠시 뒤 전갈을 받은 좌의정과 예조판서, 병조판서 등, 외교와 국방요직을 맡고 있는 비변사 대신들이 속속 입궐하였다. 숙종 임금은 속이 타는 듯 냉수 한 잔을 마신 뒤 큰소리로 역정을 냈다.

"경원에서 김유일이란 놈이 청인 3명을 죽여 홍역을 치른 지가 엊그젠데, 또 이런 변이 일어나다니, 대체 변방 수령들은 무얼 하고 있다는 것인가?"

"황공하옵니다, 전하! 위원은 한양에서는 너무도 멀리 떨어져 있는데다, 죄인들이 한밤중에 강을 건너 범행을 저질러 수령들도 막을 수가 없었다고 하옵니다."

하고 좌의정 서종태가 책임회피성 발언을 했다.

“그게 무슨 당치 않은 말씀이오? 거리가 멀다니!”

좌의정의 변명에 호통을 치니 다른 대신들은 아무 말도 못 하고 이구동성으로 “황송하옵니다. 전하.”만 연발하고 있었다.

“지금 황송하고만 있을 때가 아니요. 대책을 내놔보시오.”

그러자 예조판서 김진규가 과거 사건의 경험을 바탕으로 아뢰었다.

“지금은 앞으로 일어날 사고의 방지책보다는 이 사건의 대응책이 시급한 줄로 아뢰옵니다.”

“그럼 어떻게 하겠다는 것이오?”

“저들이 이 사건을 알기 전에 우리 스스로 먼저 그 진실을 알리는 자재관을 보내 용서를 구하는 것이 급선무이옵니다.”

“사건의 진상을 파악도 하기 전에?”

“네, 그러하옵니다. 먼저 청에 자재관을 보내서 사건의 개략을 알린 뒤, 우리는 내부적으로 안핵사(按覈使)를 보내 진상파악을 하는 것이 순서이옵니다.”

“그러면 그렇다 치고 자재관과 안핵사는 누굴 보낼 것이오?”

“자재관으로는 역관 김경문을 추천하여 올립니다. 그자는 역관 김지남의 맏아들로 아비를 닮아 충성심도 강하고 매우 유능합니다.”

라고 예조판서가 계속 말하자 임금이 다시 물었다.

“그럼 안핵사는?”

“안핵사는 수찬 정식(鄭栻)이 어떠하온지요?”

라고 병판 민진후가 말하자 임금은 더 이상 지체할 겨를이 없다며 그대로 내정하여 급히 보내라고 명하였다. 그다음 날, 역관 김경문은 청나라 연경으로 떠나고, 안핵사 정식은 사건 현장인 평안도 위원으로 출발하였다.

***

안핵사로 떠난 정식이 20여 일 만에 위원 현지에서 조사를 마치고 사건의 진상을 알리는 장계를 보내왔다.

> 평안도 위원에 사는 이만지, 이만건, 이만성 형제와 같은 마을에 사는 이지군, 이선의, 이준건, 이준원의 형제, 그리고 송흥준, 윤만신 등 9명이 지난 10월, 야음을 틈타 강을 건너가서 청인 5명을 죽이고 그들의 인삼까지 약탈하였습니다. 그러자 그다음 날 청인 20여 명이 위원성문 앞에 몰려와 죄인들을 인도하라며 소란을 피우고, 순라장(巡邏將) 고여강을 납치했습니다. 위원 군수 이후열은 후한이 두려워 이 사건을 자기 선에서 무마시키려고 청인들에게 뇌물을 주었지만 유족들은 계속해서 죄인들의 인도를 요구했습니다. 이를 알게 된 관찰사 이제(李濟)가 급히 이만건 등 5명을 잡아 가두었는데, 며칠 뒤 이선의가 감옥을 부수고 탈옥을 하자 나머지 이만건, 이만성, 이만지, 이준원을 감옥이 보다 튼튼한 강계부로 이송하였는데, 그 유족들이 매복하고 있다가 총을 쏘며 죄인들을 탈취하여 도주했다고 합니다. 그러나 다행히도 그들을 모두 다시 붙잡아 하옥시켜 놓고 있습니다.

안핵사의 장계를 받는 비변사에서는 대책을 세우느라 다시 어전회의가 열렸다.

"이번에는 저쪽에서 그냥 넘어가지는 않을 듯한데…?"

청에서 어떤 조치가 나올지 몰라 초조한 임금이 먼저 대신들에게 물었다. 그러나 변방의 살인사건에 대해 대신들이라 하여 묘안이 있을 수가 없었다.

"황송한 말씀이오나 저쪽에서 어떠한 조치가 나올지 예단키 어려우니 추이를 봐가면서 대응하는 것 외에 달리 묘안이 있겠사옵니까?"

"좌상대감의 말씀이 옳을 듯하옵니다."

좌의정 의견에 예조판서와 병조판서도 동조를 하고 나섰다.

"글쎄, 선불리 우리 쪽에서 먼저 나설 수는 없겠지."

"얼마 후면 동지사와 저쪽의 동태를 살피고 있는 많은 역관들이 돌아올 때가 되었사옵니다. 그들은 결코 빈손으로 오는 법은 없으니 기다려 보는 것도 한 방책인 듯하옵니다."

지난해 연경을 간 동지사가 돌아올 때가 되었음을 알고 있는 예조판서가 다시 아뢰었다. 임금이 생각해도 별다른 대안이 떠오르지 않는 상황에서 여러 대신들이 청국의 조치를 기다려 보자는 쪽으로 기울자 그 의견을 따를 수밖에 없었다.

"동지사가 언제쯤 돌아올 것 같소?"

"3월 초순이면 복명이 있을 것이옵니다."

예조판서의 답변이었다.

"그럼, 그렇게 합시다."

하고 임금이 대안을 내지 못한 채 회의를 마쳤다.

한편 비변사에서는 청의 동태를 살피고 있는 역관들을 빨리 귀국시키라는 파발을 띄웠다.

그러던 중 3월 5일, 드디어 동지사 정재륜의 역관으로 따라갔던 김지남(金指南)이 청의 예부 공문을 비밀리에 입수하여 동지사가 써준 장계를 함께 가지고 먼저 귀국하였다.

김지남의 소식은 절망상태에 빠져있던 조정의 분위기를 한순간에 바꿔놓았다.

당시 역관들의 역할은 고유업무인 통역보다는 상대국의 정세와 주요 정보를 입수하며, 법으로 금지된 병서, 지도, 외교문서나 비밀문건을 빼내오는 일이었다. 그리고 양국 간의 통상문제도 실제적으로 조정해 주는 역할을 수행하고 있었다. 이번에도 김지남이 자신의 사적인 인맥을 이용하여 청나라 예부의 비밀문서를 입수하여 온 것이었다. 김지남의 보고를 받은 비변사에서는 다음 날 오전 바로 임금의 알현을 청했다.

어전회의에는 좌의정 서종태, 병조판서 최석항(새로 임명됨), 예조판서 김진규와 비변사 낭청, 그리고 김지남이 참석하였다. 임금은 김지남이 입수한 청의 예부 공문을 낭청으로 하여금 낭독케 하였다.

"조선국 사람이 우리나라 사람을 살해한 사정으로 예부와 심양에서 관원 한 사람씩을 차출하여 봉성으로 가니, 조선국 관원 한 사람과 함께 살인한 지방을 명확히 조사하는 것이 옳다. 이번 사건도 우리나라 사람이 조선과 서로 근접한 지방에 가서 고기잡이하는 일과 무관하지 않으니 앞으로 중국인의 고기잡이를 허락하지 않겠다. 이를 어기고 고기를 잡다가 조선에서 붙잡아 보내오면 엄히 죄를 물을 것이며, 그 지방관도 같이 처벌하겠다."

청의 예부 문서는 너무도 뜻밖이었다. 조정에서 죄인들과 책임자를 모조리 잡아 청으로 압송하고, 재발 방지를 위해 조선의 왕을 연경에 들어오라고 할 것을 예상하고 있었기 때문이다. 그런데 뜻밖에도 이번 사건의 원인을 청나라 사람들이 조선의 어부들을 괴롭혀 일어난 사건으로 보고 자기 나라 사람을 단속하게 하였다. 다만 양국 간의 국경선이 불명확하니 조사를 위해 차관을 파견할 것이니 조선에서 협조를 하라는 내용뿐이었다. 김지남이 입수한 이 공문을 보고 실로 안도의 숨을 내쉰 사람은 바로 숙종 임금이었다. 왜냐하면 변계에서 월경과 살인, 목재 도벌 등 큰 사건이 일어날 때마다 재발 방지를 요구했고 그때마다 왕을 입조시키겠다고 공공연히 말해왔기 때문이었다.

예부 공문 낭독이 끝나자 동지사의 장계도 이어서 낭독하게 하였다.

"신 동지사 정재륜이 그동안 황성에서 있었던 일을 삼가 아뢰옵니다. 일전에 예부에서 황제의 뜻이라며 신을 불러 묻기를, '조선의 살인사건이 있었던 위원군은 길림에 가까운가? 봉천에 가까운가?' 하고 묻기에 봉천에 가깝다고 답하였습니다. 그런 뒤, '압록강(鴨綠江)·토문강(土門江) 일대는 모두 우리나라 지방에 관계되는데, 다만 도로가 요원하여 명백한 조사를 못 하였으니, 이제 심양 장군의 일행 수 명이 도착하면 조선에서 보낸 관원 수 명과 함께 조사 감정하여 영토의 국경을 나누어서 세우겠다.'고 하였습니다."

동지사의 장계 낭독이 끝나자 임금은 한동안 아무 말이 없었다. 살인사건의 진상을 조사하러 오는 것이 아니라 그것을 빌미로 압록강과 토문강 일대의 영토를 조사하겠다는 것은 또 다른 차원의 문제였다.

장계의 내용대로라면 살인사건보다 영토조사 문제가 훨씬 더 중요하고 심각한 문제였다. 왜냐하면, 조선은 이미 병자호란으로 청과 군신의 관계를 맺고 있으니 우리 땅도 자기네 땅이라고 하면 끌려갈 수밖에 없기 때문이었다. 그때부터 어전의 분위기는 완전히 거꾸로 바뀌었다. 임금도 대신들로 아무 말을 못 하고 한동안 침통한 분위기가 이어졌다.

좌의정이 분위기를 바꾸려고 김지남으로 하여금 심양에서 심양 장군을 만나 직접 들은 이야기를 아뢰게 했다.

"소인이 심양 장군으로부터 들은 이야기를 소상히 아뢰겠사옵니다. 장군이 말하기를 차관(청의 조사관)이 3월 10일에 연경을 떠나, 4월 4, 5일 사이에 심양에 도착하여, 초 10일 사이에는 봉성으로 갈 것인데, 황상이 차관에게 분부하기를 '반드시 봉성에 주재하여 살인한 곳을 조사하되, 강을 건너 조선에 폐해를 끼치지는 말게 하고, 그 일을 조사하여 아뢴 뒤에는 이내 장백산으로 가도록 하라.'고 하였으며, '부득이하여 조선 지방을 지나가더라도 일체의 음식을 제공받지 말라.'고 하였답니다."

김지남의 말을 듣고 있던 임금의 생각은 더 혼란스러웠다.

"그러면 청차가 살인사건은 봉성에서 하고, 그것이 끝나면 백두산으로 와서 우리 땅을 조사하겠다는 말이 아닌가."

"네, 전하! 그러하옵니다."

하고 좌의정이 아뢰었다.

"그렇다면 이번에 오는 차관의 주된 목적은 무엇인가?"

"아무래도 2가지 목적이 다 있는 것 같사옵니다."

"그렇다면 변계조사에 대해서는 특별히 만전을 기해주시오."

라고 하면서 오늘은 이만하자고 했다.

변계조사에 만전을 기하라는 어명에 따라 비변사에서는 청의 차관과 함께 일을 할 참핵사(參覈使)를 선정해 보내야 했다. 두서너 번 회의를 거쳤지만 사람을 정하지 못해 또다시 어전회의가 열렸다.

"전하! 수역 김지남에 의하면, 4월 초에는 청의 사관이 온다고 하니 우리 측에서도 그들과 같이 일을 할 참핵사를 보내야 할 터인데 황송하옵게도 마땅한 사람을 찾지 못해 감히 전하께 주청 드리는 것이옵니다."

"그야 어려울 게 있소, 사헌부 대사간 송정명을 보내시오."

이렇게 해서 송정명이 참핵사로 차출되었다. 임금은 그를 조용히 편전으로 불렀다.

"이번에 참핵사로 공을 보내는 것은 저 사람들이 살인사건 조사를 핑계로 자꾸만 백두산을 가려고 하고 있소. 과인은 그들의 저의가 매우 궁금하오. 그러니 어떠한 일이 있더라도 그들이 우리 강역 안으로 함부로 들어오는 것만은 막아야 할 것이오."

"명심하겠사옵니다. 전하!"

"그럼, 잘 다녀오시오."

다음 날, 송 대사간은 참핵사가 되어 군관 둘을 데리고 서둘러 한양을 출발했다. 봉성으로 가는 길은 몇 번의 사행을 다녀오면서 이미 익숙해져 있었다. 고양, 파주, 장단을 거쳐 연행사로 갈 때는 3일 만에 도착했던 개성을 밤낮없이 말을 달려 이틀 만에 도착했다. 지방 수령들이 의례적으로 열어주는 연회도 일체 거절하고 오직 먹고 자고 가는 일에만 열중하여 통상 20여 일 만에 도착하던 의주 땅에 보름 만인 3월 27일에 밤늦게 도착했다. 참핵사는 곧바로 용만관으로 향했다. 의주에서도 조정에서 누군가가 오리라고 예상은 하고 있었지만 이렇게 대사간이 사전 예고도 없이 오리라고는 미처 생각을 못 하고 있었다. 그런데 밤늦게 한양에서 대사간이 참핵사로 왔다는 보고를 받은 부윤 심수현이 자다 말고 일어나 의관을 갖춰 입고 참핵사를 맞이했다.

"아이구! 어서 오십시오. 대사간 나으리. 어찌 기별도 없이 이렇게 야심한 시간에…."

"일이 그렇게 되었소이다. 혹시 봉성에서 무슨 연락이 온 게 없었소?"

"예, 아직은 없었습니다. 저쪽에서 사관이 나올 것이라는 소문은 듣고 있었습니다만 아직은 없었습니다."

"다행이군요, 내가 저들보다 늦지 않았으니."

"허기가 심하실 테니 우선 요기를 좀 하셔야 하지 않겠습니까?"

"그럴 것 없습니다. 우선 있으면 식은 밥이라도 물에 말아 한 숟갈 뜨도록 해주세요. 지금 너무 피곤해서 밥 생각도 없고 지금 눈꺼풀이 천근입니다."

그래도 남은 밥이 없어 부윤이 밥을 새로 지으려고 노비를 부르려 하니 참핵사는 그럴 필요는 없다며 끼니도 거른 채 잠자리에 들었다.

다음 날 아침, 참핵사는 늦잠을 자다 노복들의 마당 쓰는 빗자루 소리에 잠을 깼다. 눈을 뜨니 창문이 훤하게 밝아 문을 열어보니 마당에는 벌써 닭들이 먹이를 찾아 이리저리 다니고 있었다. 너무 지쳐 날이 새는 줄도 모르고 잤던 것이다. 송 참핵사는 청차의 소식을 듣기 위해 역관을 봉성에 보냈다. 그 역관은 "4월 3일 조선의 차관들은 봉성 객사로 나오라."는 전갈을 받아가지고 돌아왔다.

***

송 참핵사는 의주 부윤의 안내를 받으며 청차들이 온다는 4월 3일 아침 봉성으로 출발했다. 압록강의 4월은 봄이 아니었다. 북쪽에서 불어오는 바람이 어찌나 매서운지 눈을 뜨기도 어려웠다. 미리 대기시켜 놓았던 배에 오르니 비릿한 물 냄새가 코끝을 스쳤다. 사신을 가느라 여러 차례 이 강을 건넜고, 구련성을 지나니 봉성으로 가는 길은 변한 게 없어 참핵사는 옛 추억이 새롭기도 하였다.

봉성에 도착하니 문지기가 성문을 열고 기다리고 있었다. 웅장한 봉성의 성채가 고구려인의 기상을 유감없이 드러내 보였다. 문지기는 일행을 회의장으로 안내했다. 회의장은 빈 탁자에 의자만 덩그러니 놓여있었다. 일행은 참핵사, 낭청 김연수, 역관 김현수, 위원군 형방 김철과 함께 서열대로 문 쪽 의자에 자리를 잡고 앉아 그들이 나타나기를 기다렸다.

한참이 지나서야 청의 사관 5명, 대통관, 군관 2명 등 모두 8명이 들어와 안쪽에 자리를 잡고 앉았다. 참핵사 일행은 모두 자리에서 일어나 그들에게 고개를 숙이며 인사했다. 그들은 우리 측에 맞절을 하는 것이 아니라 일방적으로 절을 받는 태도를 취했다. 그러니 양측의 분위기가 좋을 리 없었다. 그래도 아무런 내색을 하지 못하고 역관 김현수가 우리의 일행을 차례대로 소개했다. 그러자 청의 대통관도 총관 목극등 외 4명의 사관을 차례로 소개하고 자신은 김소걸이라고 소개를 마쳤다.

양측의 소개가 끝나자 총관이 말을 꺼냈다.

"황제 폐하께서 살인한 곳을 명확히 조사하도록 명하였으니, 내일부터 참핵사는 우리와 같이 사고지역을 자세히 살피고 나서 죄질의 경중에 따라 죄인을 판결해야 할 것이다."

"사고지역을 자세히 살핀다."는 총관의 말에 참핵사가 물었다.

"사고지역을 가신다고요? 본관은 이번 조사는 봉성에서만 조사하는 것으로 알고 왔습니다. 만약 이곳 봉성을 벗어나 조선으로 들어가시려면 우리 조정의 승인을 다시 받아야 할 것입니다."

"조금 전에 '본관'이라 했는가? 앞으로는 소직이라고 하라! 어디 감히 대국의 차관(差官) 앞에서 본관이란 말을 함부로 지껄이는가? 그리고 대국의 백성이 살해되어 황명을 받고 사고 현장으로 가겠다는데 조선의 허락을 받아야 한다고? 그러면 감히 황명을 따르지 않겠다는 것인가?"

회의는 시작부터 청의 사관은 반말로 겁박하는 자세로 나왔지만, 참핵사는 개의치 않고 담담하게 자신의 소견을 피력해 나갔다.

"황명을 거역하겠다는 말씀이 아니라, 본관이 이곳에 올 때 명을 그렇게 받았다는 뜻입니다."

"또 본관이라고 했나? 자꾸 본관이라고 할 것인가?"

"네, 본관은 그렇게 할 것입니다."

"하! 이것 참, 조선 놈의 고집하고는! 그래, 그러면 어떻게 하겠다는 것인가?"

"조정의 승인을 받으려면 적어도 열흘은 걸릴 것이니 그때까지 이곳에서 머물러 주시오."

"나를 보고 여기서 열흘을 기다리라는 말인가?"

"네, 그러하옵니다."

"그러면 압록강을 건너 의주 용만관에 가서 기다릴 것이니 빨리 가서 받아 오도록 하라."

"그것도 안 됩니다. 조정의 허가 없이는 우리 조선 땅으로 들어갈 수가 없습니다."

그러자 총관과 대통관도 소리를 지르며 화를 냈다.

"조선의 대사간이라고 하더니 어디서 대고집통을 데려왔구먼!"

그러나 참핵사는 태연하게 말했다.

"총관께서 황명을 받들어야 하는 것처럼 본관도 우리 임금님의 지시를 거역할 수 없습니다."

참핵사가 끝까지 주장을 굽히지 않자 그들은 흥분을 감추지 못하고 화를 내며 말했다.

"이번에 우리가 조사를 나온 것은 중국인이 변경에 사는 조선인에게 어려운 고통을 주어 발생한 것으로 알고 앞으로 이러한 폐단이 일어나지 않도록 하기 위해 나온 것인데 사고 현장에 가지 못하게 하는 게 말이 되는가. 우리는 그대들이 무슨 말을 해도 사고 현장에도 가야 하고 그 일이 끝나면 즉시 장백산으로 갈 것이다."

하고는 두 소매를 탈탈 털며 일방적으로 회의장을 박차고 나가버렸다.

그 이튿날도 두 번째 회합을 가졌으나 결과는 같았고, 3일째는 아예 회의장에 나오지도 않고 안내인을 준비시키도록 강요했다. 참핵사는 그들의 요구를 거부했다. 그들이 고압적인 태도로 겁박은 하고 있었지만 길을 모르기 때문에 조선의 안내 없이는 압록강을 건너올 수도 없어 양측은 서로 조선에 들어가겠다, 못 들어온다, 기세싸움만 벌이고 회의는 완전히 교착상태에 빠져있었다.

***

봉성에서의 교착상태를 타개하기 위하여 비변사에서는 역관 김지남을 급파했다. 참핵사의 요청으로 회의가 다시 열렸다.

"그대는 당신네 왕의 허락을 받아왔나?"

하고 총관이 김지남을 바라보며 말했다.

"나는 조선의 역관 김지남입니다. 사관님들께 드릴 말씀이 있어 왔습니다."

"뭐라? 지금, '나는'이라고 했나?"

"예, 그렇습니다."

"앞으로는 '소인'이라고 해!"

하면서 다시 물었다.

"드릴 말씀이라는 게 무엇이냐?"

"지난 3월, 동지사를 배종하고 돌아오다 심양에서 심양 장군을 만났는데 그때 장군께서 위원의 살인사건은 봉성에서 조사하고 조선의 강을 넘지 말라는 황명이 있었다고 들었습니다. 그런데 총관께서는 지금 조선의 국경을 넘으려 한다고 들었습니다."

"심양 장군? 내가 총사관이야, 내가 간다면 가는 거야."

"국가의 사신은 상명에 따라야 하는 것으로 알고 있사옵니다."

"뭐야? 저런 저따위 버르장머리 없는 놈을 봤나, 누구를 가르치려 드는 거야?"

하면서 총관이 버럭 고함을 질렀다.

"내가 비록 신분은 역관이지만 일국의 왕명을 수행하는 사람입니다. 이렇게 함부로 대할 일은 아니라 생각합니다."

하고 지남이 조금도 위축되지 않고 꼿꼿한 자세로 자신의 위치를 말했다. 김지남이 너무도 당당하게 나가니 총관도 할 말을 잃고 한동안 째려보다가 말했다.

"저 인간이 또 '내가'라고 말하는 것 좀 봐! 저걸 그대로 내버려둘 것인가?"

"총관님, 대국의 대인다운 언행을 보여주십시오, 그렇게 저급한 막말은 대인의 격에 어울리지 않습니다. 그리고 조선으로 넘어가시려면 황지를 보여주십시오."

하고 지남이 총관에게 증거를 요구했다.

"본관은 황명을 받드는 대국의 총관인데 너희 같은 소국의 관리에게 그런 것까지 보여주어야 하나? 내가 간다면 가는 것이다!"

"그럴 수는 없습니다. 분명하게 이번 살인사건은 봉성에서 양국의 차관이 함께 조사하라는 말을 들었습니다. 그리고 심양 장군은 결코 거짓말을 하는 사람이 아닙니다."

라고 하였다. 그러자 그들은 그날도 자리를 박차고 또 회담장을 빠져나가 버렸다.

그 뒷날 총관이 참핵사를 불러 황금색 궤짝에서 황지를 보여주었다. 거기에는 사고 조사는 봉성에서 하고 그것이 끝나면 장백산으로 가라는 내용이 있었다. 황지에도 사고 조사는 봉성에서 하도록 하였다는 김지남의 말이 옳았다. 김지남과의 회합이 끝난 뒤, 청의 대통관 김사걸이 찾아와 자신들은 봉성에서 기초조사를 하고, 현장에 갈 때는 압록강 북쪽의 자기 나라 연안을 따라서 갈 것이라고 전했다. 김지남이 그들의 항복을 받은 셈이었다.

김지남이 그들의 조선 입경을 막았으나 조사가 끝나면 자기 땅을 밟으며 백두산으로 가겠다는 황제의 밀지를 보여주었으므로 그것은 막을 수가 없어 참핵사는 급히 접반사(청의 사신을 맞이하는 조선의 관리) 파견을 요청하는 장계를 보냈다. 장계를 받은 임금은 급히 도승지 유집일을 접반사로 보내게 되자 그를 편전으로 불렀다.

"도승지, 어떻게 하든 그들의 입경을 막으시오. 그렇게 하다가 황제의 밀지를 보이며 한사코 들어오겠다고 하면 설한령(薛罕嶺)으로 안내하여 그들 스스로가 좌절토록 하시오. 그래도 그 영을 넘겠다고 하면 그것은 경의 능력에 달려있소."

"그 영을 왜 못 넘게 하시오니까?"

"자성, 무창 두 진(鎭) 때문이오."

"네! 알겠사옵니다. 신이 미처 거기까지 미치지 못하였사옵니다."

조선에서는 세종 때 설치했던 4군(연연, 무창, 자성, 우예)을 여진의 반환간청과 관리의 어려움을 이유로 폐지하였으나. 그 뒤 여진의 노략질이 심해 자성과 무창 두 군에 군사를 파견하여 사실상 운영하고 있었기 때문이었다.

이튿날 도승지는 사령과 군관 둘을 데리고 서둘러 한양을 출발했다. 그는 현지로 가면서도 청차가 한사코 우리 경내로 들어오겠다고 하면 어떻게 그의 의지를 꺾어야 할지 그 궁리만 하고 갔다. 접반사에게 위원은 초행이었다. 게다가 청의 사관들보다 먼저 도착해야 하니 마음도 무척 급했다. 무악재를 넘어 경기 감영에서 수하들의 말을 제공받아 갈 길을 재촉했다. 허겁지겁 서둘렀지만 고양에 이르니 해가 저물기 시작했다. 그래도 말을 더 달려 벽제관에서 묵었다.

이튿날 새벽부터 말을 급히 몰아 파주 교하와 임진강 장단부를 거쳐 사흘째 되는 날 송도에서 자고 6일째 되는 날 평양에 도착했다. 평양을 지나 안주에서는 서쪽으로 가면 정주, 의주로 가지만 이번에는 위원으로 가니 북쪽으로 직행하였다. 위원군에 도착하니 송 참핵사, 이 평안관찰사, 황흔 신임 군수, 김지남이 미리 기다리고 있었다.

"어서 오시지요, 도승지 영감! 원로에 얼마나 고생이 많으셨습니까?"

얼마나 급하게 달려왔는지 도승지와 수하들의 몸에서는 김이 모락모락 나고 땀 냄새가 진동을 했다.

"고생이랄 게 있소? 그런데 저쪽에선 언제 온다는 기별은 있소?"

"아마, 내일 중으로는 도착할 것 같습니다."

도승지는 하루라도 먼저 오게 되어 다행이라는 듯이 고개를 끄덕이며 객사 안으로 들어갔다.

도승지는 먼저 땀을 씻은 후 군수의 집무실인 반설헌(伴雪軒)에 다시 모였다.

"원로에 고생이 많으셨습니다."

"여기 계시는 분들이 고생이지 나야 뭘 고생이랄 게 있소? 장계는 보았소만, 지금 상황은 어떻게 돌아가고 있소?"

도승지는 참핵사의 인사에 답하면서 이곳 사정을 물었다.

참핵사는 김지남의 담판으로 청의 사관들이 조선으로 넘어오지 않고 압록강 북쪽 연안을 따라 위원으로 출발했기 때문에 늦어도 하루 이틀 안으로 위원 근처에 오리라고 예상하고 있다며, 사고 조사가 끝나면 황제의 뜻이라며 백두산으로 가겠다고 거듭 말하고 있어 막을 수가 없다고 말했다.

"대체 저 사람들이 백두산을 왜 가려고 한답디까?"

"그 저의를 지금은 알 수가 없습니다. 다만 자꾸 황제의 뜻이라고만 합니다."

"조정과 비국에서는 저들이 이번 사건을 계기로 강희제의 즉위 50주년에 맞춰 자기들의 영토를 획정하려는 의도가 있다고 보고 있습니다. 주상 전하께서도 저들의 저의를 읽고 설한령을 넘는 일은 없어야 한다고 당부하셨습니다. 그래서 내가 급히 온 것이오."

"그게 설한령과는 무슨 관련이 있습니까?"

하고 참핵사가 재차 질문을 하자 도승지는 주위를 한 번 둘러보더니 목소리를 낮추며 설명하기 시작했다.

"역사적으로 백두산을 비롯한 이 일대의 모든 영토는 고구려 강토였지요. 그 후 고려가 건국되면서 이 지역은 여진족이 많이 살게 되었는데, 세종께서는 최윤덕과 이천을 도절제사로 삼아 압록강 일대에 여진족을 몰아내고 4군(여연군, 자성군, 무창군, 우예군)을 설치하시고, 김종서와 하경복 장군을 절제사로 삼아 함경도 두만강 일대에 6진(종성, 온성, 경원, 경흥, 회령, 부령)을 설치하신 사실은 여러분도 잘 알고 있지 않습니까? 그때 임금께서는 남쪽의 백성들을 이곳으로 이주시켜 살게 하여 압록강과 두만강 이남은 조선의 국경처럼 되어버리고 그 이북은 완전히 회복하지 못한 채 조선, 여진, 거란이 서로 얽혀 사는 곳이 되고 말았지요.

그런 후에도 여진은 계속해서 4군 지역을 급습하고 그 지역을 돌려달라고 애원하며 급습하는 사례가 많은 데다 그쪽은 날씨가 너무 춥고 지형이 험준하여 그곳을 보전하기가 어려워지자 1455년(단종 3년)에 여연, 무창, 우예, 3군을 폐하였고 제일 남쪽에 있던 자성군 마저 1459년(세조 5년)에 폐하여 그 이후 이 지역을 폐사군(廢四郡)으로 불렀습니다.

그 뒤 지금의 전하(숙종)께서 폐사군지역에 4진을 다시 설치하려다 사람이 살기 어렵다 하여 병조판서를 지낸 우의정 김석주의 청에 따라 청나라 몰래 무창, 자성 두 진을 설치하여 두었던 것입니다. 그래서 전하께옵서는 어떤 일이 있어도 그들의 접근을 막기 위해 설한령을 넘지 못하게 하라고 당부하셨습니다. 특히 백두산과 폐사군지역은 청나라 사람들이 자기들의 조상들이 살던 곳이라 애착을 가지고 계속 탐을 내고 있는 곳이라고 말씀하셨사옵니다."

도승지의 말을 듣고 모두 고개를 끄덕였다.

"그렇다면 앞으로의 일은 소관에게 맡겨주십시오."

하면서 관찰사 이제가 앞으로의 역할을 자임하고 나섰다.

"아니, 관찰사가 저들의 의도를 바꿀 수 있는 묘책이라도 있소?"

하며 도승지가 물었다.

"그쪽은 소관의 관할지역이니 저에게 맡겨주시면 알아서 처리하도록 하겠습니다."

"믿어도 됩니까?"

"믿으면 믿음이 되고 믿지 않으면 불신이 되는 것입니다."

하고 서로 웃음을 주고받았다.

***

다음 날 해 질 녘, 갈헌보(加乙軒堡) 군사 2명이 황급히 위원으로 달려왔다.

"군수님, 그 사람들이 온 모양입니다. 강 건너 비학산 자락에 일단의 무리들이 나타나 천막을 치고 불을 피우는 모습이 보였사옵니다."

김지남이 그 군사 둘을 데리고 강을 건너가 확인해 보니 그게 사실이었다. 그날 저녁 밤이 이슥토록 대응책을 논의했으나 특별히 할 일이 없어 날이 밝으면 문안인사부터 하기로 했다.

다음 날(5월 18일) 아침. 유 접반사, 이 관찰사, 송 참핵사, 황숙수 군수, 그리고 김지남이 인사차 강을 건너 막사를 방문했다. 그들은 접반사 일행을 앉으라는 소리도 없이 소 닭 보듯 했다. 자신들이 봉성에서 이곳까지 올 때 조선으로 들어오지 못하게 한 앙갚음이었다. 그래도 접반사는 아무렇지도 않은 듯 인사말을 건넸다.

"먼 길 오시느라 수고가 많으셨습니다. 오는 길에 임금님의 어첩과 예단을 가지고 왔습니다."

"어첩과 예단?"

라고 대통관 김사걸이 물었다.

"그렇소."

그러자 목 총관이 도승지에게 말을 걸었다.

"길도 안내하지 않으면서 어첩과 예단은 뭣하러 가지고 왔는가? 우리가 죽었는지 살았는지 확인하려고 온 거지?"

"반말을 삼가시오. 이 어른은 왕을 모시는 도승지이오, 청으로 치면 황제 폐하를 직접 모시는 분이오."

하고 참핵사가 총사관의 오만한 언사를 나무랐다. 그래도 그들은 들은 척도 하지 않았다.

그러자 도승지가 점잖게 말을 건넸다.

"내일은 위원의 관소에 와서 편히 일을 보시지요."

"우리는 내일 만포, 강계를 거쳐 함경도 경원으로 갈 것이니 안내인 한두 명을 대기시키고, 참핵사는 범죄조사서를 올리도록 하라!"

총관은 자기 할 말만 하고 막사를 나가버렸다. 첫날 도승지의 방문은 그렇게 끝이 났다. 총관의 말은 쉽게 납득이 되지 않았다. 평안도 위원에서 함경도 경원까지는 수천 리 길인데 그 말을 하는 것을 보면 총관도 우리 쪽 지역 사정을 잘 모르는 듯하였다.

그 뒷날 아침, 총관 일행이 위원성 북문 앞에 나타났다. 접반사와 관찰사가 그들을 객사로 안내했다. 그들은 접반사가 대접하는 차도 마시지 않았다. 총관은 송 참핵사에게 명령하듯 말했다.

"살인사건의 공초(범죄조사서)를 가지고 오라!"

송 참핵사는 이미 정 안핵사가 조사해 놓은 사건 조사서를 토대로 준비한 공초를 건넸다.

공초는 서두에서 사건의 발단 원인을 요약하고 이어서는 사건의 진상이 소상하게 기록되어 있었다. 총관은 대통관으로 하여금 공초를 큰 소리로 읽게 하였다.

"압록강 연안에는 물고기를 잡아 생계를 이어가는 조선인이 많이 살고 있었다. 그런데 언제부턴가 청인들의 숫자가 날로 늘어나면서 물고기 잡이가 점점 어렵게 되자 그들과 대립이 날로 심해져 갔다. 양측은 수역은 물론이고 잡은 물고기까지 다툼이 생겨 급기야는 서로의 목숨까지 넘보게 되었다…."

대통관이 이 부분까지 읽고 나자 총관이 큰 소리로 말했다.

"바로 이거야! 참핵사가 이 사건의 진상을 바로 알고 있구나. 이 사건은 대국의 어민이 소국의 어민들을 침학(侵虐)하여 생긴 것이야. 그래서 이런 폐단을 없애주려고 내가 왔는데 길을 안내해 주지 않으니 이런 괘씸한 일이 어디 있단 말인가!"

하면서 총관은 조선의 안내 없이 길도 없는 압록강 북쪽 연안을 따라온 것을 몹시 분해하는 모습이었다. 그리고 눈을 감은 채 나머지 부분을 듣고 있었다.

"됐어! 됐어! 조사서는 이정도면 됐어. 그런데 안내인은 준비되어 있나?"

"안내인은 있습니다만 어느 길로 가시렵니까?"

하고 관찰사가 물었다.

"아니, 이곳에서 만포, 강계를 거쳐 장백산으로 간다고 몇 번이나 말을 했는데, 조선인은 왜 그렇게 수천 번씩 말을 해도 말귀를 못 알아듣는가? 머리가 그렇게 멍청한가?"

하고 역정을 부렸다.

"총관님, 이 일대는 본관의 관할이라 길을 능히 알고 있습니다. 위원에서 만포 고산까지는 길이 좋으나, 강계에 접어들면 설한령이라는 극험한 영이 1,000리나 가로막고 있어 개벽 이래 그 길을 가본 사람이 없습니다. 그래서 안내를 하려 해도 할 수가 없습니다."

하고 이 관찰사가 그 지역의 도로사정을 설명했다.

"말도 안 되는 소리! 나는 당신들의 속내를 잘 알고 있다. 임신년(1692년)에, 조선이 대국에 보낸 자문(공문)에 '연강(沿江) 수천 리가 황폐하고 절험하여 사람이 없으므로 월경을 하는 일이 한두 번에 그치지 않았다.'는 등의 말이 있었다. 그래서 황상께서 압록강의 연안에서 변란이 일어난 곳을 소상하게 조사하여 다시는 그런 폐단이 없도록 하라고 하였는데 왜 길 핑계를 대는 것인가?"

이때 김지남이 나서 총관이 하는 말을 바로잡고 나섰다.

"만약 이번 일로 다시는 이런 일이 재발하지 않도록 후폐를 염려하신다면 마땅히 압록강 북쪽 연강만 살펴서 대국 사람들만 천렵을 하지 못하도록 하면 될 것입니다. 그리고 임신년 칙사가 조선에 나왔을 때도 도로의 통행이 불가능하여 황제께서 그 조사를 중지하게 하였는데 그 자문은 양국이 등사하여 서로 한 부씩 가지고 있습니다. 원하시면 그 사본을 다시 올려드리겠사옵니다."

하고 김지남이 7년 전에도 길이 험해 사관들의 현지 조사를 중지 시킨 일을 소상히 밝히며 상기시키자 총관이 또 할 말문이 막혀버렸다.

그러더니 김지남에게 아주 심한 모욕을 주었다.

"아! 저 인간이 왜 또 여기서 나서는 것인가? 저따위 버르장머리 없는 놈을 내쫓지 않고 계속 내버려둘 것인가?"

"말씀이 너무 지나치십니다. '저따위 버르장머리 없는 놈'이라니요. 저 사람도 일국의 왕명을 받고 온 사람입니다."

라고 접반사가 김지남을 두둔하자 총관은 더 이상 말을 않고 한참을 째려보다가 말을 이었다.

"내일 우리 사관이 장백산 가는 길을 사전답사 하러 올 터이니 그 때 안내나 잘해!"

하고 또 소매를 탈탈 털며 그들의 막사로 돌아가 버렸다.

그다음 날 막사에서 사관 한 사람이 호위군 두 사람을 데리고 길 안내를 요구했다. 이 관찰사의 말대로 만포 고산리를 지나 강계에 이르면 설한령을 넘을 수 없는지 사전답사를 시키려는 것이었다. 관찰사도 자신이 한 말이 있어 안내를 자처했다. 역시 김지남도 장교 한 사람을 데리고 선두에 합세했다.

위원에서 만포 고산리를 거쳐 강계까지가 200리 길이 족하니 이곳 사정에 밝은 사람이라도 이틀은 잡아야 했다. 그러나 관찰사가 직접 나서는 데는 나름의 속셈이 있었다. 관찰사는 도승지에게 인사를 하고 수하들을 데리고 태연히 고산리로 향했다. 100여 리를 달려 만포 고산리성에 도착하니 성에는 붉고 푸르고 노란 삼색의 군기가 펄럭이고 있었다. 성루 장대에서 한 장수가 소리를 질렀다.

"성 아래 달려오는 자들은 누구인가?"

"장수는 냉큼 내려와 예를 갖춰라. 관찰사 이제 영감이시다."

"무슨 소리냐? 관찰사가 온다는 전갈이 없었다."

"본관은 함경도 관찰사이다. 냉큼 내려와 성문을 열고 대국의 사관들을 뫼시도록 하라!"

자신이 관찰사라는 말은 들은 장수는 성문을 열고 부하들을 데리고 나와 무릎을 꿇고 예를 갖췄다.

"소장 고산리 첨사 고일입니다. 무례를 용서하시옵소서."

만포 고산리는 예전부터 춥고 먹을 것이 부족하여 늘 여진족의 약탈이 끊이지 않는 곳이었다. 그래서 민가도 적고 주점도 없어 점심을 해결하고자 이곳에 일부러 들른 것이었다.

관찰사는 고 첨사에게 청의 사자들에 대한 융숭한 대접을 당부했다. 첨사는 창고를 열어 사슴과 산토끼를 굽고, 압록강에서 잡은 민물고기 매운탕에 싱싱한 산채를 곁들여 그야말로 상다리가 휘도록 점심상을 차렸다. 첨사는 민물 매운탕에는 술이 빠질 수가 없다며 탁주를 내오게 하였다.

"사관 나리, 찬은 없지만 첨사의 성의를 봐서 맛있게 들어주십시오."

라고 관찰사가 식사를 권하자,

"불시에 차린 음식이 이 정도면 진수성찬이지요."

그러면서 관찰사가 술을 권하자 사관은 사양 않고 한 사발을 쭈욱 들이켰다. 근 100리를 달려왔으니 시장도 하고 술이 입천장에 딱딱 들어붙을 때였다.

"사관 나리, 조선 술맛이 어떻소?"

하고 관찰사가 물었다.

"시장해서 그런지는 모르지만 어탕은 좋은데 조선 술은 좀 싱거운 것 같은데, 좀 독한 게 없습니까?"

언제나 독주를 마시는 그들에게 탁주는 아주 싱겁게 느껴졌던 것이다. 첨사는 탁주의 전주를 걷어오게 하였다.

"사관 나리, 이 술 한번 들어보세요."

하면서 전주를 권하자 아주 맛이 좋다며 얼큰한 민물매운탕과 함께 전주를 연거푸 몇 잔을 마셨다. 술이라면 관찰사도 빠지지 않는 사람이라 서로가 주거니 받거니 하면서 전주 다섯 병을 비웠다. 사관은 슬슬 취기가 도는 것을 느꼈다. 조선의 탁주는 마시기는 쉽지만 시간이 갈수록 취하는 줄을 몰랐던 사관은 취기가 돌아 기분이 아주 좋았다.

관찰사가 사관의 의중을 슬쩍 떠보았다.

"사관님, 이제 여기서 고산리성을 조금만 지나면 일전에 말씀드린 바와 같이 극험하여 더 갈 수가 없습니다."

"아니요, 아무리 험해도 가야 합니다. 관찰사는 몰라도 나는 가는 길을 이미 다 알고 왔소이다."

하면서 품속에서 한 장의 지도를 내보였다. 관찰사가 그 지도를 펴보니 그 안내도에는 의주에서 위원을 거쳐 만포 고산리, 강계, 삼수, 혜산을 거쳐 백두산으로 가는 길이 뚜렷하게 나와있었다. 그 안내도 아래에는 "의주 장교 김자형"이라고 적혀있었다. 관찰사는 그 이름을 보는 순간 눈을 의심했다. 관찰사는 다시 마음속으로 그 이름을 되뇌었다. 내 이놈만은 하늘이 두 쪽 나는 일이 있어도 목을 베리라고 생각하며 말했다.

“고 첨사, 이 안내도를 자세히 보게, 내가 보기에 안내도가 잘못 그려져 있는 것 같은데.”

하면서 눈을 깜빡거렸다. 번개같이 눈치를 챈 첨사가 맞장구를 쳤다.

“이 안내도는 잘못 그려져 있습니다.”

“무엇이 어떻게 잘못 그려져 있다는 것이오?”

하면서 사관이 첨사에게 물었다.

“이곳에서 강계를 가려면 수백 리를 돌아서 가야 하고 간다 해도 지금은 눈이 쌓여 설한령을 넘을 수가 없습니다.”

이곳을 관할하는 고산리 첨사가 이 안내도가 잘못되었다고 하니 그의 마음이 흔들리는 듯했다. 그때를 놓치지 않고 관찰사는 그에게 전주를 한 잔 더 권했다. 사관은 더 먹으면 취한다 하면서도 극구 권하는 관찰사 성의에 한 잔을 더 받아 마셨다. 그리고 관찰사도 한 잔을 받아 마시며 말했다.

“김자형은 내가 조금 아는 사람인데 은전 몇 푼만 던져주면 서슴지 않고 거짓말을 하는 믿을 수 없는 사람입니다. 만약 이 안내도대로 간다면 우리는 오늘 깊은 산속에서 길을 잃고 조난을 당할 수밖에 없습니다.”

그러자 사관은 의아하다는 듯이 관찰사를 빤히 쳐다보았다. 관찰사도 눈길을 피하지 않고 정색을 하며 바로 쳐다보며 말했다.

“사관 나리, 정 내 말을 믿지 못하시겠다면 이 안내도 따라 한번 가봅시다.”

라고 하며 관찰사가 그 안내도를 들고 첨사로 하여금 앞장을 서서 길이 없는 길로 자꾸만 안내를 하며 갔다.

고산리를 벗어나 오솔길 같은 산길을 따라가자 산은 점점 높고 숲은 우거져서 인적이 끊어진 산길은 눈으로 찾기도 힘이 들 지경이었다. 앞서가던 관찰사가 말을 세웠다.

“사관나리, 길이 이래도 가시겠습니까?”

"관찰사가 길을 잘못 인도하는 것 아니오?"

"아닙니다. 그러시면 앞장을 서시오."

"내가 어떻게 이곳을 알고 앞장을 서겠소?"

"여기서 더 가시면 안 됩니다. 산도 깊고 밤이면 호랑이가 특히 많은 지역이라는 것은 사관도 알고 계실 줄 압니다."

그때 김지남이 지략을 펼쳤다.

"사관 나리, 굳이 백두산을 가고자 한다면 이 험한 산길이 아니라 물길 따라가는 것이 훨씬 수월합니다. 왜냐하면 압록강은 백두산에서 발원하거든요."

사관이 그 말을 듣고 보니 일리가 있었다.

"그렇지 압록강은 장백산에서 발원하니 그 길 따라가면 수월하겠네. 왜 우리가 그걸 몰랐지. 그래 이곳은 산세가 너무 험하구먼, 그럼 돌아가세."

하고 사관은 김지남의 지략에 말려 말 머리를 다시 위원으로 돌렸다.

***

현지답사를 마치고 온 사관이 총관에게 보고했다.

"그곳에 실제로 가보니 산들이 너무 험해 넘을 수가 없고 아직도 흰 눈이 산 중턱까지 쌓여있었습니다."

"그럼 강계에선 산이 험해 넘을 수 없다는 말이 사실이었다는 것인가?"

"네, 그렇습니다. 그런데 같이 간 역관이 압록강 물길을 따라가는 게 더 편하다고 했습니다."

" 음…. 그렇다면 마상이(작은 배)를 준비시키도록 하게."

하고 총사관이 지시했다. 그날부터 위원 황 군수는 배를 찾아 나섰다. 그런데 각 어촌에 있는 배들이 너무 작아 위원, 만포는 물론 서쪽 초산까지 내려가 제법 탈 만한 5척을 마련하였다. 네 척의 대부분은 진(鎭)의 관선(官船)이고 나머지 1척은 큰 어선이었다. 출발하기 전에 양식으로 끌고 온 소 세 마리를 모두 도살하여 고기로 만들고 각자의 짐을 챙기는 등 출발 채비를 모두 마쳤다.

출발하는 날 아침, 비학산 막사는 매우 분주했다. 막사를 걷고 짐과 양식을 배에 싣느라 모두들 정신이 없었다. 위원에 있는 접반사는 안내인 두 사람과 역관으로 김지남과 김수홍 두 사람을 보내주었다. 배 중에서 가장 큰 고산리진 관선에는 총관, 대통관, 호위군관 2명, 역관 김수홍 등이 승선하고 나머지 사관과 군관들은 2~3호에 나눠 탔다. 김지남은 총사관의 눈 밖에 나서 2호에 승선했다. 4호선과 어선에는 천막과 먹을 양식 등 짐이 산더미같이 수북이 실었다.

1호 관선을 선두로 첫날은 지안에 도착했다. 그곳은 옛 고구려 수도가 있던 곳이다. 한 사관은 강의 남쪽과 북쪽 연안의 상황과 어촌이 보이면 그곳의 마을 이름과 어민 수를 일일이 물어 기록하였다. 그 이튿날은 폐사군 지역인 자성 연안까지 무난히 거슬러 올라가 삼명협곡(三鳴狹曲) 아래서 이틀째 밤을 묵었다. 그곳은 물살이 급해 배가 오를 수가 없기 때문에 일단 뭍으로 끌어 올렸다. 배를 뭍으로 끌어 올린 다음 강가에 막사를 설치했다. 모두 피로에 지쳐 깊은 잠에 빠져있을 때 비가 내리기 시작했다. 하늘을 본 김지남은 대통관 천막을 찾아가 배도 천막도 모두 더 안쪽으로 끌어 올려야 하겠다고 말했다. 대통관도 깜깜한 하늘을 쳐다보고는 심상치 않았던지 지남의 말을 따랐다. 그래서 모두 일어나 천막을 안으로 다시 설치하고 잠자리에 들었다.

초저녁에 한두 방울 듣기 시작한 비가 밤이 깊어 갈수록 빗방울이 굵어지고 바람까지 불어댔다. 깜깜한 어두운 밤에 천둥까지 쳐대며 폭우가 쏟아져 내렸다. 김지남과 같이 탄 안내인이 이 협곡의 울음소리가 또 시작되었다고 했다. 이러한 이름이 붙여진 것은 산이 험하고 물길이 좁아 바람 불고 비 오는 날이면 바람이 울고, 물이 울고 사람도 운다고 해서 붙여진 이름이라고 했다. 모두는 천막 속에서 빗소리를 들으며 그날 밤을 곤히 자고 나니 새벽이 돌아왔다.

그 때 한 군관이 다급한 목소리로 소리를 질렀다.

"메일러! 메일러! 촨메이러!"

배가 없어졌다는 외침이었다. 그 소리에 놀라 지남이 밖엘 나가보니 배 5척은 사공과 함께 간곳없었다. 압록강 상류에 큰 비가 내려 갑자기 불어난 물이 배를 모두 쓸어가 버린 것이었다. 군관의 다급한 목소리를 듣고 총관이 잠옷 바람으로 나와 협곡 아래로 굽이쳐 흐르는 붉은 황톳물을 망연자실한 듯 바라보고 있었다. 쏜살같이 굽이쳐 흐르는 황톳물이 천막 바로 아래서 혀를 날름거리고 있었다. 모두가 하나같이 사색이 되어 "웬치하오(운이 좋았다)!"를 연발하였다. 잠시 뒤 총관이 김지남을 불렀다.

"그대는 나의 생명의 은인이다. 내가 당신 말을 듣지 않았다면 나도 죽었을지 모른다."

"아닙니다. 과찬의 말씀이십니다."

하고 지남은 어제까지만 해도 잡아먹지 못해 안달을 하던 총관이 오히려 고맙다고 인사를 하니 지남으로서는 큰 다행이 아닐 수 없었다. 어제 사건으로 조선인 사공만 다섯 사람이 실종되고 배도 먹을 것도 없으니 어쩔 수없이 다시 처음 출발했던 비학산 쪽으로 돌아올 수밖에 없었다.

비학산 자락에 돌아온 총관 일행은 초라한 모습으로 여기저기 쪼그려

앉았다. 이제 이틀이 지나자 불었던 강물도 빠지고 누렇던 강물도 언제 그랬냐는 듯이 다시 푸르게 반짝이고 있었다. 총관은 김지남을 위원군으로 보내 접반사에게 먹을 양식과 입을 옷을 좀 보내달라고 애원했다. 접반사는 이 관찰사, 송 참핵사, 황 군수를 대동하고 봉성으로 돌아가는 데 충분한 양식과 위원군 관리들이 입던 옷 열 벌을 가지고 갔다.

총사관은 접반사에게 깍듯이 예를 갖추며 은혜를 잊지 않겠다고 하였다.

그들 중 비와 땀으로 엉망이 된 그들의 치파오를 벗고 조선 한복으로 갈아입었다. 체두변발에 한복을 입으니 어딘지 모르게 자기들도 이상한지 웃으며 "쎄쎄, 하오, 하오."를 연발하였다.

2.

청나라 예부의 지시

청나라와 관계에 있어 김지남은 약방의 감초였다. 이만지 사건으로 목총관을 돌려세운 반년은 편안했다. 그러나 그것도 폭풍전야의 평온이었다.

느닷없이 평안 감사로부터 또 연락이 왔다. 청나라 예부에서 공문이 왔다는 것이다. 병자호란 이후 조선의 상전이 된 청은 걸핏하면 공문을 보내 조선을 자기들 종처럼 부리려고 하였다.

그들이 칙사랍시고 조선에 오면 그냥 점잖게 오는 것이 아니라 온갖 거드름을 피우며 옛날 조선으로부터 받은 멸시를 앙갚음이라도 하듯이 횡포를 부렸다.

이번에는 황제의 명의로 보낸 칙서가 아니고 다행히 예부상서가 보낸 것이었다. 예부상서도 조선엔 하늘 같은 상전이었다. 임금은 또 회의를 열고 예전처럼 비변사 낭청 김현조로 하여금 읽게 하였다. 그는 목청이 맑아 임금은 자주 그에게 낭독케 하였다.

"지난해 8월 황제의 성지를 받들어 목극등 등이 봉성에서 장백(長白)에 이르러 우리의 변경을 답사하려 하였으나, 길이 멀고 물이 커서 그곳에 이르지 못하였다. 내년 봄 얼음이 풀릴 때, 목극등을 다시 파견하여 의주에서 배를 타고 올라가려 하니, 만약 전진하지 못 하는 경우에는 육로로 토문강(土門江)으로 가서 우리의 지방을 답사키로 한다. 만약 도로가 요원하고 험준하여서 막힘이 있다면, 그때는 조선국으로 하여금 돕도록 하라."

조선은 청의 신하가 되었으니 청에서 하라면 무조건 따를 수밖에 없었다. 낭독이 끝나자 우의정 조상우가 말했다.

“백두산 가는 길은 너무 험해서 갈 수가 없다고 3년 전에도 전한 바가 있고, 지난해에도 목 총관이 가다가 삼명협곡에서 사람이 빠져 죽어 그냥 돌아간 적이 있으니 이번에도 거기는 갈 수가 없는 곳이라고 회신을 보내는 것이 좋을 듯합니다.”

우의정 말에 병조판서도 동조를 했다.

“이번에도 그렇게 하시지요.”

하니, 임금이 말했다.

“또 황제의 명이라고 들먹이면 그것을 막을 수 있겠는가?”

그러자 이번에는 호조판서 김우항이 나섰다.

“전하의 말씀이 지당하옵니다. 저 사람들은 황명이라면 목숨을 거는 사람들이라 우리가 아무리 험하다고 해도 말을 듣지 않을 것입니다. 그러니 차라리 받아들이는 게 합당할 듯합니다.”

대신들의 의견이 엇갈리고 있었지만 대부분의 제신들은 길이 험해 갈 수 없다는 공문을 보내자고 하였다. 이때 이조참의 이광좌가 엎드려 진언하였다.

“오랑캐 운은 100년을 못 간다고 하였습니다. 그러니 그들은 조만간 중국에서 패하여 도망갈 퇴로를 찾을 것으로 보입니다. 그러니 우리의 내지를 보여주어서는 안 될 것입니다.”

“참의란 사람이 어찌 그리 깜깜한 그믐밤 같은 소리를 하는가? 지금이 누구의 세상인가. 모르면 역관들에게 좀 배우기라도 하라! 과인은 아무리 생각해도 그들을 받아들여야 할 것 같으니 접반사와 관찰사로 하여금 사자들을 차질 없이 접대하도록 하시오.”

라고 임금이 단호하게 명을 내렸다.

이렇게 어전회의가 있은 그다음 날(2월 25일), 또 사자들의 노정을 알리는 청의 패문(牌文)이 의주 부윤으로부터 또 날라왔다.

> 황제의 흠차인 오라 총관 목극등이 강희 51년 2월 15일에 북경에서 출발하여 의주에서 강을 따라 올라가 장백산 남쪽을 거쳐 바로 토문강에 이를 것이다. 목극등과 함께 가는 관원은 2등 시위 포극소륜, 주사 악세. 좌령 합석, 7품 필첩식 소이선, 6품 통역관 이격, 무품 통사 여주 및 발십고 갑병 50명이다. 이 때문에 먼저 패문을 보내 알리니 바라건대 조선국 경 지방 관원은 그대 나라에 과거 예에 따라 준행하라!
>
> 강희 51년 월.

이렇게 청의 예부에서 두 번에 걸쳐 공문을 보내오니 조정으로서도 달리 방법이 없었다. 그저 시키면 시키는 대로 행할 수밖에 없었다. 이제는 그들을 접대할 사람을 정하는 일만 남았다. 시간도 촉박하니 미룰 수도 없었다.

비변사에서는 접반사에 행부사직 권상유, 군관으로 동지 노진백, 비국 낭청 민창기, 공간당상에 행부사직 김지남과 김응헌, 공간당하에 첨정 김만희, 판관 이세만을 선정하여 임금에게 올리니 임금은 그대로 윤허하였다.

이렇게 되어 김지남은 6개월 만에 황제의 특사로 오는 목극등을 또 만나러 가게 되었다. 지남은 스물아홉에 처음으로 통신사 배종을 하느라 일본에 간 뒤로 거의 1~2년마다 한 번씩 사신을 따라 연경을 드나들었다. 그런 세월이 30년이나 흘러 이제 그의 나이도 58세가 되었다.

특히 지난해 봄, 이만지 사건으로 봉성에 다녀온 뒤 너무 지쳐 보였다. 그런데 이 한겨울(2월 27일)에 또다시 함경도 지방을 가게 되었다.

***

지남이 개인적으로 느끼는 가장 큰 즐거움은 손자들과 함께하는 시간이었다. 밖에서 쌓인 피로도 녀석들만 보면 눈 녹듯 다 녹아버렸다. 그래서 퇴청을 하면 녀석들과 장난을 치고 노는 게 큰 낙이었고, 그중에서도 막내 손자 만적과 보내는 시간이 가장 많았다.

사내아이라 말이 늦은 만적은 할아버지를 부를 때는 언제나 "하비, 하비"라고 불렀다. 그러던 녀석이 일전부터 머리에 열이 나고 상태가 좀 이상하더니 어제저녁엔 자리에 누워버렸다. 내일 새벽이면 지남이 또 의주로 떠나야 하는데 그런 놈을 두고 먼 길을 떠나야 한다고 생각하니 마음이 너무 심란했다.

"아니, 집구석에서 애를 어찌 보기에 이 모양이 된 거야?"

시아버지의 고함 소리에 놀란 작은 며느리는 얼른 부엌으로 도망을 가버리고 만적의 애비 순문이만 말없이 고개를 숙이고 있었다. 그러자 아내가 진화에 나섰다.

"자식이 어디 부모 맘대로 됩디까? 곧 털고 일어나겠지요."

만적은 평소에도 몸이 약해 바람만 달리 불어도 감기를 앓곤 했다. 녀석이 오늘따라 더 심한 증세를 보이자 밤새 만적 옆을 떠나지 않았다. 그래도 만적은 할아버지 마음을 모르고 감은 눈을 뜨지 못했다. 벌써 닭 우는 소리가 들렸다. 지남이 문을 열고 마루에 나서니 어느새 하인이 밖에 와

짐을 실으려고 서성대고 있었다. 그때 큰아들 경문이 작은 소리로 헛기침을 하며 인기척을 낸 뒤 마루에 있던 짐을 하인과 함께 수레에 실었다. 며느리들은 어둠 속에 부엌에서 밥상을 내오고 있었다. 곧 떠날 사람이 밥도 먹지 않고 손자 옆을 지키고 있으니 할머니 걱정도 이만저만이 아니었다.

"얼른 따뜻한 국물에 밥이나 한술 드세요. 애는 집에 있는 사람들이 돌볼 거니까."

"밥 생각이 있겠소?"

"그래도, 먼 길을 가실 텐데 좀 들고 가셔야지요. 이 추운 날씨에 속마저 비면…."

하면서 아내는 지남에게 아침밥을 극구 권했다. 그러자 지남은 국에다 밥을 말아 두어 숟갈 뜨더니 숟가락을 놓았다. 그리고 다시 만적이 누워있는 방으로 가서 만적을 불렀다.

"만적아! 만적아! 눈 떠봐."

하니 만적은 할아버지 부르는 소리에 힘들게 눈을 뜨고 할아버지를 쳐다보았다.

"할아버지 빨리 갔다 올 테니 그때까지 밥도 많이 먹고 다 나아! 알았지?"

하니 만적은 알았다는 듯이 고개를 약간 끄덕였다. 지남은 만적의 이마에 얼굴을 맞대보고는 자리에서 일어났다. 문을 열고 나오니 벌써 문밖에는 하인이 짐을 실어놓고 기다리고 있었다.

경문, 현문, 순문 등 아들 다섯과 며느리 등 모든 식구들이 추위 속에 떨며 기다리고 있었다.

"내 잘 다녀오리다."

여느 때 같으면 추운 날씨에 떠난다고 온갖 걱정을 다 할 텐데 만적이 저 지경이 되어있으니 깊은 인사도 주고받을 수 없었다. 지남은 불편한 심기로 말 위에 올랐다. 새벽 공기가 어찌나 차가운지 두 볼이 따끔거렸다.

손자의 걱정에 가도 어떻게 가는지도 몰랐다.

사현고개에 접어드니 훈련원의 김호연이 부르는 소리가 들렸다.

"아이구, 일찍 출발하셨나 봐요?"

하고 김호연이 인사말을 건넸다.

"접반사님은 어디쯤 가셨을까?"

"얼마나 멀리 가셨겠어요?"

하면서 간단한 인사만 건네고 지남은 가는 길을 부지런히 재촉했다.

어느새 고양 숫돌고개(礪峴)에 이르렀다. 그때 지남은 잠시 호연을 기다리게 하고 말에서 내려 산으로 뛰어 올라갔다. 그러더니 어느 묘소 앞에 무릎을 꿇고 절을 했다. 지남의 선산이었다. 지남은 제단 앞에 엎드려 손자 만적의 회복을 간절히 빌었다.

"수역님은 선산의 위치가 아주 좋습니다."

"그건 그래, 자네는 어디지?"

"저는 용인입니다."

"용인! 좋은 데 모셨구먼, 사후용인(死後龍仁)이란 말이 있지 않은가."

"그렇지도 못합니다. 가까워도 자주 찾아뵙지도 못하는데요, 뭘."

두 사람은 서로 조상의 묘소 이야기를 주고받으며 벌써 벽제관에 도착하였다. 하인이 그곳에서 말에게 꼴을 먹여야 한다기에 말에서 내려 잠시 휴식을 취하고 다시 출발했다. 지남은 쉬지 않고 접반사 뒤를 쫓았다. 파주 파평관을 지나 임진강 건너 임단관에서 접반사를 만났다. 접반사는 그곳에서 휴식을 끝내고 막 출발하려 하고 있었다.

"접반사님, 늦었습니다."

"왔으면 됐네, 늦은 게 뭐가 있느냐? 앞서갈 테니 천천히 따라오게."

하고 접반사는 먼저 출발해 버렸다.

하인이 말에게 또 먹이를 먹어야 한다기에 그동안 지남도 숨을 돌리며 기다렸다.

다시 출발하려니 짧은 해가 어둑어둑해지기 시작했다. 마음이 급해 부지런히 말을 몰았다. 한두 시간을 갔는데도 접반사는 보이지 않고 날은 완전히 저물었다. 역시 겨울 해는 짧았다.

해가 지니 날은 금세 어두워졌고 구름이 끼어 주위는 깜깜했다. 그러더니 웬 빗방울까지 뿌려댔다. 내리기 시작한 비가 점점 거세지더니 온 길바닥을 진창으로 만들었다. 마치 무슨 귀신이 조화를 부리는 듯 외진 산길은 무섭기까지 했다. 길이 보이지 않으니 말의 걸음도 점점 느려졌다. 앞이 보이지 않으니 말이 멈춰 서기도 해서 지남이 말에서 내리며 말했다.

"호연이, 이래서 갈 수 있겠나?"

"글쎄요. 앞이 보이지 않으니 갈 수도 없고 그렇다고 마냥 서있을 수도 없고."

하며 푸념하듯 대답을 했다. 두 사람은 말에서 내려 말고삐를 잡고 걸었다. 그렇게 어둠의 진창에서 헤매고 있을 때 멀리서 깜빡거리는 불빛이 보이고 사람 소리가 들렸다. 접반사가 이미 태평관에 먼저 도착하여 개성 유수부의 나장들에게 횃불마중을 내보낸 것이었다. 지남은 그들의 안내를 받아 겨우 태평관에 도착했다.

***

다음 날 이른 새벽, 기상하라는 소리에 눈을 떴다. 일어나려니 몸이 밧줄로 묶어놓은 듯했다. 몸이 옛날 같지 않았다. 억지로 일어나 접반사와 함께 횃불 속에 장졸들의 안내를 받으며 개성을 출발하여 서흥에서 자고 그 다음 날 중화에 도착했다. 당초 계획은 평양에서 자는 걸로 되어있었지만 날씨 탓에 그곳까지 갈 수가 없었다.

중화부 객사에 드니 연경에 갔다 돌아오는 오태열 일행이 있었다. 지남이 저녁을 먹고 방에서 쉬고 있는데 접반사의 호출이 있었다. 접반사 방에 들어가니 오태열과 무슨 이야기를 하고 있었다. 그리고 접반사 앞에는 무슨 서장이 있었는데 동지사가 보낸 장계였다. 거기에는 동지사가 목극등을 만나 이야기가 자세하게 기록되어 있었다.

> 지난달 2월 27일 목극등이 예부주사 하순과 호부주사 아희를 데리고 신이 머물고 있는 숙소에 찾아왔었습니다. 그는 황제의 명으로 백두산을 다시 가게 되었는데 성경(심양)에서 길림의 두도구(豆道溝)로 가서 그곳에서 백두산 쪽을 가려 한다고 하였습니다. 함께 가는 사람 수는 약 50명 정도이고 먹을 양식도 모두 다 준비해 가니, 조선에서는 안내인과 통역관만 준비시켜 달라고 하였습니다. 그래서 신은 삼강구비(=만포) 이상 지역은 길이 멀고 험해 아는 사람이 없어 그게 걱정이 된다고 답하였습니다. 그리고 목 사관은 지난해 여름에 왔었는데 왜 또 오느냐고 대통관 홍이가에게 물으니 황제께서 일통지(一統志, 청나라 지도)를 만들고 있는데 백두산 주변을 잘 몰라 현지 조사를 시키는 것이라고 말했습니다.

그 장계를 보는 순간 지남은 매우 놀랐다. 이제까지 그들이 오는 목적이 조선 어부들을 보호하기 위해 변계조사를 하는 것이라고 했지만 실제로는 일통지를 만들기 위한 기초조사라는 것이 분명히 드러났기 때문이다. 그건 그렇다 하고, 또 목 총관이 의주로 오지 않고 길림 두도구로 간다고 하니 황당하기 짝이 없는 노릇이었다.

"이 일을 어쩌면 좋겠는가?"

접반사가 황당한 표정을 지으며 지남에게 물었다.

"비변사의 명을 받아야 하지 않겠습니까?"

라고 지남이 대답하니 접반사는 곧바로 말을 이었다.

"여기서 바로 폐사군지역으로 가는 방법도 있기는 한데."

"전하께서 어떻게 생각하실지 의중도 살펴야 하지 않겠습니까?"

참으로 황당한 일이 아닐 수 없었다. 목 총관을 맞이하러 20여 명이 이곳 평양 아래 중화부까지 왔는데 다시 한양으로 돌아가야 할 상황이 벌어졌으니 기가 막힐 노릇이었다. 일이 이렇게 꼬여버린 것은 청나라 예부에서 정확한 일정을 통보해 주지 않은 데서 비롯되었지만 그래도 권 접반사로서는 황당한 일이 아닐 수가 없었다. 그래서 접반사는 지남과 대책을 의논한 뒤 급히 장계를 띄웠다.

장계를 보낸 뒤 닷새 만에 일단 한양으로 되돌아오라는 비변사의 회신이 도착했다.

"이게 무슨 꼴이람?"

지남이 한양으로 되돌아갈 짐을 꾸리면서 푸념을 했다.

"어휴! 그래도 오태열을 만난 게 천만다행입니다. 하마터면 의주까지 갈 뻔했습니다?"

그래도 동료 역관 김응헌은 다행이라고 하며 말을 이어갔다.

"그런데 한양에 돌아가면 난리가 날 것 같은 데 괜찮겠어요?"

"글쎄, 그냥 넘어가지는 않겠지."

"이런 일은 역관 평생에 처음이네요."

"그럼 이런 일은 처음이지, 만약 두 번째라면 어디 목숨이 붙어있겠어?"

"내일은 새벽바람 안 쏘여도 되겠네요."

"글쎄, 모르는 일이니 일찍 잠이나 자두자고."

하면서 지남은 입으로 등잔불을 '후' 하고 불어버리고 이불 속으로 들어갔다.

뒷날 아침 식사 후, 모든 일행은 접반사를 따라 패잔병처럼 사기가 죽어 중화부를 떠났다. 아침 해가 떠도 북쪽의 바람은 찼다. 그러나 모두들 마음은 더 얼어붙은 듯했다. 저녁 무렵 황주에 도착했다. 저녁 식사를 하며 접반사가 말했다.

"내일 지나는 길에 산산진(蒜山鎭) 구경이나 한번 하고 가세. 언제 우리가 여기에 또 오겠어?"

그러자 지남이 김호연에게 물었다.

"지금 산산진 둘러볼 경황이 있어?"

"접반사가 그렇게 말씀하셨는데 안 갈 수도 없잖아요? 그곳이 임진왜란 때 황주와 봉산의 백성을 구한 성이랍니다."

김호연까지 그렇게 말하는데 지남 혼자 반대할 수도 없어 그러기로 하였다.

뒷날(3월 8일) 황주에서 아침 식사를 마치고나니 황해도 병마절도사 정이상이 첨사 이침과 함께 접반사를 찾아왔다. 산산진을 안내할 모양이었다. 길을 떠나기에 앞서 정 절도사가 산산진에 관한 개략을 설명했다.

"이 성은 본래 고려 때 쌓은 극성(棘城)이란 성이었는데 임란 때 이 지역의 많은 백성을 구한 유명한 성이지만 끝내 지키지 못하고 무너졌습니다. 임란이 끝난 이후 이 지역의 백성의 수가 줄어들어 지금은 그 명맥만 유지하고 있습니다."

라고 설명했다. 평소 성(城)에 관심이 많은 지남은 최후에는 무너지고 말았다는 절도사의 설명에 역시 조선의 성은 마지막엔 무너지고 마는구나 하는 생각을 하며 혼자 고개를 끄덕였다. 접반사도 성 주변의 산세를 한동안 둘러보고 축성에 관한 이야기를 주고받은 뒤 해 질 무렵 봉산군에 도착하여 잤다.

그다음 날 아침 봉산을 출발하여 서흥과 평산을 거쳐 3월 11일에 늦게 비를 맞으며 개성에 도착했다. 그날 오후 개성 유수 이야가 음식을 정성스레 차려가지고 와서 대접하였다. 술잔이 몇 순배 돌고 나서 접반사가 지남과 두 비장을 불러놓고 말했다.

"이렇게 나랏일로 고생을 하는데 맛있는 음식을 한 번도 먹이지 못해 매우 민망했다. 지금 이 음식의 맛이 괜찮으니 오늘은 한 잔씩 하고 취해보게나."

그 말을 들은 지남은 지금이 황제의 흠차를 접반하러 가다 잘못되어 다시 한양으로 돌아가는 판에 이렇게 여유를 부려도 되는 것인지 가늠을 할 수 없었다. 그러나 접반사가 이끄는 대로 따르지 않을 수도 없어 술을 마시는 흉내는 냈다.

식사가 끝나고 잠자리로 돌아왔지만 한양에 돌아가면 어떤 일이 벌어질지 몰라 잠이 잘 오지 않았다. 밤새 빗소리는 그치지 않았다. 간간이 비를 몰고 지나가는 세찬 바람 소리가 불안한 마음을 더 불안케 하였다. 아침에 눈을 떠보니 밤새 내린 비로 마을 앞 다리가 쓸려갔다는 소문도 들렸다. 밥을 먹고 나니 그쳤던 비가 다시 내리기 시작하여 일정을 잡기가 매우 애매하였다. 그러자 접반사는 개성 유수를 만나러 간다고 가마를 타고 나가버렸다. 지남은 딱히 할 일이 없어 그냥 방에서 천정만 보고 누워있었다.

그때 손자 만적이 하비를 보고 달려오기에 얼른 나가 두 팔을 벌리고 안았더니 옆에 있던 베개였다. 비록 순간의 꿈이었지만 손자를 보고나니 기분이 좋았다.

그리고 다시 눈을 감으니 잠이 오지 않아 문득 만월대 생각이 번쩍 떠올랐다. 전에도 이곳을 지날 때 무너진 고려 황성이 어떠한지 한번 보고 싶었는데 차라리 잘되었다고 생각하여 옆방의 민창기를 찾아갔다.

"민 낭청, 이런 곳에 와서 낮잠이나 자면 되겠어? 우리 만월대나 한번 둘러보세."

"가봐야 아무 것도 없을 텐데요."

"이 사람아 집이 있으면 건물만 보이지만 주춧돌이 보이면 역사가 보이지 않나?"

"아이고! 수역님, 역시 수역님답습니다. 그럼 역사가 보이는지 한번 가봅시다."

하고 두 사람은 말을 타고 여말 홍건적 난으로 불타 없어진 고려 500년 도읍지로 향했다. 무너진 성 밖에 말고삐를 묶고 서서히 걸어서 만월대로 올라갔다. 어제 비로 길도 젖고 풀도 수목도 젖어있었다.

황성 옛터의 입구에 들어서니 무너진 성벽 돌들은 패장의 투구인양 나뒹굴고 여기저기 흩어져 있는 주춧돌은 쫓겨 가던 황족의 신발짝 같이 버려져 있었다.

그동안 몇 번이고 이곳을 보고 싶었으나 사실 틈이 없어 오질 못했었다. 비록 옛 모습은 아니지만 이렇게라도 볼 수 있다는 게 다행이라 생각했다. 무릎에 차오르는 잡초를 헤집고 정궁인 회경전(會慶殿)이 있었을 만한 곳을 둘러보았지만 누구에게 물어볼 수도 없고 알 길도 없었다. 그저 송악산 계곡에서 불어오는 찬 바람만 귓전을 때렸다.

다시 방향을 잡아 이번에는 고려 태조가 왕위에 오르기 전에 살았던 성남의 사저인 추궁(楸宮)이 있던 곳으로 향했다. 그러나 그 역시 임진왜란으로 온전히 있을 리는 없고 모두 다 불타고 없어진 자리에 회한만 서려있었다. 계유년(1693)에 숙종 임금께서 친히 행차하여 둘러보시고 추동궁의 안채 자리에 비석을 세운 뒤 시 한 수를 새겨놓았었다.

> 昨年重遇 龍飛歲 작년에 다시 즉위하신 해를 만났고
> 今日欣瞻 聖祖宮 금일은 흔쾌히 성조의 궁을 보노라
> 奚但羹墻追慕倍 어찌 다만 갱장의 추모만 더하겠는가
> 緬懷洪烈意無窮 넓고 크신 그 뜻에 회포가 끝이 없네

지남이 시를 읽고 생각에 잠겼는데 그때 낭청이 지남에게 즉흥시를 청했다.

"수역님도 감회를 한번 읊어보시지요."

그러자 지남은 기다렸다는 듯이 그 자리에서 단수 한 수를 읊었다.

> 氣掛松嶽 令松風 기상은 산에 걸리고 호령은 솔바람에 실렸네
> 皇址溫情 似母懷 옛터의 따스한 정 어머니 품 같은데
> 瓦當化片 悲舊夢 부서진 기왓조각 옛꿈만이 서럽네

개성에서 폐허가 된 황성을 둘러보고 한양 집에 도착한 것은 3월 15일 오전이었다. 갑자기 나타난 지남을 보고 온 가족들은 깜짝 놀라면서도 매우 반가워했다. 지남은 입은 옷 그대로 만적이 누워있는 방으로 갔다.

"만적아! 만적아! 하비 오셨다."

할머니가 만적이 이름을 부르며 할아버지가 오셨다고 해도 만적은 눈만

뜰 뿐 표정이 없었다.

평소 같으면 문밖엘 달려나가며 "하비! 하비!" 매달리며 좋아했을 텐데 자리에 누워 아무런 반응이 없으니 지남도 할머니도 눈에서 눈물이 흘러내렸다. 지남이 떠나있는 동안에도 만적은 차도가 없는 상태로 그대로 누워있었다. 의원의 사정을 물으니 이제는 의원도 왕진을 거부했다고 했다. 만적의 손을 잡아보니 손은 한 점의 온기도 없고 아무런 기운도 느껴지지 않았다. 대체 이렇게 어리고 연약한 생명을 앗으려고 하는 장난은 과연 누구의 짓인가 하고 생각했다.

***

다음 날 아침 지남은 만적 옆에 엎드려 자고 있는데 밖에서 누가 부르는 소리에 눈을 떴다. 김호연이 임금에게 복명을 해야 한다며 입궐하자고 했다. 지남은 관복으로 갈아입고 김호연과 함께 접반사를 따라 입궐하였다.

접반사가 지난달 26일부터 오늘 3월 16일까지 있었던 일을 날짜별로 정리하여 임금께 아뢰었다. 접반사의 복명이 끝나자,

"그동안 수고가 많았소."

라는 임금의 간단한 한마디가 있었을 뿐 더 이상 아무 말도 없었다. 임금이 아무 말을 하지 않자 비변사의 제신들도 아무런 언급이 없었다. 후한을 두려워했던 접반사는 "수고했다."는 임금의 간단한 그 한마디가 무엇을 의미하는지 알 수가 없었다. 다만 임금이 대노하지 않은 것만 해도 큰 다행이라 생각했다.

복명을 마치고 편전을 나오니 비변사 관리가 뒤따라 나오더니 한 장의 시행지침서를 접반사에게 전달해 주었다. 접반사는 그 서장을 펼쳐본 후

지남에게 건넸다. 지남이 읽어보니 그것은 접반사를 한성 부윤 박권(朴權)으로 교체하는 명령서였다. 그것은 황제의 흠차를 접반할 기회를 주었는데도 그들의 동선을 제대로 파악하지 못하고 가다가 중간에서 되돌아온 데 대한 일종의 문책이었다. 이 엄동설한에 함경도 지방으로 목극등을 접대하러 간다는 것은 여간 고생이 아니었다. 그런데 집안에는 손자까지 위독하니 차라리 잘되었다고 생각하고 접반사와 헤어져 집으로 급히 돌아왔다. 집에 돌아오니 만적이 눈을 뜨고 할아버지를 알아보았다. 어찌 된 일인지 만적이 일시적인 기력을 회복한 것이었다. 지남은 손자가 고마웠는지 손자를 안고 눈물을 흘렸다. 그리고 눈만 뜨면 손자 옆에 붙어서 지극 정성으로 만적을 돌봤다.

3.

어찌 이런 일이!

한편 비변사에서는 새로운 접반사로 박권을 내정하고 전하의 윤허를 받았다. 그리고 유능한 역관을 보내달라는 함경 감사 이선부의 요청에 따라 김경문을 차출하여 보냈다. 그렇다면 이번 일로 지남은 경문과 함께 부자가 같은 일을 하게 되는 꼴이 되었다. 그럴 수는 없다고 생각하고 지남은 도제조 김창집을 찾아갔다.

"대감님, 이번 목극등의 접반으로 소인의 자식 놈이 어제 삼수로 떠났습니다. 허니 아무리 못난 애비지만 어찌 부자가 함께 같은 일을 할 수 있겠습니까?"

"어쨌든 간에 김 수역은 가야 할 것이 아닌가?"

"김홍지 역관만 있으면 되질 않습니까?"

"이 문제는 내가 결정할 사안이 아니야, 전하의 말씀이 계셔야 해."

"목 총관은 우리 부자의 얼굴을 알고 있는데, 만약 그런 사실을 알게 된다면 비웃지 않겠습니까?"

"글쎄, 그건 체모에 관한 일이기는 한데 일단, 유념은 하겠네. 오늘은 일단 돌아가게."

도제조의 내락을 받고 지남은 집으로 돌아왔다.

그리고 그다음 날 박권을 찾아갔더니 조상 묘소이장 때문에 원주에 내려갔는데 내일 온다고 하여 그 뒷날 다시 찾아갔다.

"오! 김 수역, 어인 일로 왔는가?"

하며 지남을 반갑게 맞았다. 지남은 단도직입적으로 김 대감에게 한 말과 같은 이유로 이번 일에 자신을 제외시켜 줄 것을 부탁했다.

그런데 박권은 웃으며 일언지하에 거절하였다.

"허허! 그건 안 될 말이네. 수역 아니면 내가 누굴 믿고 일을 하겠나? 이번 일은 나라의 강역이 걸린 문제이니 고생스럽더라도 나를 좀 도와주시게."

"소인은 이제 너무 늙어 도제조 대감께도 같은 말씀을 올렸습니다."

"접반사는 나일세. 내일 전하를 알현하고 아뢰올 말씀도 있는데 그때 수역 문제도 윤허를 받을 것이니 내일 사시에 편전 뜰 앞에서 기다리게!"

박 접반사의 완고한 태도에 더 이상 말을 못 하고 지남은 또 하나의 큰 고민을 안고 집으로 돌아왔다.

다음 날 지남은 접반사를 따라 임금을 알현하였다. 어전에는 역시 비변사 제신들이 함께 참석하였다.

"전하! 명을 받은 신 박권 아뢰올 말씀이 있어 찾아뵈었습니다."

"말씀하시오."

"청의 차관이 우리 강역 안으로 넘어와 백두산으로 갈 것인데 안내하는 길이 너무 험해 못 가겠다고 하면 다른 길로 지시하여도 되겠사옵니까?"

"처음에는 험준한 곳을 먼저 지시하였다가 억지로 묻는다면 그렇게 지도할 수밖에 없지 않는가."

박권은 길 안내에 관해 논한 뒤, 그다음은 영토획정에 관한 본론을 아뢰었다.

"백두산 남쪽은 우리 백성들이 살고 있지 않아 텅 비어있는데, 그곳을 자기들 땅이라고 우기면 그것을 반박할 문서가 없사온데, 청국의 『성경지(盛京誌)』에 '백두산 남쪽은 조선의 지경이다.'라는 말이 명백히 실려있으니, 이를 가지고 가서 서로 다툼이 있을 경우 이 글로 증거를 삼게 하여 주시옵소서."

그러자 우의정 조상우가 즉시 반박을 하고 나섰다.

"『성경지』는 금물(禁物)입니다. 저 사람들이 만약 어디서 구했는지 따지고 들면 아주 곤란한 문제가 생길 것입니다."

임금은 우의정 말이 옳다며 박권의 요청을 승낙하지 않았다.

그러자 박권은 연이어 지남의 문제를 아뢰었다.

"수역 김지남은 전 접반사 권상유를 배종한 적이 있고, 어제 아들 김경문이 함경도 도신의 청에 따라 차출되어 삼수로 이미 출발하였습니다. 예로 부자가 군중(軍中)에 함께 있으면 애비를 돌려보냈습니다. 그리고 이번에 오는 청차 목극등은 김 수역의 부자를 잘 안다고 합니다. 그러니 청차의 보기에도 체모가 서질 않는다고 제외시키는 것이 마땅하다는 도제조 김창집 대감과 사역원 도제조의 거듭된 청이 있었사옵니다."

"이번 일은 나라의 강역을 정계하는 일이니 김 수역이 함께 하도록 하시오."

어명을 받은 지남은 이제 더 이상 차출자 명단에서 빠지는 일은 불가하게 되었다. 그러자 영토획정 문제에 관해 자신의 소신을 임금께 아뢰었다.

"전하! 신 김지남 삼가 아뢰올 말씀이 있사옵니다."

"무슨 말인지 말해보라!"

"신이 지난해 청의 총관을 만났을 때 그는 백두산 일대의 변계(邊界)에 관해 아는 것이 아무것도 없었사옵니다. 뿐만 아니라 그들의 예부에서도 줄곧 하는 말이 '총관이 육로로 토문강으로 가서 우리의 지방을 답사키로 한다.'고 하였사옵니다. 토문강과 두만강은 엄격히 다릅니다. 토문강은 백두산 동쪽에서 발원하여 북쪽 송화강으로 흐르지만, 두만강은 그 발원지가 분명하지 않은 것으로 알고 있습니다. 하여 우리가 설득만 잘한다면 토문강이 변계로 지정될 수도 있을 것이옵니다."

그 말을 듣고 있던 우의정이 큰소리로 지남을 꾸중하고 나섰다.

"일개 역관이 감히 어전에서 무슨 말도 안 되는 망발을 하고 있는 겐가?

누가 감히 대국의 칙사에게 그 일을 할 수 있다는 것인가?"

하며 임금 앞에서 지남에게 면박을 주었다. 그러자 임금이 우의정에게 말했다.

"우상, 대감은 예전부터 남이 말할 때 중간에 꼭 끼어드는 습관이 있는데, 그 못된 버릇 좀 고치시오. 그리고 수역은 하던 말을 계속하라!"

그러자 지남은 하던 말을 이어갔다.

"그들은 5월 초가 되면 혜산진에 도착할 것입니다. 만약 전하께서 총관의 마음을 얻을 수 있는 문위사를 보내주시면 그다음 일은 신이 알아서 신명을 다해보겠사옵니다."

지남의 말을 들은 임금은 한동안 아무 말이 없었다. 비변사 대신들도 그것이 무엇을 의미하는지 감을 잡았기 때문에 그들도 고개를 끄덕였다.

사실은 그랬다. 만약 지남의 말대로 두만강이 아닌 토문강으로 정계비가 세워지는 날에는 조선은 피 한 방울 흘리지 않고 잃었던 고구려 옛 땅인 간도지역을 일부라도 회복할 수 있었다. 임금은 머리를 끄덕였다.

"역시 그대는 대단한 사람이다. 그 말을 듣고 내가 어찌 문위사를 보내지 않겠는가?"

라고 하였다.

"과인이 수역의 말대로 문위사를 혜산으로 보낼 것이다. 비국에서는 차질이 없도록 준비하라!"

고 하고 어전회의가 끝이 났다. 접반사는 퇴궐을 하면서 말했다.

"역시, 김 수역이오! 그러면 오늘내일 이틀간 준비를 하고 모레는 떠나는 것으로 하겠소."

라는 접반사의 말을 듣고 지남은 집으로 돌아왔다.

그날 저녁, 만적이 또 열이 나고 까라지며 할아버지의 마음을 졸이게 했다. 지남은 만적을 돌보랴 내일 떠날 채비를 하랴 정신이 없었다. 문밖에서 누가 부르는 소리가 나서 하인이 문을 열었다. 정말 오랜만이고 뜻밖에 병이가 찾아온 것이었다.

"아니, 이게 누구야!"

"나으리, 그간 귀체 평안하셨는지요. 자주 찾아뵙지 못해 죄송합니다요."

"그런데 자네가 웬일인가?"

"다름이 아니오라, 이번 함경도 행차 시에 소인이 모시게 되었습니다요."

"아주 잘되었다만 어떻게 자네가?"

"이번 행차에는 함경도라 아무도 가기를 꺼려 해서 나으리가 간다는 걸 알고 자진했습니다."

"아이구, 고맙고 반갑구나. 아주 잘되었네."

"자넬 보니 갓마흔 생각이 나는구려."

"집을 아는데 오늘 밤에 한번 찾아가 볼까요?"

지남도 마흔과 같이 가고픈 마음은 있었지만 막중한 소임을 맡고 가면서 나라의 명이 없이 사사로이 마흔을 데리고 갈 수는 없었다.

"아닐세. 마흔이는 갔다 와서 술이나 한잔하기로 하세."

"네, 옳으신 말씀입니다. 그럼 모레 새벽에 일찍 와서 뫼시겠습니다."

그리곤 병이는 인사를 하고 돌아갔다. 병이와 헤어진 지도 벌써 10여 년이 지나다 보니 그사이 중늙은이가 되어있었다.

***

그날 밤, 만적이 감은 눈을 뜨지 못했다.

그는 기어이 엄마 아빠, 그리고 사랑하는 할머니 할아버지를 두고 혼자

먼 길을 가고 말았다.

"만적아! 만적아! 눈을 떠봐, 만적아!"

절규하며 흔들어 대는 엄마를 마지막으로 쳐다본 뒤 하비를 물끄러미 바라보며 뜬 눈으로 아주 먼 곳으로 가고 말았다. 엄마도 아빠도 하비도 할머니도 그렇게 울면서 붙잡았건만 녀석은 말이 없었다. 지남은 견디다 못해 문밖을 나왔다. 하늘을 쳐다보았다. 귀여운 손자의 얼굴이 별빛이 되어 반짝였다. 이 안타까운 시간을 어찌하라고 4경의 종소리가 울렸다. 지남은 만적을 두고 떠나야 했다.

다시 방으로 들어가 만적의 손을 잡고 얼굴을 쓰다듬으며 울었다.

"만적아! 만적아! 어찌 이리도 야속하냐!"

지남은 할머니가 건네주는 하얀 면포로 만적의 얼굴을 감싸자 온 가족이 대성통곡을 하였다.

사랑하는 손자와의 인연은 이 면포 한 장으로 갈라지고 말았다.

그때 밖에서 인기척이 있었다. 이런 상황을 알 수 없는 병이가 시간을 재촉했다. 어찌하랴! 이 갈림길의 순간이 지남을 괴롭혔다. 갈 수도 안 갈 수도 없는 이 순간!

종각의 파루(罷漏) 소리가 들렸다. 이제 일어나야 했다. 문밖에 히힝거리는 말 울음소리가 들렸다. 지남은 주섬주섬 옷을 챙겨 입고 문밖으로 나왔다. 밤새 비가 내렸던 모양이다.

"나으리, 잘 주무셨어요?"

"일찍 왔구나!"

하고 간단한 답례를 하고 그를 따라 동대문으로 향했다. 출발 어명을 받으면 사대문 안에는 묵을 수 없어 동대문 밖에 의막(依幕)을 설치하고 모두 그곳에서 모여 출발하기 때문이었다.

동대문이 가까워지자 저 멀리서 횃불에 아른거리는 사람들의 모습이 보이고 임시로 설치한 의막의 불빛이 보였다. 지남이 천막 안으로 들어가 접반사에게 인사를 드렸다.

"오, 김 수역 늦었구먼, 혹시 못 올까 걱정했네."

접반사가 먼저 인사를 하며 미소를 지어 보였다.

"그럴 리가 있겠사옵니까?"

"글쎄다. 그럴 리는 없겠지, 그런데 김 수역 좀 번거롭더라도 이번에 예물관리를 좀 해주게."

"예?"

"지금 예단을 관리해 줄 마땅한 사람이 없으니 어찌하겠는가?"

가뜩이나 집안일로 머리가 복잡한데 또 예단관리를 맡기니 거절할 수도 없어 대답을 하고 말았다. 30년 전 통신사를 갈 때 압물통사를 한 것이 이제는 이력이 되어 어디를 가든지 예물관리가 붙박이처럼 따라다녔다. 의막을 나오니 입구엔 예물 수레가 대기하고 있었다.

예물 단자를 넘겨받은 지남은 곧바로 점검에 들어갔다. 단자를 보니 이번 행차에는 청의 총관과 시위, 주사, 필첩식, 통관 등 다섯 사람에게 접반사는 접반사대로, 문위사는 문위사대로, 함경도 관찰사는 관찰사대로 이중, 삼중으로 준비가 되어있었다. 좋게 보면 좋은 일이지만 나쁘게 보면 한심한 일이었다. 단자는 빼곡히 쓴 쪽수가 대여섯 장이 넘었다. 지남도 놀랐다.

그때 병이가 예물 수레꾼을 소개해 올렸다.

"나으리, 이번에 소인과 함께 예물을 관리할 엉마이를 소개해 올리겠습니다."

"인사 올립니다. 엉마이입니다."

이름이 이상해서 지남은 다시 되물었다.

"엉마이라고?"

"엉마이가 아니고 억만입니다."

"이름이 재미있군, 어떻든 이번에 고생 좀 하게 될 거야."

하면서 앞으로는 편하게 엉마이라고 부르겠다고 했다.

엉마이는 병이 밑에서 심부름을 하는 예조에 속한 종이었다.

그는 떡 벌어진 어깨에 체격도 좋았지만 무엇 때문인지 나이 서른이 넘도록 장가를 못 간 사내종이었다. 지남은 그의 체구가 부러워 뒷모습을 한 번 흘깃 쳐다보았다.

단자의 첫 장에는 접반사가 총관에게 줄 예물의 내용부터 차례대로 기록되어 있었다.

> **오라 총관 예단**
>
> 붉은 명주 10필, 녹색 명주 10필, 남색 명주 10필, 흰 명주 10필, 흰 모시 10필, 흰 무명 20필, 표범 가죽 3장, 사슴 가죽 5장, 회색 족제비 가죽 10장, 흰색 한지 50권, 황모필 30자루, 고급 먹 20개, 후추 2말, 나전 담뱃대 20개, 작은 포장담배 300갑, 화문석 4장.
>
> **2등 시위 예단**
>
> 붉은 명주 5필, 녹색 명주 5필, 남색 명주 5필, 흰 명주 5필, 흰 모시 5필, 흰 무명 10필, 표범 가죽 1장, 상화지 5권, 흰색 한지 20권, 회색 족제비 가죽 5장, 황모필 10자루, 고급 먹 10개, 후추 1말, 긴 담뱃대 10개, 작은 포장담배 100갑, 화문석 2장.

7품 필첩식, 6품 통사, 무품 통사 예단

붉은 명주 2필, 녹색 명주 2필, 남색 명주 2필, 흰 명주 2필, 흰 모시 2필, 상화지 5권, 흰색 한지 10권, 회색 족제비 가죽 3장, 황모필 10자루, 고급 먹 10개, 후추 1말, 긴 담뱃대 5개, 작은 포장담배 50갑, 나무자루 주석장도 5자루, 푸른 칼집 5자루.

계속해서 단자를 넘기며 점검했다. 다음은 문위사(問慰使)가 줄 예물이었다.

오라 총관 예단

붉은 명주 5필, 녹색 명주 5필, 남색 명주 5필, 흰 명주 5필, 흰 모시 5필, 흰 무명 10필, 표범 가죽 1장, 사슴 가죽 2장, 회색 족제비 가죽 5장, 흰색 한지 30권, 황모필 15자루, 고급 먹 15개, 후추 2말, 작은 포장담배 20갑, 화문석 3장.

2등 시위 예단

붉은 명주 3필, 녹색 명주 3필, 남색 명주 3필, 흰 명주 3필, 흰 모시 3필, 흰 무명 5필, 상화지 5권, 흰색 한지 20권, 회색 족제비 가죽 3장, 고급 먹 10개, 후추 1말, 나전 담뱃대 7개, 작은 포장담배 100갑.

7품 필첩식, 6품 통사, 무품 통사 예단

붉은 명주 2필, 녹색 명주 2필, 남색 명주 2필, 흰 명주 2필, 흰 모시 2필, 상화지 5권, 흰색 한지 10권, 회색 족제비 가죽 3장, 황모필 10자루, 고급 먹 10개, 후추 1말, 긴 담뱃대 5개, 작은 포장담배 70갑.

지남은 눈을 의심했다. 그다음 장을 또 넘겼다. 이번에는 함경 감사가 줄 예물이었다.

> **오라 총관 예단**
>
> 붉은 명주 5필, 녹색 명주 5필, 남색 명주 5필, 흰 명주 5필, 흰 모시 5필, 흰 무명 10필, 표범 가죽 1장, 사슴 가죽 2장, 회색 족제비 가죽 5장, 흰색 한지 30권, 황모필 15자루, 고급 먹 15개, 후추 2말, 담뱃대 8개, 작은 포장담배 150갑.
>
> **2등 시위 예단**
>
> 붉은 명주 3필, 녹색 명주 3필, 남색 명주 3필, 흰 명주 3필, 흰 모시 3필, 흰 무명 5필, 상화지 5권, 흰색 한지 20권, 회색 족제비 가죽 3장, 고급 먹 10개, 후추 1말, 나전 담뱃대 7개, 작은 포장담배 80갑.
>
> **7품 필첩식, 6품 통사, 무품 통사 예단**
>
> 붉은 명주 2필, 녹색 명주 2필, 남색 명주 2필, 흰 명주 2필, 흰 모시 2필, 상화지 5권, 흰색 한지 10권, 회색 족제비 가죽 3장, 황모필 10자루, 고급 먹 10개, 후추 1말, 긴 담뱃대 5개, 작은 포장담배 50갑.

지남은 점검을 하다가 통사들에게까지 주는 선물을 점검하려니 분통도 터졌다. 이 많은 물건은 전부 백성들이 노역을 대신한 호포나 공역으로 낸 세금이다. 면포 2필은 장정 한 사람이 낸 1년 치 세금이다. 더욱이 명주는 무명과는 달리 값이 비싸 일반 백성들은 꿈도 꾸지 못하는 옷감이 아닌가? 그러나 어찌하겠는가? 힘이 없으면 갖다 바쳐야지…. 울화통 속에 지남의 점검은 계속되었다.

이번에는 접반사가 임금에게 요청하여 추가로 받은 문위사 추가분 예단이었다. 이제까지 예물로도 부족하게 여겼던 모양이다.

> **시위, 주사, 좌령 추가분**
>
> 붉은 명주 3필, 녹색 명주 3필, 남색 명주 3필, 흰 명주 3필, 흰 모시 3필, 흰 무명 5필, 회색 족제비 가죽 3장, 황모필 10자루, 사슴 가죽 1장, 후추 1말, 나전 담뱃대 7개, 작은 포장담배 100갑.

그다음을 또 넘기니 이번에는 청나라 사행의 요구에 응하기 위해 만약을 대비해서 접반사가 요청한 예비물품이었다.

> 별선부채 50자루, 삼각부채 20자루, 둥근부채 30자루, 큰 포장담배 20갑, 왜섭자(족집게) 20개, 은제 담뱃대 30개, 부싯대쇠 80개, 왜능화 5축.

예물점검을 마치고 나니 날이 다 새었다.

"이게 뭐 하는 짓이야?"

지남이 너무도 엄청난 예물에 스스로도 화가 치밀어 혼자서 불평을 늘어놓았다.

"나으리 고정하십시오, 누가 듣겠습니다."

"백성들은 모두 헐벗고 굶주리는데 이렇게 빡빡 긁어가니 어디 베적삼 하나를 걸칠 수 있겠어?"

"힘없으면 바쳐야지요!"

그 말을 들은 지남은 그동안 안 보고 지낸 세월이 병이를 많이 성숙시켰다는 생각을 했다.

"그래, 네 말이 옳다."

지남은 더 이상 말씨름하기 싫어 병이를 두둔해 주었다. 사실은 그랬다. 정조사며 성절사 등 한 해에 너덧 차례씩 사신이 갈 때마다 이렇게 긁어내는 데도 죽지 않고 사는 조선 백성이 참 용타고 생각했다.

인원점검과 지남의 복명이 끝나자 출발을 알리는 나팔 소리가 들렸다.

이번 행사의 총인원은 접반사를 비롯하여 호위군관, 역관, 의원 사령, 군관, 수레꾼, 하인 등 20여 명이 함께 출발했다.

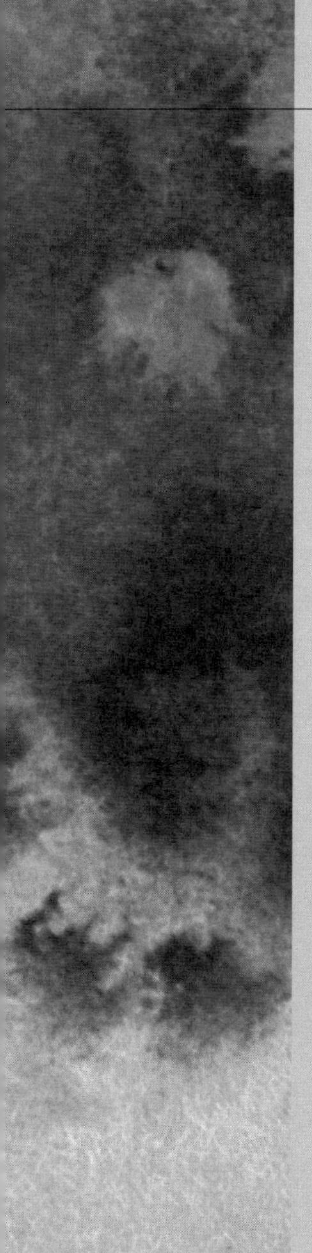

4.

되넘이 고개

박 접반사는 군관의 호위를 받으며 가마를 타고 동대문에서 혜화문으로 향했다. 혜화문은 한양 도성의 사소문 중 동문으로 임란으로 불에 타 복원한 지 얼마 되지 않아 그 산뜻한 모습이 그대로 남아있었다. 접반사의 행차가 있다는 소문에 길가에는 많은 구경꾼들이 모여들었다. 혜화문 안에서 나온 사람, 문밖에서 온 사람, 손을 흔드는 사람, 박수를 치며 환호하는 사람들도 있었다. 청차를 영접하러 가는 길이지만 구경꾼이 많으니 우쭐한 기분도 들었다. 그러나 그것은 잠시뿐 지남의 속마음은 손자 때문에 무거운 마음을 지울 수가 없었다.

지남이 가고 있는 이 길은 한양에서 함경도로 가는 길이다. 한양에서 외지로 빠져나가는 길은 크게 3가지였다. 첫째는 연경을 갈 때 무악재를 넘어 개성-평양-의주로 가는 의주로(義州路)가 있고, 두 번째는 김지남이 가고 있는 이 길, 동대문-혜화문-되넘이 고개(미아리고개)-무너미(수유리)-녹양(의정부)-포천-철원-김화-회양-안변-영흥-함흥-북청으로 가서 삼수와 갑산으로 가기도 하고, 길주-명천-경성-회령-종성-경원-경흥으로 가는 이른바 동북로(일명 경흥로, 慶興路)가 있고, 세 번째는 부산이나 일본으로 통신사가 가는 한강 나루에서 양재-양지-무극-안보(수안보)-문경-영주-경주-동래-부산으로 해서 일본으로 가는 이른바 부산로(釜山路)가 있었다.

동대문에서 되넘이 고개를 넘어 철원으로 가는 이 동북로는 함경도 관찰사나 절도사를 비롯한 지방 수령들이 명을 받고 현지에 부임하러 가거나 아니면 죄인들이 삼수갑산으로 유배를 갈 때 넘나드는 길이었다. 그리고 태조 이성계가 다니던 길이라 하여 '이성계길'이라고 부르는 사람도 있었다.

중국에 가는 사신이나 일본에 가는 통신사의 행차는 언제나 맨 앞에 주인 되는 사람이 가고 지남처럼 예단을 관리하는 사람은 맨 뒤편에 서기 마련이었다. 이번에도 지남은 예물 수레를 이끌며 뒤편에서 천천히 따랐다. 그러나 예물은 항상 신경이 가장 많이 쓰이는 부분이었다. 한양을 벗어나면 그때만 해도 도처에 도적이나 산적들이 노리고 있기 때문에 압물통사는 목숨을 걸고 수행하는 임무였다. 그래서 항상 본대와 가까이 붙어서 가야만 했다. 그러나 뻔히 알면서도 안 되는 게 예물관리였다. 왜냐하면 가는 길이 전부 높고 험한 산길이다 보니 말이 끈다고는 하지만 수레가 빠져나가지 못하니 자연 뒤처지게 되어있었다. 임술년 통신사를 갈 때 조령에서 수난을 당했고 10여 년 전에 연경을 갈 때도 그런 위험이 있었다. 그런 사정은 병이도 경험한 적이 있어 이번에도 잔뜩 애를 썼다.

어느새 일행은 혜화문을 지나 되넘이 고개에 당도했다.

이 고개는 옛날부터 '눈물고개'였다. 청나라 되놈들에게 끌려가다 도망간 곳이 이 고개였고 거기서 붙들리면 죽임을 당하는 곳도 이 고개였다. 오래전부터 길 양쪽에는 주인 없는 무덤으로 공동묘지가 되어버렸다. 그래서 억울하게 죽은 영혼의 원한을 풀어주기 위해 굿집과 무당집이 많이 생겼고, 비가 오는 날이면 낮에도 귀신이 나온다고 무당들은 말하기도 했다.

***

이날도 안개는 자욱한데 비마저 오락가락하였다. 길은 진창이 되어 한 발짝 올라서면 두 발짝 미끄러질 정도였다. 간신히 고개를 넘어 괴암골을 내려가는데 안개는 더욱 짙어 앞을 분간할 수가 없었다.

그때 갑자기 접반사가 음식을 토하고 얼굴이 창백해지며 가마에서 내려 달라고 했다. 그는 내리자마자 바로 땅바닥에 드러눕고 말았다. 눈꺼풀을 들춰보니 이미 허옇게 뒤집혀져 있었다. 접반사의 갑작스러운 변고가 유발되자 모든 일행이 가던 길을 멈추고 웅성댔다.

"아니, 가마에서 떨어진 것도 아닌데 왜 잘 가다 그러신대요?"

그때 안개 속에서도 까마귀들이 '까악, 까악' 소리를 지르며 날고 있었다.

"기분 사납게 까마귀들이 왜 저리 울고 난리야?"

"무슨 귀신이 장난을 치나?"

여기저기서 말이 많았다. 그때 의원이 급히 달려와 접반사를 진맥했다.

"접반사께서 지난주 조상님 산소 이장하신다고 과로하신 데다, 청나라 흠차와 변계문제를 논의해야 하는 부담 때문에 토사곽란을 맞은 것 같습니다."

라고 하며 귀신 운운하는 사람들을 향해 큰소리로 나무랐다. 그러자 지남은 그 사람들 신경 쓰지 말고 진료나 하라며 의원을 재촉했다. 의원은 급히 침을 꺼내 접반사의 열 손가락 끝마다 침을 놓고 피를 뽑았다. 손가락 끝마다 시커먼 검은 피가 연거푸 쭉쭉 솟아올랐다. 그래도 접반사는 아무런 반응을 보이지 않고 감은 눈에 신음 소리만 냈다. 의원은 다시 약 보따리에서 알 수 없는 약을 꺼내 접반사의 입을 벌리고 강제로 밀어 넣었다.

"이제 조금만 기다려 봅시다."

하고 의원은 자기 할 일을 다 했다는 듯이 자리에서 일어나 뒤로 한발 물러섰다.

그래도 접반사는 아무런 차도를 보이지 않았다. 그러자 순무사는 이대로는 접반사가 함경도까지 갈 수 없다고 사령을 불러 비변사에 연락을 하라고 했다. 이 광경을 옆에서 보고 있던 엉마이가 병이에게 말했다.

"거사님, 의원이 침과 약을 써도 효험이 없다면 다르게 봐야 하는 것 아닙니까요?"

옆에서 그 말을 듣고 있던 지남이 깜짝 놀라며 병이를 보고 '거사님'이라고 부르는 엉마이를 의아해서 쳐다보았다. 그러나 엉마이는 지남을 의식하지 않고 다시 말했다.

"이놈은 예전에 저 무너미(수유리)에 살았는데 그때도 이 괴암골은 혼자서는 무서워 넘지를 못했습니다요."

엉마이 말을 듣고 있자니 갈수록 해괴한 소리만 지껄이고 있어 지남이 그에게 물었다.

"조금 전에 네가 '거사님'이라고 했느냐?"

"네, 나으리! 우리 형님은 옛날 병이가 아닙니다요. 지금은 우리 예조에서는 거사님으로 통합니다요."

대답을 하는 엉마이의 표정은 사뭇 진지했다. 허기야 임신년 삼절연공행을 갈 때 벽란도에서 황진이의 시를 이어받아 "진이야 걱정마라…."라는 단수의 시를 즉석에서 읊은 적이 있기는 하지만 종놈 주제에 『주역』을 한다는 것이 도무지 믿어지지 않아 지남도 깜짝 놀랐다.

"그래!?"

지남은 병이의 말이 미심쩍었지만, 이 괴암골은 장정도 혼자 넘기를 꺼린다는 말을 다시 물었다.

"나으리께서도 잘 아시다시피, 이 되너미(떼놈의) 고개는 오랑캐들이 넘나들던 곳 아닙니까? 한양을 침범할 때도 그랬고 조선 여자들을 잡아갈 때도 이곳을 넘지 않았습니까요? 그때 잡혀가던 조선 여인들이 도망을 가다가 가장 많이 잡혀 죽은 곳이 이 괴암골이었답니다.

이곳은 밤이 되면 억울하게 죽은 원혼들이 도깨비불을 들고 온 산을 헤매고 다니고 비가 오면 낮에도 귀신이 나타나 멀쩡하게 가던 사람과 씨름을 하자고 하여 그 씨름에서 지면 이 기절해서 죽었다고 들었습니다요."

"에끼 이놈아! 네놈이 무슨 귀신이 씬 소리를 하는구나. 귀신과 무슨 씨름을 한단 말이냐?"

라고 지남이 호통을 치자 엉마이는 눈을 똑바로 뜨고 지남을 바라보며 말했다.

"나으리, 이 소인이 어찌 감히 거짓을 아뢰겠습니까요?"

"에끼 이놈! 한 번만 더 헛소리를 지껄이면 그냥 두지 않을 게다."

그 말을 들은 엉마이는 오히려 지남이 갑갑하다는 듯이 표정을 지으며 뒤로 한발 물러섰다.

그런데 문제는 그때까지 접반사가 깨어나질 않고 있다는 것이었다. 그러자 이를 지켜보고 있던 순무사가 누가 어찌 한번 해보라고 말을 했다.

엉마이는 병이의 옆구리를 찌르며 말했다.

"거사님, 매사는 때가 있습니다."

어차피 접반사가 깨어나지 않고 있으니 엉마이의 부추김에 마음을 낸 병이가 지남에게 다가가서 물었다.

"나으리, 쇤네가 한번 나서 볼까요?"

"네가 나서서 접반사 대감에게 감히 어떻게 하겠다는 것이냐?"

"접반사 대감은 소인이 보기에는 지금 원혼의 급살(急煞)을 맞으신 것 같은데요."

"이런 미친 인간을 보았나? 원혼의 급살이라니! 실없는 소리 말고 수레나 잘 챙겨!"

하고 병이를 호통치고 있을 때 순무사가 병이를 불렀다.

"네가 감히 접반사 대감을 한번 구해보겠다는 뜻이냐?"

하고 물었다.

그러자 병이는 지남의 얼굴을 한번 쳐다보고는

"아닙니다요."

하고 손사래를 쳤다.

그러나 순무사는 병이를 불러 손해 볼 것이 없다며 접반사를 돌보게 했다.

명을 받은 병이는 수레에서 자기 보따리를 가져와 그 안에서 붉은 먹을 꺼내서 접반사의 왼손 손바닥에 '鬼(귀)' 자를 쓰고 혼잣말을 입속으로 외웠다. 병이의 행동은 분명히 의술과도 다르고 역학과도 다른 주술적 수법이었다. 하지만 접반사가 깨어나지 않고 있는 이 순간에 미신 참신을 가릴 때가 아니었다. 그런데 병이의 이런 비방에도 접반사가 깨어나지 못하고 있자 이번에는 접반사의 이마에 '天(천)' 자를 다시 쓰고 큰 소리로 외쳤다.

"잡귀는 물렀거라! 지금 접반사께서는 어명을 받고 천자의 명을 받은 흠차를 뵈러 가시는 분이시다. 썩 물렀거라!"

그러자 이번에는 병이가 여자의 목소리를 내면서 흐느끼는 목소리로 하소연을 했다.

"우리는 자식이 보고파도 집으로 갈 수도 없고 배가 고파도 먹을 것도 없으며 이렇게 비가 오는 날에는 아무리 추워도 몸에 걸칠 실오라기 하나 없습니다. 그런데 우리를 죽인 원수들에게는 이렇게 바리바리 싸가니 우리는 결코 그냥 보낼 수는 없습니다."

그 말은 들은 지남이 나서며 귀신에게 말을 걸었다.

"듣자 하니 그대들의 말은 듣는 우리의 가슴을 아프게 하구나. 허나 지금 우리는 막중국사를 행하는 중이다. 그러니 길을 비켜라!"

"당신들은 옷을 입고 있으니 춥지 않은 모양이군요. 우리는 맨몸으로 비를 맞으니 너무 추워 견딜 수가 없습니다. 그 많은 명주를 전부 오랑캐들에게 줄 것이 아니라 우리 몸 좀 감싸주면 안 되겠소?"

그러자 병이가 말했다.

"그럼 명주로 너희들 몸을 감싸주면 길을 비켜날 것이냐?"

"그렇게 하겠습니다."

그 말을 들은 순무사는 자기 소관의 예단에서 명주단에서 서너 자를 찢어 옆에 있던 괴암에 걸쳐주었다.

그런데 이게 웬일인가. 그러자 접반사가 갑자기 눈을 뜨고 주위를 두리번거렸다.

그러자 지남은 접반사를 부축하여 자리에서 일어나 앉게 하였다. 병이의 접신력(接神力)이 주위를 놀라게 했다. 이 광경을 지켜본 순무사나 의원할 것 없이 모두 다 박수를 보냈다. 순무사는 즉시 가마로 접반사를 모시고 녹양(의정부)으로 향했다.

녹양에 도착하니 이미 날을 저물어 자고 그다음 날은 또 포천을 지나 영평에서 묵었다. 지남은 시간이 흐를수록 병이가 궁금했다. 예조의 종놈 주제에 글을 하는 게 아니라 양반도 어렵다는 『주역』을 배웠다니 도무지 이해가 되지 않았다. 10년 세월이 흐르기는 했지만 그래도 그렇지 그렇게 변할 수가 있을까 하고 언제 시간을 봐서 한번 물어보려고 작심을 하고 있었다.

3월 26일 새벽 지남은 접반사의 근황을 알아볼 겸 일찍 문안을 드렸다. 그런데 어찌 된 일인지 접반사는 아무런 일도 없는 듯 지남을 반갑게 맞았다.

"그래, 김 수역, 내가 되넘이 고개에서 폐를 많이 끼쳤다며?"

접반사는 그때 자신이 어떤 모습이었는지 제대로 알지 못하는 듯이 말을 했다.

"아니옵니다. 대감님."

"그래, 많은 사람이 먼 길을 가는 데 어찌 작고 큰 변고가 없겠나. 하여튼 고맙네."

"네, 그럼…."

지남은 접반사의 숙소에서 물러 나오면서 그때 있었던 일들이 참으로 묘하다고 생각했다. 어찌 멀쩡하던 사람이 갑자기 토사곽란을 만난 것처럼 토하고 의식을 잃고 쓰러지는 것도 이상하지만 더욱 이해되지 않는 것은 병이의 신체부적(身體符籍)이었다. 그 손바닥과 이마에 부적을 쓴다 하여 잃었던 의식을 회복하여 아무런 일도 없었다는 듯이 털고 일어난다는 것. 지남으로서는 이것이 도무지 납득이 되지 않는 상식 이상의 그 무엇이라고 생각하였다.

"그래! 세상일을 내가 다 알 수는 없지."

라고 치부하면서도 궁금증은 풀리지 않았다.

***

이튿날 영평에서 출발을 하여 철원에 도착했다. 부사 이이만이 풍전역에 마중을 나와있었다. 부사와 함께 철원에서 점심을 먹고 그곳에서 하루 쉬어가라는 부사의 청을 뿌리치고 바로 김화로 향했다. 그러자 부사는 그곳까지 전송하겠다며 따라나섰다.

"접반사 나으리, 김화에 이르시면 바쁘시더라도 전골총(戰骨塚)에 참배를 하시지요."

"'전골총'이라니?"

"병자호란이 일어났던 이듬해에 김화 잣골에서 평안도 관찰사 홍명구와 평안도 병마절도사 유림 장군께서 이끄는 조선군 5천이 청나라 군사 1만 명과 맞붙어 대승을 거두었습니다."

"아니! 그런 전투가 있었어요? 그래서?"

"그때 유림 장군은 잣골 산 능선에 매복을 하고 홍 관찰사는 평지에서 진을 치고 있었는데 놈들은 수적 우세만 믿고 겁 없이 우리가 펼쳐놓은 함정 속으로 쳐들어 들어오다가 전멸을 당했지요. 너무나 치열한 전투였기에 홍 관찰사도 함께 전사를 하셨습니다."

"우리 의병도 많이 당하셨다고요?"

"네, 수천 명의 적이 죽었는데 우리도 오죽했겠습니까? 그때 전사하신 의병과 관군들을 수습하여 모신 곳이 전골총인데 그 전사자를 한 군데 다 묻을 수가 없어 6개 무덤에 나눠 모셨습니다."

"그렇다면 열일을 제쳐두고라도 참배를 하겠습니다. 나라에 목숨을 바치셨는데…."

"임진왜란 때 왜장 가토 기요마사가 이곳을 지날 때도 철원과 김화, 금성의 의병들이 일제히 산으로 숨어들어 가 왜적과 치열한 전투를 벌였습니다."

"경상도 홍의장군만 널리 알려져 있지만 이곳 철원, 김화, 금성의 백성들은 이렇게 치열한 전투에 대승을 거두고서도 잊혀져 있었습니다."

이 부사의 잣골전투 이야기를 듣다 보니 어느새 김화가 가까워진 모양이었다. 김화 현감이 몇 사람을 데리고 마중을 나와있었다.

접반사가 시간이 없어 선걸음에 전골총 참배를 하겠다고 하여 그리로 갔다. 6개의 무덤은 띄엄띄엄 떨어져 있었다. 지남은 언젠가 일본 교토에 갔을 때 조선인의 귀와 코를 베어 만든 무덤을 참배하며 그 순간 치를 떤 적이 있었다. 예를 갖추어 참배를 하고 돌아설 때 과연 '나라의 땅'이란 무엇인가 하는 생각을 하게 되었다. 죽어서 한 치의 땅도 차지 못하고 수백의 주검이 한곳에 묻히면서 왜 이분들은 자기 목숨을 내준 것일까? 도망을 가면 그때는 살 수 있었을 텐데. 자신은 죽어서 묻힐 곳이 없어도 적에게는 한 치도 양보할 수 없는 것이 '나라의 땅'이었다. 그 순간 지남은 지금 자신이 무엇을 하러 가며, 백두산에서 무엇을 어떻게 해야 할지를 알 것 같았다.

참배가 끝나자 마중 왔던 이 부사는 철원으로 돌아가고 지남의 일행은 금성현에 도착하여 유숙하였다. 그리고 그다음 날은 회양부 신안역서 또 하루를 묵었다.

***

3월 28일 이른 아침, 모두 잠이 덜 깬 상태에서 하품을 하며 식당에 모였다. 그래도 국에 밥을 말아 한 그릇씩 챙기고 나니 힘이 솟는지 모두들 얼굴에서 생기가 돌았다. 나팔 소리가 일행을 철령으로 향하게 했다.

아직은 어둠이 다 가시지 않아 멀리 철령의 산 능선이 하늘에 묻혀있었다. 드문드문 횃불을 든 안내인을 따라 지남이 앞에서 가고 병이와 엉마이가 예단 수레를 몰며 뒤를 따랐다. 철령이 가까워지자 산은 점점 높이 솟아오르는 듯했다. 선두를 이끌던 접반사가 서진강을 건너 가마를 타고 철령을 오르기 시작했다. 지남도 예물 수레와 함께 조심스레 강을 건너 행렬의 뒤를 따랐다.

역시 듣던 대로 철령은 높고 험했다. 뻗어 올린 고갯길이 30여 리나 이어졌다. 타고 가던 말이 너무 힘들어 말이 '뻥뻥 뻥뻥' 하며 한 걸음 걸을 때마다 방귀를 연거푸 네 대를 뀌어댔다.
"아! 자식, 주인 앞에서 무슨 짓이야? 버릇없이."

하고 엉마이가 말 방귀 뀌는 것을 갖고 불평을 늘어놓았다.

“야! 개가 뀌고 싶어 뀌냐? 저도 모르게 나오는 것을?”

“아니 그래도 그렇지, 연거푸 네 대를 질러대면 나는 어쩌라는 거요?”

“너나 조심해! 너는 한 대만 내질러도 너무 지독해서 도저히 코를 들고 옆에 있을 수가 없어, 인간아.”

“아니 방귀는 말이 뀌었는데 왜 날 보고 야단이요.”

수레를 끄는 말 방귀 때문에 티격대다 보니 고갯길을 많이 오르기는 했지만 아직도 갈 길은 남아있었다. 지남은 말에서 내려 말고삐에 끌려 올라갔다. 한결 낫기는 했지만 그래도 온몸에 땀이 비 오는 듯했다. 가슴까지 차오르는 숨소리가 병이가 듣기에는 많이 힘들어 보였던 것이다.

“나으리, 좀 쉬었다 가시지요.”

“아니야, 괜찮다.”

“아닙니다. 무리하시면 안 됩니다. 좀 늦으면 어떻습니까요?”

그래도 자신을 생각해 주는 병이가 고마워서 중간에서 잠시 땀을 식히고 다시 일어서 갔다.

가다 쉬기를 반복하며 간신히 철령고개 위에 오르니 먼저 오른 사람들이 안변의 안내인들과 함경 감영에서 나온 아전들과 함께 기다리고 있었다.

지남도 예전엔 남만큼은 걸었는데 이제는 육십에 가까워지니 어쩔 수가 없었다. 지남은 바위에 기대 깜빡 잠이 들었다. 그때 한 노인이 자기도 힘들다고 지남을 밀쳐내며 바르게 앉으라고 했다. 순간 뒤를 돌아보니 노인은 없고 기댔던 바위에 이끼 낀 글씨가 보였다. 지남은 마른 이끼를 걷어내기 시작했다. 그 아래는 놀랍게도 ‘白沙(백사)’라는 두 글자가 보였다.

전부를 걷어 내고 보니 거기엔 백사 이항복의 ‘고신원루(孤臣寃淚)’가 새겨져 있었다. 지남은 얼른 일어나 접반사에게 갔다.

"김 수역, 이제 옛날 같지 않지?"

접반사는 지남을 보자 먼저 말을 걸었다.

"대감님, 그게 아니오라 소인이 앉았던 자리에 백사 대감의 시가 있습니다."

"오성 대감의 시가 있다고?"

하면서 지남이 졸았던 바위에 가보니 아니나 다를까 백사 대감이 북청으로 유배를 가면서 읊은 시조가 원문 그대로 새겨져 있었다.

접반사는 평소에 백사 대감을 존경해 오던 터라 그 시비 앞에 예를 갖춘 뒤 말했다.

"김 수역 그대는 오성 대감의 이 비화를 아는가?"

"예전에 한번 들은 바는 있으나 그 내력은 깊이 알지 못합니다."

"그러겠지, 지금부터 100년 전 일이니까."

하면서 백사 대감이 철령을 넘어야 했던 서글픈 사연을 들려줬다.

"그러니까. 광해군 때 일이지, 당시 좌의정으로 계셨는데, 임금이 간신들의 말을 듣고 어린 이복동생인 영창대군을 죽이고 계모인 인목대비마저 유폐시키자 이를 반대하는 상소를 올렸다가 대북파의 모함을 받아 북청으로 유배를 가면서 이 고개를 넘었던 것일세."

"네, 그렇군요, 그럼 누가 저 바위에 대감의 시구를 새겨놓았을까요?"

"글쎄다. 그래도 누군가 세상을 아는 사람이겠지."

그는 간단한 설명을 남기고 다시 자기 자리로 돌아갔다.

지남은 문득 이항복 대감이 인현왕후 폐비반대 등을 하다 죽임을 당한 송시열 대감과 또 한편으로 사지를 가면서도 청석령 고개에서 나라를 생각하던 소현세자와 너무도 닮았다고 생각했다. 지남은 비망첩을 꺼내 들고 안타까운 심정을 술회하기 시작했다.

청석령 바람 일고 철령에 비 뿌릴 제
함거에 머리 풀고 그 누가 끌려가나
생사도 초개였나 올곧은 대쪽들

바위에 귀 있고 구름에 눈 있던가
새기고 외쳐본들 허공과 돌인 것을
왜 모두 부질없이 헛수고만 하는지

바람도 울고 가고 수레도 삐걱댄다
인걸이 빠진 세상 쭉정이 득세로다
난세엔 변방 절도가 충신의 둥지런가

5.

제왕이 되는 꿈

철령을 내려오는 동안 지남은 내내 백사 선생의 생각에 젖어있었다. 조선 천지에 그분 같은 충신도 흔치는 않다고 알고 있었기 때문이다. 임진왜란 때는 도승지로서 나라를 구하려고 무진 애를 썼고, 끝이 없는 당파싸움에도 패당에 물들지 않아 백성들로부터 존경받고 조정에서도 신임이 두터웠다. 그런 분이 폐비반대 직언 한마디로 하루아침에 죄인이 되어 북청으로 유배를 간 뒤 곧바로 세상을 떠났으니 백사도 결국은 당파싸움으로 임금이 죽이고 만 셈이 되었으니….

대체 충신과 죄인이 어떻게 다른지 알 수가 없었다.

그때 누가 말을 걸었다.

"아니 뭘 그리 생각하고 있습니까?"

김호연이었다.

"어! 아닐세. 세상 돌아가는 꼴이…."

"왜요?"

"그걸 몰라서 묻는 겐가?"

그러자 호연은 한동안 침묵하다 다시 입을 열었다.

"오늘은 설봉산 석왕사에서 묵는다고 하데요."

"설봉산 석왕사?"

"네, 그곳은 태조 임금의 원찰이라 하던데요."

지남은 태조의 원찰이라는 말에 고개를 끄덕였다. 그 말을 들은 지남은 그 절이 얼른 보고 싶었다. 그런데 한참을 갔는데도 설봉산은 나오지 않고 현문령(懸門嶺)이란 커다란 재가 또 하나 나타났다.

'현문령'이라, 얼마나 가파르면 현문령이라 부를까 하는 생각에 또 걱정이 되었다.

산 입구에 들어서니 좌우의 깎아지른 바위들이 정말 아래위로 여닫는 문기둥같이 양쪽에 서있었다. 그 사이가 어찌나 좁은지 짐수레가 겨우 빠져나갈 정도였다.

만약 이곳에 성을 쌓고 문을 닫으면 한 사람의 장수가 수만의 적이라도 당할 수 있는 천하제일의 관방문이라 불릴 정도였다. 어렵게 현문령을 넘어가니 안변부의 고산역이 있었다. 부사는 출타 중이라 아전들이 마중을 나와있었다.

그들의 안내를 받으며 석왕사로 향했다. 절 입구에 들어서니 '불이문'이 일행을 맞이했다. 대웅전 앞마당에 들어서니 주승이 접반사를 맞이했다.

한눈에 봐도 석왕사는 그 규모가 대단했다.

대웅전 동편에는 만궁당, 무상당, 설동선루가 있고, 서편에는 심검당, 팔상전, 명부전 등이 즐비하게 늘어서 있었다. 오래전 일본 교토에서 봤던 본국사나 에도의 본서사에 비해 조금도 뒤지지 않는다고 생각했다. 주승은 접견실에서 접반사 일행에게 차 대접을 하였다.

"먼 길을 오시느라 고생이 많았소이다."

"여간이 아니군요."

"갈수록 더하실 겝니다. 차나 한잔 드시지요. 경상도 하동에서 올라온 야생입니다."

주승은 왼손으로 장삼의 소매 끝을 붙잡고 찻상에 배열된 찻잔에 돌아가며 녹차를 따랐다. 그러자 옆에서 시중을 들던 젊은 스님이 접반사 일행에게 순서대로 찻잔을 들어 두 손으로 공손하게 건넸다.

"스님, 절이 규모도 크고 참 좋습니다."

"허! 허! 좋을 수밖에요. 이 절집은 수만 평 도량이지만 그 유래가 깊고 화려합니다."

"유래라니요?"

"이 절은 관동과 관북을 통틀어 제1사찰입니다. 터를 잡고 정초를 한 것은 고려 때이지만 이 절은 태조께서 세우신 태조원찰(太祖願刹)이라 보셔야 합니다."

"태조원찰이라니요?"

"허허 참! 접반사님은 우리 석왕사에 대한 소양이 전혀 없으신 모양이군요."

지남은 주승의 말씀을 듣고 있자니 조금은 부끄럽기도 하였다.

"하이구, 부끄럽습니다. 허지만 석왕사는 산으로 둘러싸여 있으니 알 도리가 없지 않습니까?"

하고 자기변명을 하니 주승은 웃으며 말했다.

"그러면 한양 궁궐은 담장을 더 높여야 하겠구나."

접반사가 주승의 선문답에 어리둥절한 표정이었지만 지남은 얼른 그 뜻을 알아차리고 얼굴이 화끈 달아올랐다.

석왕사가 높은 산으로 둘러싸여 세상 사람들이 모른다면 궁궐은 담을 더 높게 쌓으면 궂은 소문이 세상 밖으로 나오지 않을 것 아니냐는 관리에 대한 일침이었다.

그러자 지남이 화제를 돌렸다.

"스님, 조금 전에 말씀하신 석왕사의 유래를 좀 들려주실 수 있겠습니까?"

"듣자 하니 실로 이 절의 유래를 모르시는듯하니 그럼 소승이 알려드리리다.

태조께서 이 나라를 세우기 전에 이곳을 지나면서 하루를 묵게 되었답니다. 그날 밤 꿈에 동네 모든 닭들이 일시에 울어대고 집집마다 방아 찧는 소리가 들려 마을 안으로 들어갔다가 나올 때는 어느 허름한 집의 서까래 3개를 지고 나왔다는 겁니다. 그런데 그때 거울이 와장창 깨지는 소리에 깜짝 놀라 잠을 깼다는 것인데, 꿈이 하도 이상해서 아랫마을 점쟁이 노파를 찾아가니 설봉산 무학을 찾아가라고 해서 무학스님을 찾아갔다고 합니다.

'어서 오시오, 장군! 소승은 이미 기다리고 있었습니다.'

'아니! 스님, 무슨 말씀이오이까? 내가 무슨 일로 왔는지 알고 계셨습니까?'

'여러 말씀 하지 마시고 이 무학의 말을 잘 들으시오, 어제 장군이 꾼 꿈은 용이 승천하는 길몽이외다. 서까래 3개를 지고 나왔다는 것은 장차 왕이 될 꿈이고 닭들이 우는 소리는 백성들의 환호이며 거울이 깨지는 것은 머지않은 소식을 의미하는 것이외다. 이 꿈을 외부로 발설하면 큰 화를 부를 것이고 새겨두면 임금이 될 것이오. 허니 이곳에 절을 짓고 천 일 기도를 올리시오!'

'아니? 누굴 죽이려고 이런 허황된 말씀을 하시는 것입니까? 누가 들을까 두렵습니다.'

'당장 내려가서 내가 이른대로 따르기만 하면 돼!'

라고 하며 무학은 자신보다 나이가 훨씬 아래인 당시 이성계 장군에게 하대를 하며 그대로 돌려보냈다는 것입니다. 그런 뒤에 이 절은 크게 지어졌고 또 왕위에 오른 뒤에 중창을 하여 오늘에 이르고 있는 것입니다."

"그러면 그 서까래 3개가 왕이 될 꿈이었다면 소직이 1개를 지고 나오면 어떻게 되는 것이옵니까?"

하고 접반사가 다시 물으니,

"그러면 도둑이 되지요. 천하를 훔치면 왕이 되지만 작은 것을 훔치면 어떻게 되는지 그 이치를 잘 아시면서…."

"하! 하! 하! 역시 스님다운 해석이옵니다. 그려."

김지남 일행은 다음 날 아침, 석왕사에서 아침 공양을 마치고 절을 떠났다. 이맘때면 남쪽은 진달래도 피고 개나리가 피어 갖가지 봄꽃이 필 때지만 설봉산은 아직도 겨울잠에 깊이 취해있었다. 산길을 따라 고개를 넘고 작은 개울을 건너 50여 리쯤 갔을까? 길목에 덕원 부사 일행이 마중을 나와있었다. 그날 밤 덕원부에서 자고 그 이튿날 원산-문천을 거쳐 4월 초하룻날 영흥(永興)에 도착했다. 부사 홍표가 사전에 연락을 받고 10리 밖까지 마중을 나와있었다.

접반사가 가마에서 내리자 홍 부사는 허리를 굽혀 절을 하며 진심으로 반갑게 맞이하였다.

"아이구, 접반사 나으리, 어서 오십시오, 태조 대왕의 고향에 오신 걸 환영합니다."

"홍 부사! 오랜만이외다. 이곳에서 다시 만나니 더욱 반갑구료."

두 사람은 전에도 한양에서 함께 일한 적이 있어 서로 구면이었다.

영흥은 태조 이성계가 자란 곳이라 부사라 하더라도 아무나 오는 곳이 아니고 조정의 신망이 두터워야 올 수 있는 자리였다. 부사는 접반사 일행을 먼저 준원전(濬源殿)으로 안내했다. 그곳은 이성계의 아버지 이자춘이 살던 옛집이며 태조의 어진이 봉안되어 있는 곳이었다.

준원전이라 하여 그렇게 크거나 사치스럽지 않고 여느 양반집 정도의 엄숙한 기와집이었다. 일행은 접반사를 따라 서열대로 줄을 지어 어진 앞에 향불을 피우고 사배를 올렸다. 태조의 어진은 일월도 앞에 어깨와 앞가슴에 황룡을 수놓은 청포를 입고 용상의 정면을 바라보며 앉아있는 모습이었다. 기골이 장대하고 보는 사람으로 하여금 압박감을 느낄 정도로 위엄이 있었으며 생각하기에 따라서는 인자한 용안 같이 보이기도 하였다. 참배가 끝난 뒤 영흥부 객사에서 그날 밤을 묵었다.

***

영흥을 출발하여 함경도 감영(監營)이 있는 함흥(咸興)으로 향했다. 그곳으로 가면서도 지남은 아들 경문이 걱정되었다. 그곳은 조선과 몽고, 여진이 뒤섞여 살며 크고 작은 싸움이 끊이지 않던 지역이라 항상 위험이 도사리고 있는 지역이기 때문이었다. 해가 저물 무렵 정평과 함흥의 경계지점에 이르니 이선부 관찰사가 휘하의 장수들을 거느리고 마중을 나와있었다.

"아이구! 어서 오십시오, 접반사 나으리, 먼 길 오시느라 노고가 많으십니다."

이 관찰사는 앞으로 목 총관이 일을 마치고 돌아갈 때까지 접반사와 함께 일을 해야 하기 때문에 누구보다 접반사를 반갑게 맞이하였다.

그런데 뜻밖에도 관찰사의 일행 중에는 경문이 끼어있었다. 지남은 너무도 놀랍고 반가워서 자신도 모르게 말에서 내려 아들을 끌어안았다. 경문도 집 떠나온 지 여러 날이라 수염도 텁수룩하고 두루마기도 꼬깃꼬깃 구겨져서 형색이 가족도 없는 사람처럼 보였다. 경문은 아버지에게 큰절을 올렸다.

"아버지! 그동안 무고하셨습니까?"

"오냐! 너는 어떠냐?"

아들의 큰절을 받고 보니 온몸에 번지는 혈육지정이 온갖 시름을 씻어 내리는 듯하였다.

"소자는 괜찮습니다. 다만 길도 멀고 험해 아버지 걱정이 많았습니다."

"난 괜찮다."

경문이 지남에게 안부를 물으면 으레 하는 대답이 "난 괜찮다!"였다.

오랜만에 만난 부자는 서로를 염려해 주며 감영 객사에 짐을 풀고 그길로 일행을 따라 함흥 본궁(咸興本宮) 참배에 나섰다.

이 본궁도 영흥 본궁과 함께 태조 이성계가 왕위에 오른 뒤 4대 조상들의 집을 새로 단장하여 신주를 모시고 제사를 지내는 곳이었다. 본궁은 정면 5칸, 측면 3칸의 합각 기와지붕으로 그 모양이 웅장하였다. 이 궁은 태조가 왕위에서 물러나면서 이곳에 머물게 된 뒤, '본궁'이라 불렀다. 천장에는 소란반자를 아름답게 대어 방 안이 아늑하도록 하였으며 모두 단청을 곱게 해놓았었다. 목조부터 태조까지 위패를 모신 이안전(移安殿)과 본궁의 누각인 풍패루(豊沛樓) 역시 단청을 곱게 해놓았었다. 누각에 올라보니 지대가 높아 주변이 한눈에 들어왔다. 왕위에서 물러나 이곳에 머물면서 아들 방원이 보낸 사자에게 활을 쏘아 함흥차사란 말을 남긴 곳도 바로 이 풍패루였다.

누각 아래에는 소나무 한 그루가 300년 수령을 자랑하고 있었다. 태조가 소나무를 좋아하여 집 주변에 여섯 그루를 심었는데 이 한 그루만 남아 있다고 했다. 지남은 비록 한 그루이지만 영원했으면 좋겠다는 염원을 했다. 본궁 참배를 마친 접반사 일행은 관찰사가 베푸는 연회에 참석하기 위해 낙민루로 향했다.

***

경문은 아버지와 함께 그 자리가 불편하다며 혼자 숙소로 돌아가고 지남만 연회에 참석했다.

지남이 김호연과 함께 연회장에 도착하니 관찰사는 기생들을 데리고 먼저 낙민루에 와있었다. 낙민루에 오르니 날씨는 화창한 4월의 봄날이었다. 봄바람을 맞아 출렁거리는 성천강물이 만세교 다리에 부딪히는 소리가 '찰랑찰랑' 하고 한가롭게 들렸다.

접반사는 안쪽 상석에 좌정하고 좌우에는 한양에서 배종한 순무사와 역관이 배석하고 바깥쪽에는 관찰사와 부윤, 목사, 군수 등 하위 수령들이 자리를 잡고 앉았다. 먼저 이번 연회를 베푸는 관찰사의 환영사가 있었다.

"오늘 접반사 대감께서 풍패지향(豊沛之鄕, 건국시조의 고향), 함흥에 오신 것을 크게 환영합니다. 이곳은 잘 아시다시피 고구려와 발해 이후 한때 거란과 몽고, 여진 등 다른 민족이 섞여 살기도 했었습니다. 그러다 여말 윤관 장군께서 고토를 회복하셨다가 사정상 다시 여진족에게 돌려준 역사가 있고, 그 뒤 세종대왕께서 4군 6진을 개척하여 오늘에 이르고 있습니다. 특히 이 고장의 출신인 태조 대왕께서 나라를 세우신 뒤, 지금 우리는 이 강토를 목숨 바쳐 지켜가고 있습니다. 그리고 우리 함흥에는 '가련(可憐)'이라는 특별한 아이가 있습니다. 이 아이는 얼굴도 예쁘고 글도 잘하며 가야금도 따를 자가 없습니다. 그래서 오늘 이 아이를 접반사 나으리께 자랑하고 싶어 특별히 불렀습니다. 원로에 고생이 많으신 나으리께서 여독이 조금이라도 해소되었으면 합니다."

관찰사는 환영사를 마친 뒤 접반사에게 답례를 부탁했다.

“사또께서 이렇게 환대해 주시니 참으로 고맙습니다. 특히 이 나라의 발상지라고도 볼 수 있는 이곳에 오니 참으로 감개가 무량합니다. 하니 이 환영회도 되도록이면 간소하고 경건하게 치러주길 바랍니다.”

연회를 간소하게 치러달라는 접반사의 답례는 의미하는 바가 컸다. 이곳은 왕이 즉위하면 자주 찾아오는 곳이라 자칫 잘못하면 큰 소문이 나는 조심스러운 곳이기 때문이었다. 접반사의 답례가 끝나자 관찰사의 건배 제의가 있었다. 잠시 뒤 악공들의 풍악이 울렸다. 그러자 나이가 어려 보이는 한 기생이 가야금을 들고 들어왔다. 조금 전 관찰사가 소개한 가련이었다.

첫눈에 봐도 나이는 어린데 얼굴은 매우 고왔다. 그녀는 접반사와 관찰사가 앞에 서서 큰절을 올리고 자신을 가련이라고 아뢴 뒤 자리를 잡고 앉아 가야금을 무릎에 걸쳤다.

그리고 평소에 즐겨 부르던 제갈량의 「출사표(出師表)」를 가야금에 맞춰 부르기 시작했다.

모두가 조용히 그녀의 노래를 들으려고 귀를 기울이고 있을 때 ‘둥~기 당당~ 둥기둥 당당~’ 하고 가냘프고 예쁜 손가락으로 가야금을 퉁기더니 이어서 맑고 낭랑한 목소리로 「출사표」를 노래하기 시작했다.

“先帝開土 無邊地界 하셨는데(선제께서는 끝이 없는 땅을 여셨는데) 只今天下 皆被侵奪 되었구나(지금의 천하는 모두 다 빼앗겨 버렸구나).”

하면서 창이 시작되자 이를 가만히 듣고 있던 접반사가 관찰사에게 말했다.

“저 아이가 부르는 노래는 공명의 「출사표」가 아닙니다.”

그러자 그 말을 들은 관찰사가 웃으며 말했다.

“나으리, 잘 들어보십시오. 「출사표」가 맞습니다. 다만 저 아이는 듣는 상대가 누구냐에 따라 원문을 즉흥적으로 고쳐서 자기가 하고 싶은 말을 전합니다."

"그래요! 저 아이의 수준이 그 정도입니까?"

"네, 그렇습니다. 그래서 제가 오늘 특별히 데리고 온 것이외다."

"그럼 어디 한번 들어봅시다."

그녀의 아름답고도 진지한 노랫소리가 가야금에 실려 연회장 분위기를 한껏 끌어올렸다.

"侍衛之臣 不和於內 하고 忠志之軍은 忘身於外로구나(궁중 신하들은 안에서 싸움이나 하고, 밖을 지키는 충성스러운 군사들은 자기 몸을 잊었구나)."

가련의 출사표는 계속 이어졌다. 지남도 가만히 듣고 보니 그 이야기의 골자는 분명히 제갈량의 「출사표」였다. 그러나 원문 그대로를 노래하는 것이 아니라 백성들이 맨날 싸움질이나 하는 한양 정치 모리배들에게 사자후를 토하고 있는 것이었다.

박 접반사는 당쟁에 휩쓸려 싸움질은 안 했지만 한양 조정에 있다는 그 자체가 부끄럽게 여겨졌다. 접반사는 가련을 의심했다. 저 어린 관기가 저렇게 깊은 뜻을 노래할 수가 없고 누군가가 글을 써준 것이라고 생각했다. 그 아이를 한번 떠볼 심산으로 관찰사에게 지필묵을 부탁했다. 그리고 가련을 가까이 불렀다.

"내 너의 창을 들으니 참으로 신통하다. 하여 내가 너의 글 한 폭을 받고 싶구나."

그러자 가련은 잠시 눈을 감더니 대필에 먹을 듬뿍 찍어 일필휘지하였다.

"邊界則國(변계즉국)"

접반사는 그 글을 보는 순간 깜짝 놀랐다. 접반사가 청의 총관을 만나 나라의 국경선을 정하러 가는 것임을 알고 접반사에게 충고를 에둘러 한 것이다. '경계가 곧 나라이니, 한 치의 땅도 물러서지 말라.'는 뜻이었다.

가련의 충고에 접반사는 마셨던 술이 확 깨버렸다. 함경도 사람들은 역시 듣던 대로 조선 건국의 발상지 사람들답게 나라에 대한 충성심과 의리가 매우 강하게 느껴졌다. 접반사는 이 자리에서 조금이라도 흐트러지는 모습을 보였다가는 큰코다칠 것 같아 그 정도 선에서 연회를 서둘러 마쳤다.

지남이 연회를 마치고 숙소에 돌아오니 아들 경문이 찾아왔다.

"어땠습니까?"

"연회가 다 그렇지 뭐. 그런데 가련이라는 어린 기생은 대단하던데."

"네, 그렇습니다. 이곳 사람들은 가련을 황진이보다 낫다고 자랑하고 있습니다."

그러면서 품 안에서 얇은 책 한 권을 내놓았다.

"그게 뭐냐?"

"내일은 여기서 하루를 더 묵는다고 합니다. 이 책은 청년 이성계의 무용담을 엮은 이야기책입니다. 내일 무료하실 때 한번 읽어보시지요. 재미있을 겁니다."

"알았다. 피곤할 텐데 얼른 가 자거라."

지남은 경문을 보내놓고 술기운에 그냥 잠자리에 들었다. 새벽에 목이 말라 잠을 깼다. 밖에 나가 찬물 한 바가지를 마시고 나니 잠이 확 달아나 버렸다. 어제 아들이 준 책이 어떤 것인가 하여 보니 표지에는 "초야(初夜)"라고 한자로 적혀있었다. 지남은 책제(冊題)도 요상하다 싶어 한 장씩 넘겨가며 읽기 시작했다.

6.

초야(初夜)

“아하하! 아하하!”

그날도 초저녁부터 연회장에는 호탕한 웃음소리가 술잔 부딪히는 소리와 함께 밖으로 터져 나왔다. 화주 만호 이염이 총관(다루가치)에게 아양을 떨었다. 그는 늘 총관을 따라다니며 술만 마시고 하는 일은 없는 술주정뱅이였다.

“총관님, 저 에미나이 생긴 거 보소, 꽃같이 생겼쟁이오? 총관님은 조카음메.”

“뭐이가 기래?”

“얼굴도 기렇고 몸매도 어제 것보단 훨씬 좋지 아이 하오?”

예전에는 초야권을 밤에 남몰래 슬쩍 치렀는데 반항하는 가족을 모조리 죽인 뒤로는 아무도 반항을 하지 못하자 이제는 대낮에 노골적으로 잔치를 벌여가며 일을 치렀다.

조호는 이 만호의 말을 듣고 다시 한번 정영을 슬쩍 쳐다보았다. 확실히 어제 잡아 왔던 희선이보다는 얼굴선이나 피부가 훨씬 희고 고왔다. 총관은 정영의 미색에 침을 꼴깍 삼키며 음탕한 미소를 지었다. 그러면서도 만호에겐 속 다른 말을 했다.

“기렀음둥? 나 잘 모르갔어. 올해가 8년 짼데 에미나이는 다 똑같았쿠망.”

조호는 처녀가 혼례를 치를 때 첫날밤에 흘리는 피, 처녀혈(處女血)의 신봉자였다.

그는 성에 대해 아무것도 모르는 처녀들을 잡아다가 첫날밤을 무사히 치르도록 성교하는 법을 가르쳐 준다는 핑계로 처녀를 잡아다 혼전에 신랑 먼저 정조를 빼앗았다.

방바닥에는 하얀 자작나무 껍질을 깔아놓고 그 위에서 일을 치른 뒤 처녀가 흘린 진홍의 붉은 피를 보면 먼저 냄새를 맡고 혀로 핥아 맛을 보고는 짐승 같은 웃음을 지으며 행복해했다. 그가 쌍성총관으로 온 지 벌써 8년이 되었다. 그는 부임하던 첫날부터 초야권을 치렀으니 총관부가 관할하는 영흥, 함흥, 고원, 덕산 일대에는 총관을 닮은 아이들이 쉽게 눈에 띄었다.

"내일은 또 고원에 가신다메오?"

"기뿐이 갔어? 모레도 있고 글피도 있고 계속이야. 가실이 되니 여기저기서 막 혼례를 치른다니 나도 힘들어 죽갔쿠망."

"기케 많은 에미나이들을 다 봐주면 힘이 앙이 딸리오? 내래 좀 도와 드릴까요?"

"메이야? 일없어. 힘이 들어도 내 일은 내가 해야지."

조호는 초야권(初夜權)을 넘보는 이염을 째려보며 일언지하에 거절했다.

그러자 이번에는 고원 만호 조찬도 은근히 흑심을 드러냈다.

"총관님, 우리 고원에도 총관님으 닮은 얼라들이 너덧이나 있슴메."

"야! 갸들이 나를 닮아도 내 새끼는 앙이야!"

"기렇지요, 꼭 닮아도 총관 새끼는 절대 아임다."

"앞으로 나르 닮은 새끼르 내 새끼라 하는 놈은 모조리 죽여버리갔어!"

"일 없쿠망, 기딴 소리 하는 놈으 나도 기냥 두지 안음메, 전에도 두어 놈 베어버렸더니 이제 내 앞에선 기딴 말르 아예 하지 앙이 하오."

그러자 옆에 이염이 다시 끼어들었다.

"내가 사는 마을에도 그런 얼라들이 여럿 있기는 하쿠망, 허지만 총관하고는 무관함메다."

"키럼! 키럼! 키렀치 않고."

"어쨌던 총관님도 몸조심하소. 앞선 총관들이 초야르 너무 많이 해서 오래 살지 못하고 다 빨리 갔잰소?"

오늘 밤 이 연회가 끝나면 총관과 초야를 치러야 하는 정영은 이들의 대화를 듣고 나선 죽어도 이곳을 빠져나가야겠다고 마음을 먹었다. 아까부터 정영을 호기심 있는 눈초리로 자꾸만 바라보던 젊은 호위병에게 말했다.

"뒷간 쫌."

그러자 호위병이 총관에게 승낙을 청했다.

"이 에미나이 뒤가 마렵담다."

"기래? 고럼 날래 갔다 오라우!"

정영이 총관의 말을 듣는 순간 이제 기회가 왔다고 생각했다. 연회장 문을 열고 나오니 이미 밤은 깊었다. 총관부 주변에는 몇 개의 횃불이 꺼질 듯 바람에 흔들리고 있을 뿐 주위는 깜깜했다. 정영은 자신이 살 수 있는 길은 지금 이 순간밖에 없으니 어떻게 하든지 이곳을 빠져나가야겠다고 마음을 먹었다. 정영은 볼일을 보는 체하고 측간에 앉아서 도망갈 궁리를 하고 나서 호위병에게 접근했다.

"호위님은 춥지 않음둥?"

"나도 추워야, 이제 가실이니 기렇디."

"나는 와 이케 떨리고 추운지 모르겠습다."

정영이 어깨를 움츠리며 호위병에게 의지하는 듯한 모습을 보이니 그도 젊은지라 어둠 속에서 정영을 탐하기 시작했다. 그는 이내 정영을 껴안고 몸을 비비기도 하고 입맞춤도 했다. 정영은 말없이 그가 하는 대로 받아주었다. 그러자 그는 점점 욕심을 부리더니 얼른 허리춤을 풀고 바지를 벗어 내렸다. 그리고는 정영에게 들이대길 시작했다.

"아! 잠깐, 잠깐, 이케 너무 쎄게 끌어안지 마오, 허리 부러지겠쿠망."

정영이 허리가 너무 아프다며 죽는시늉을 하자 호위병은 끌어안았던 팔을 잠시 풀어주었다. 그러자 그 순간 정영은 그놈을 뒤로 확 밀어버리자 병사는 바지를 벗은 채 뒤로 발랑 나자빠져 버렸다. 재수 없게도 그곳은 총관부의 하수가 흘러내리는 작은 도랑이었다.

그리고 정영은 어둠을 나는 자유로운 영혼이 되어 바람처럼 사라져 버렸다.

그녀에겐 더 이상 삶도 죽음도 없었다. 오직 양효만 있었다. 사랑의 날개는 그를 향해 한없이 날아가고 있었다.

그때 누군가가 정영을 홱 낚아챘다. 정영은 이제 잡히면 끝이라 생각하고 죽을힘을 거부하는 몸짓을 다했다. 그 순간 '뚜둑' 하며 나뭇가지 부러지는 소리가 들렸다. 그녀가 달려가 쓰러진 곳은 다름 아닌 양효의 집 앞이었다.

"양효 씨!"

하고 그는 외마디 소리를 지르고 끊어질 듯한 숨을 이기지 못하고 쓰러져 버렸다.

순간 양효가 밖으로 뛰쳐나왔다. 그도 정영의 목소리를 단박에 알아챘기 때문이었다. 호롱불 앞에 쓰러진 정영의 왼쪽 뺨은 나뭇가지 생채기로 아직 피가 채 마르지도 않았고 옷은 찢어진 채 맨발이었다. 그러자 양효의 부모님도 마당으로 뛰쳐나왔다. 사태를 알아차린 아버지는 '후' 하고 호롱불을 꺼버렸다.

"어케 된 거야? 말 쫌 해보라우!"

그래도 정영은 숨이 차서 대답을 하지 못했다.

정영은 양효의 손을 잡으며 간신히 한 마디를 내뱉었다.

"도망!"

"아이 그게 무슨 소림매?"

"도망!"

그 순간 양효의 어머니가 말했다.

"기래! 야 말이 옳다!"

하면서 방으로 달려가 자신이 덮던 이불을 가지고 나오면서 빨리 도망을 가라고 양효를 떼밀었다. 그길로 양효는 아무런 영문도 모른 채 정영의 손을 잡고 어머니가 준 이불 하나만 겨드랑이에 끼고 어디론가 사라져 갔다.

잠시 뒤 저만치 뒤에서 밤의 정적을 가르는 말발굽 소리가 들렸다. 정영은 본능적으로 숲속에 몸을 숨겼다. 꿩 새끼처럼 숲속에 고개만 숙인 채 숨을 죽이고 있는데 그 사이 '두두둑! 두두둑!' 하면서 말발굽 소리가 그들 바로 옆을 지나갔다.

그때부턴 양효가 상황을 알아차리고 정영의 손을 이끌고 도망을 치기 시작하였다. 그러나 양효가 간 곳은 마을 앞 성천강 모래밭이었다.

그곳은 정영을 만나면 으레 나란히 앉아 흐르는 강물을 마주 보며 모래를 만지작거리고 놀던 곳이었다. 엉겁결에 도망쳐 온 곳이지만 그곳은 정영에게도 정이 든 곳이었다. 모래밭 버드나무 숲에서 한숨을 돌리고 있을 때 마을 쪽에서 날카로운 비명 소리가 들리고 어둠 속에 붉게 타오르는 불길이 검은 연기를 내뿜고 있었다. 그 순간 정영은 너무 놀라 옆으로 온몸이 굳어 쓰러지고 말았다. 양효 집이 불탔으면 당연히 자기 집도 온전하지 않을 것이라 생각도 했다. 양효는 정영을 꼬옥 껴안고 쓰다듬으며 이불을 뒤집어쓰고 밤을 새웠다.

뒷날 아침 하늘이 밝았다. 성천강도 아무 일이 없었던 것처럼 유유히 흘러가고 있었다. 하룻밤 사이 정영은 얼굴은 볼 수 없을 만큼 초췌해 보였다.

"양효 씨, 이제 우리 어떡함둥?"

정영의 목소리는 겁에 질려 떨리고 있었다.

"어떡하긴? 오늘은 여기서 숨어있다가 때를 봐서 저 총관부 간나 새끼들 모조리 죽이고 말갔어!"

정영은 그 말이 걱정되었다.

"기러지 말라! 기러다 잘못되면 난 어떡해?"

"일없어! 난 저놈들 손에 절대 앙이 죽어."

하면서 양효는 버드나무 아래 한쪽에 모래구덩이를 파기 시작했다. 구덩이 밑에는 마른 풀을 깔고 그 위에 이불을 얹은 다음 모래로 이불 위를 완전히 묻었다. 앉을 수는 없지만 누울 수는 있는 모래 동굴이 되었다. 젊은 두 연인은 그 좁은 모래 동굴 속으로 들어가 몸을 숨겼다.

어젯밤을 뜬 눈으로 새운 그들은 이내 잠이 들었다. 눈을 뜨니 벌써 해가 중천을 넘어가고 있었다. 양효는 오줌도 마렵고 궁금하다며 굴 밖을 기어나갔다.

"좀 참아봐! 들키면 어쩌려고 기래?"

"기어갔다가 기어오면 돼."

하면서 양효는 자라처럼 고개를 모래밭에 처박고 기어갔다가 볼일을 보고 나서 다시 기어들어 왔다. 그 모습이 정영도 우스웠던지 모처럼 정영이 웃음을 보였다. 양효는 정영이 하얀 이빨을 보이며 모처럼 웃는 모습이 좋아 함께 웃어주었다. 그런데 그것도 잠시 정영은 금세 그 미소가 사라졌다. 앞으로 언제 우리가 이렇게 웃으며 서로를 바라볼 수 있으려나 하는 두려움 때문이었다. 둘이서 동굴에 누워 이런저런 이야기를 하는 동안 성천강 물안개가 피어 서서히 산허리에 감기기 시작했다. 그때 양효의 배 속에서 '쪼르륵 쪼르륵' 하는 물소리가 들렸다.

"양효 씨 배고픔둥?"

"아임매, 와, 배고파?"

양효는 갓 스물로 한창 먹을 나이라 배고픈 건 죽어도 못 참지만 사실대로 말할 처지가 아니었다.

"여기서 쪼금만 기다리라우."

"와, 어쩌려고?"

"내래 날래 먹을 거으 구해올 테니까니."

양효는 모래구덩이 속에서 빠져나와 주위를 살폈다. 인기척이 없자 강변 버들 숲으로 사라져 자기가 살던 마을로 잠입했다.

아뿔싸! 자기 집 앞에 들어서자 매캐한 냄새가 코를 찔렀다. 그럴 것이라고 생각은 했지만 막상 잿더미가 되어있는 집터를 보니 눈이 뒤집히는 것 같았다. 어머니도 아버지도 온 가족은 어떻게 되었는지 생각하니 현기증으로 쓰러질 것 같았다.

양효는 머리를 흔들어 정신을 차리고 희도 집으로 들어갔다. 희도는 어릴 때부터 한동네서 같이 자란 꼬치친구였다. 조심스럽게 사랑방 문을 두드렸다. 희도가 문을 열고 양효를 보더니 얼른 밖으로 뛰쳐나왔다.

"야! 네레 어찌 된 거임둥?"

"나 급해, 날래 먹을 거 좀 달라우."

"먹을 거?"

하면서 희도는 군말 없이 헛간으로 가더니 생감자 한 보따리를 싸가지고 나왔다.

"야, 이거 날감줘야, 이거면 되갔어?"

"삶은 거 없어?"

"있으면 와 앙이 주갔음매?"

"기래, 고맙다야, 긴 이야기느 담에 하자."

양효는 생감자 한 보따리를 들고 다시 정영에게로 달려왔다.

정영을 다시 보니 혼자서 얼마나 울었는지 눈이 벌겋게 부어있었다. 양효는 손으로 정영의 마른 눈물을 다시 한번 닦아주었다. 그리고 생감자를 옷에 쓱쓱 문질러 닦은 다음 정영에게 건넸다. 정영은 먼저 먹으라면 양호에게 다시 건넸다.

"이 감쥐 와 이케 달고 맛있어?"

"배가 고픈 게지."

두 젊은 도망자는 모래 굴속에서 생감자로 하루 종일 주린 배를 채웠다. 성천강 변은 완전히 어둠에 잠겼는데도 그때까지 둥지를 잡지 못하고 '끼욱! 끼욱!' 하면서 날아가는 물새도 있었다.

정영은 저 물새는 오늘 밤 과연 자신을 의탁할 곳을 찾을 수 있을까 하고 생각해 봤다.

정영에게도 밤은 찾아왔다. 앉을 수도 없고 누울 수밖에 없는 모래 동굴이지만 그것도 감사했다. 양효와 같이 있는 모래 동굴은 너무도 아늑하고 포근했다.

그녀는 여느 기와집도 부럽지 않았다. 양효와 함께 지낼 수 있는 이 공간으로 만족했다. 오히려 아무것도 신경 쓸 필요가 없는 이 좁은 공간이 더 좋고 편안했다. 정영은 양효의 품 안에 얼굴을 묻었다. 양효의 땀 냄새와 체취가 함께 물씬 풍겼다. 정영은 그 냄새가 전혀 싫지 않았다. 양효가 정영을 끌어안았다. 정영은 몸을 그에게 맡겨버리고 묵직하게 다가오는 행복한 통증을 견디며 그를 부드럽게 안아주었다.

양효의 따뜻한 체온과 뜨거운 입김이 정영을 환상의 세계로 날게 했다.

"양효 씨 사랑해!"

"이제 우리의 사랑은 하나야!"

그때 소리 없이 흐르는 정영의 뜨거운 눈물이 양효의 왼팔을 적셨다.

정영에게 정조는 영혼이었다. 이제 정영은 죽음이 닥쳐온다 해도 두려울 게 없을 것 같았다. 두 연인의 뜨거운 사랑이 지나간 뒤, 바닥에는 진홍의 핏자국이 수놓아져 있었다. 모래 동굴은 그녀에게 가장 소중한 궁전이었다.

그들은 성천 모래사장에서 이틀을 지냈으니 어디론지 움직여야 했다.

그러나 집은 불타버리고 부모님 행방은 묘연한데 더구나 정영은 자기 집 소식이 궁금해서 견디질 못했다.

"어케하면 조캈음둥?"

양효가 퉁명스럽게 물었다.

"우리 집이 궁금해."

"알았음메!"

그길로 양효는 정영의 집을 보기 위해 영산리로 가기로 했다. 그는 안전하게 어둠을 이용하여 산을 넘어가기로 했다. 그는 감자 보따리를 왼쪽 어깨에 메고 오른쪽 겨드랑이엔 이불을 끼고 모래밭을 나왔다.

막상 걸어보니 그믐이라 달이 없으니 한 발짝을 떼어놓기도 어려웠다. 그래서 할 수 없이 평소에 다니던 길로 갈 수밖에 없었고 다만 가다가 인기척이 나면 숨었다 다시 가기를 하며 한밤이 되었어야 영산리에 동구 밖에 도착했다. 아니나 다를까. 동구 밖에 들어서니 벌써 매캐한 냄새가 코를 찔렀다. 굳이 위험을 무릅쓰고 정영의 집터를 확인할 이유는 없었다. 그러나 정영은 자기 눈으로 확인을 해야 한다고 고집했다. 불에 타 잿더미가 된 집터 앞에 정영은 또 주저앉고 말았다. 집은 집이지만 어머니 아버지 동생들은 어떻게 되었는지 겁이 나 물어보지도 못했다.

양효는 주저앉은 정영의 손을 끌고 다시 영산리를 빠져나와 걷기 시작했다.

"이제 어디로 갈 작정임둥?"

"정평."

"거긴 어째?"

"큰 어마이 살고 있슴메."

양효는 이제 의지할 곳은 외할머니밖에 없다고 생각하고 길은 멀어도 정평으로 가야겠다고 생각했다. 정영은 모든 것을 양효에게 맡겼다. 그날 밤 둘은 말없이 달도 없는 밤을 산길만 걸었다.

양효는 평소에 개를 무척 좋아했지만 오늘은 개가 가장 싫었다. 마을 앞을 지날 때 한 마리가 짖으면 온 동네 개가 다 짖으니 길이 멀고 험해도 산으로 올라갈 수밖에 없었다.

어제저녁부터 두 사람은 모두 배탈이 났다. 빈속에 사흘간이나 계속 생감자만 먹어대니 그럴 수밖에 없었다. 어둠 속에 산길을 간다고는 하나 조금만 가면 또 설사가 나오니 제대로 걸을 수도 없었다. 그렇게 몇 번을 거듭하고 나니 이제는 탈진이 되어 기운이 없어서도 갈 수가 없었다. 어쩔 수 없이 두 사람은 산속에서 하루를 그냥 보내고 말았다. 이렇게 해서 산길을 가니 작은 산 하나를 넘는데 하룻밤이 걸리고 이틀이 걸려야 겨우 산 2개를 넘을 정도였다. 배가 너무 고파 계곡물을 마시니 마시는 즉시 설사로 나왔다. 더 이상 버티는 길은 없었다.

총관의 손아귀에서 어떻게 살아나온 목숨인데 그대로 죽을 수는 없었다.

양효는 정영의 손을 잡고 끌듯 걸었다.

천신만고 끝에 산속에서 사흘을 버티고 초죽음이 되어 양효의 외할머니가 계시는 정평부 평촌 뒷산에 도착했다.

양효는 정영을 문밖에 세워두고 외할머니댁을 찾아 들어갔다.

"큰어마이!!"

양효가 목소리를 죽여 외할머니를 부르자 외할머니가 기다렸다는 듯이 문을 열고 나오자 외숙모 외삼촌이 한꺼번에 달려 나왔다.

"앙이! 어째 이런 일이 있음둥?"

외할머니의 깜짝 놀라는 모습에서 이미 이쪽에서도 상황을 잘 알고 있다는 것을 알 수 있었다.

"들어오라우, 날래 들어와!"

"아임다. 밖에 사람이 있슴다."

"누굼메?"

양효가 즉답을 피하자 눈치를 챈 외할머니가 얼른 안으로 데리고 오라고 하며 함께 사립문 밖을 따라 나왔다. 문밖에 쭈그리고 앉아있는 정영을 보자 얼른 부축을 하며 외할머니 방안으로 정영을 데리고 들어갔다. 방 안에 들어가자마자 정영은 그 자리에서 쓰러져 드러눕고 말았다. 그 순간 한 떼의 군사들이 집을 에워싸고 횃불을 밝히며 집안으로 몰려들었다.

"아! 하하하! 이 쫑간나 새끼와 쌍놈의 에미나이 반갑꼬망! 우리도 오래 기다렸음메."

하면서 총관부 장졸들이 창과 칼을 들이대며 두 사람을 포박했다. 그 순간 정영은 눈을 감고 시체처럼 누워있었다. 그녀는 모든 걸 포기하고 말았다.

"이 쫑간나 새끼 이제 혼 좀 나보라우. 내래 반 죽여주갔어."

하면서 영효의 머리를 칼 등으로 내려치니 영효는 아무 소리도 지르지 못하고 그 자리에서 퍽 쓰러지고 말았다. 그의 머리에서 피가 줄줄 흘러내리건만 아무도 손을 쓸 수가 없었다.

"뭣들 해! 빨리 이 간나들으 끌고 가지 앙이 하고."

그러자 병사들이 양효와 정영을 짐짝 싣듯 수레에 던져 올렸다. 수레가 막 떠나려 할 찰나에 외할머니 집도 심한 불길에 휩싸여 순식간에 불바다가 되어버렸다. 온 동네 사람들이 모두 "불이야! 불이야!" 하며 곡괭이와 물동이를 들고 밖으로 뛰쳐나왔다. 그러나 총관의 병사들을 본 그들은 아무도 그 불을 끄려 하지 않았다.

***

"아하하! 역시 몽고의 위대한 정신을 이어가는 우리 총관부 병사들은 천하에 제일 용맹하쿠멍! 이 생쥐 같은 놈들으 어찌 잡아왔습둥?"

조호는 포승에 묶여 앞마당에 몸을 가누지 못해 옆으로 쓰러지듯 꿇어앉아 있는 정영과 양효를 보며 매우 흡족해했다.

"아야, 내 초야권을 거부하면 어찌 되는지 모름둥?"

모든 것을 체념해 버린 정영의 귀에는 아무 소리도 들리지 않았다. 그녀는 산송장이었다. 총관이 혼자서 말을 하는 동안 정영은 오히려 편안한 얼굴이었다. 이제 모든 것을 포기한 상태에서 오직 하나 죽음만이 이 질곡을 벗어나게 해줄 유일한 희망이라고 생각했기 때문이었다.

그때 정영이 힘을 내서 총관에게 말했다.

"마지막 드리고 싶은 소원이 하나 있습메."

"그게 뭐이가, 네 소원이라면 꼭 들어주갔어."

"총관님은 평생으 악한 일만 했으니 마즈막 한 번은 선한 일으 해야 하지 앙이 하겠소?"

"글씨, 그게 뭐임둥?"

"저르 날래 죽여주오."

"메야? 이거 앙이 되겠꼬망! 야! 뭣들 해? 지 어마이를 끌고 오라우!"

그러자 며칠 전에 잡아다 둔 정영의 어머니를 옥에서 끌고 나왔다.

처음에 두 모녀는 서로를 알아보지 못했다. 헝클어진 머리에 피투성이가 된 얼굴, 그들은 차라리 몰라보는 사이가 나았다. 그러나 그것은 바람일 뿐, 그들은 육감으로 서로를 확인하고는 아무 말도 하지 않고 고개를 떨구었다.

어머니는 "휴!" 하고 한숨을 쉬며 말했다.

"하늘도 나랏님도 무심하젬메!"

그때 총관이 오른손에 들고 등채를 왼손바닥에 탁탁 치면서 능글거리며 말했다.

"즉금 날래 선택을 하라! 초야를 받갔어 앙이 받갔어?"

"정영아! 귀 있으면 들으라! 죽어도 초야르 받지 말라! 이 어마이가 처음이자 마즈막으로 하는 말이 꼬망, 나도 초야르 당한 적이 임음메. 너의 아바이는 첫 아이르 죽였고, 나는 정조 잃은 여자가 되어 평생 기 못 피고 살았음메. 죽어도 초야르 당하지 말라!"

정영의 어머니가 처음으로 자기도 총관부 총관에게 결혼 전에 초야를 당하고 낳은 첫아기를 남편이 죽이고 정조를 빼앗긴 여자로 낙인되어 평생을 죄인처럼 살아온 일생을 말하며 딸에게는 죽는 한이 있어도 그런 전철을 밟지 말라는 유언 같은 말을 했다.

"무시기? 뭐이가 어째? 야! 저 삶은 개대가리 같은 늙은 어마이르 당장 해치우라!"

총관의 명령이 떨어지자 옆에 있던 호위병이 창으로 정영의 어머니를 바로 찔러버렸다.

그러자 옆에 있던 양효가 포승에 묶인 채 벌떡 일어나며 저항을 하자 이번에는 양효를 지키고 있던 병사가 단칼에 양효를 베어버렸다.

순식간에 두 사람을 죽이고 나서 자기도 흥분이 되어 총관은 소리를 질렀다.

"내일 정오, 동네 모든 사람들으 전부 모이게 하라우, 그들이 보는 앞에서 초야르 거부하면 어케 되는지 본때를 보여주갔어!"

그다음 날 총관부 군사들은 당시 함주 일대 모든 사람들을 총관부 앞에 불러 모았다. 총관은 청마루 높은 곳에 앉아 형틀에 묶여있는 정영을 향해 큰소리로 물었다.

"내래 묻갔어. 이 많은 사람들 앞에서 결정하라우, 내래 초야를 받갔어 앙이면 죽갔어?"

그래도 정영은 아무런 반응이 없었다.

"날래 말으 하라! 속 터지니까니."

옆에 있던 형리가 정영의 머리채를 잡고 얼굴을 들어 올리자 정영의 눈은 이미 감겨져 있었다. 그녀의 얼굴을 창백했고 모든 것을 단념한 차가운 표정이었다.

"총관님, 이 간나 고집 피우는 것 보니 앙이 되겠음매."

그때 정영이 갑자기 눈을 뜨며 말했다.

"죽여라!"

그 소리는 너무 작아 옆에 있던 형리 외는 들을 수가 없었다.

"총관님, 이 간나가 죽여달라 하였슴메."

"기래? 기럼 마즈막 소원으 들어줘야 하지 앙캈어? 저 간나도 당장 해치우라!"

총관의 명이 떨어지자 장수가 장창을 들고 정영이 앞에 다가와 창을 겨누고 있을 때

총관부 앞에서 갑자기 천지를 진동하는 북소리가 들렸다.

'둥! 둥! 둥! 둥! 둥! 둥!'

북소리에 깜짝 놀란 총관이 문밖을 내다보더니 소리를 질렀다.

"아니, 이거이 무에야?"

그때 '슉!' 하며 날아온 화살이 총관이 앉은 의자 옆 기둥에 팍 꽂혔다.

총관이 기절을 하며 일어서서 대문 밖을 쳐다보았다. 문밖에는 머리에 새 깃을 꽂은 고려의 전통군복을 입은 젊은 청년이 백마를 타고 나타났다. 그의 왼손에는 커다란 활이 들려있었다.

"조호 놈은 들으라! 나는 고려의 청년 이성계다. 네놈은 고려인이면서도 총관의 자리르 이용하여 많은 백성으 죽이고 화주와 동북면 일대의 모든 처녀들으 유린하는 천벌을 받을 죄르 지었다. 즉금 당장 그 소녀르 풀어주고, 내 앞에 순순히 무릎을 꿇라!"

"으하하하! 저 삶은 개대가리 같은 놈이 즉금 뭐라고 씨부리는 거임매? 뭣들 하능가? 저놈으 날래 죽이지 앙이하고?"

그러자 조금 전 정영의 어머니를 찔렀던 장수가 장창을 꼬나 쥐고 이성계 앞으로 달려갔다.

그때 이성계는 "이마!" 라고 큰 소리를 지르더니 그놈의 이마에 첫 화살을 정확하게 꽂아 넣었다. 그러자 이번에는 양효를 베었던 놈이 칼을 뽑아 들고 또 이성계에게 달려들었다.

역시 이번에는 "왼쪽 눈" 하면서 그놈의 왼쪽 눈에다 정확히 화살을 꽂아 넣었다.

다음번에 또 한 놈이 달려들자 "오른쪽 눈" 하면서 그놈마저 쓰러뜨렸다.

세 놈의 장수가 이성계의 화살에 보기 좋게 꼬꾸라지자 총관이 악을 쓰며 고함을 질렀다.

"저런 애송이한테? 기럼 이번에는 쌍으로 나가보라우!"

하면서 장수들을 한꺼번에 내보냈다.

그러자 이성계는 한 시위에 2개를 살을 실어 이번에는 "두 놈" 하면서 달려오는 두 놈을 동시에 거꾸러트렸다. 이성계는 다시 큰 소리로 말했다.

"나는 즉금 총관부를 접수하러 우리 아버지를 직접 모시고 왔음메. 죄 없는 부하들 축내지 말고 총관은 날래 항복하라!"

그러자 총관은 등채를 마당에 홱 집어 던지고 스스로 칼을 뽑아 정영부터 죽이려고 달려들었다. 그때 '휙' 하는 소리와 함께 화살 하나가 칼을 든 총관 오른쪽 팔에 정확히 꽂혔다. 총관이 그 자리에서 들었던 칼을 땅에 떨어뜨리고 말았다.

청년 이성계의 활 솜씨 앞에 총관은 어찌해 볼 도리가 없었다. 총관이 망연자실한 상태에서 멍하니 서있자 이성계는 백마를 몰아 총관부 관아를 공격했다. 아들 뒤를 따르던 천호(千戶) 이자춘 장군의 명령으로 사병들이 일제히 공격을 개시했다. 삽시간에 총관부 앞마당은 전장으로 변해 피바다가 되고 청년 이성계는 말을 몰아 조호와 이염 등 백성을 괴롭힌 장본인들을 모조리 잡아 묶었다.

그리고 쓰러져 있는 정영을 안아 대청에 눕히고 밖을 바라보니 뜻밖에도 모르는 일단의 군마들이 북을 치며 총관부로 진격해 오고 있었다. 청년 이성계는 다시 시위에 살을 먹이고 전투준비를 하며 달려나갔다. 그런데 진영의 맨 앞에는 고려국동북면 병마절도사 유인우 대장군(高麗國東北面兵馬節度使 柳仁雨大將軍) 깃발과 수자기(帥字旗)가 펄럭이고 있었다.

그 순간 이성계는 그 깃발을 보고 얼른 달려나가려고 하자 문밖에 있던 아버지가 먼저 절도사 앞에 나가 무릎을 꿇고 예를 갖추었다.

"절도사 대장군, 어서 오십시오, 화주 천호 이자춘 인사 올립니다."

"천호 이자춘이라 했소?"

"네 그러하옵니다."

"그런데 이게 어찌 된 일인가? 나는 어명을 받고 이 쌍성총관부를 공략하려고 왔는데."

"하하! 그럼 더 잘되었사옵니다. 대장군님, 이곳 총관 조호는 자신은 고려인이면서도 수많은 백성들을 죽이고 재물을 약탈하였으며 초야권이란 아주 고약한 폐습으로 고려 처녀들을 제다 유린하는 범행을 저질렀사옵니다. 그리하여 누가 주동이 된 것도 아니고 모든 백성들이 힘을 다해 이 총관부를 공격하고 있었사옵니다."

"허허! 이것이야말로 손 안 대고 코 푸는 격이 되었구료. 어찌 되었던 아직은 총관부의 잔당들이 수없이 많이 있을 테니 내일부터 차근차근 그들의 뿌리를 이 땅에서 뽑아버립시다."

"네, 명을 받들겠습니다. 대장군님, 그리고 제 아들놈 인사 올리도록 하겠사옵니다."

"소인, 이성계 인사 올립니다."

"아니, 이 청년이 이성계인가? 너무나 반갑구먼. 신궁이라고 개경에까지 소문이 났던데."

"과찬의 말씀이옵니다."

이성계는 유 절도사에게 인사를 올리며 지방 사투리를 쓰지 않으려고 아주 조심스럽게 말을 했다. 서로의 인사가 끝나자 아버지는 유 절도사를 모시고 가고 이성계는 총관으로 들어와 정영에게 돌아와 보니 정영은 이미 눈을 감은 채 온몸이 싸늘히 식어있었다.

지남이 아들이 준 이야기책을 다 읽고 나니 눈도 아프고 해서 잠을 청했다. 그런데 잠은 오지 않고 어제저녁 기생 가련이 노래했던 "侍衛之臣 不和於內 하고 忠志之軍은 忘身於外로구나(변방에서 나라를 지키는 군사들은 목숨을 걸고 싸우는데 조정의 신료들은 허구한 날 당파싸움이나 하고 있다)." 하는 그 노랫말이 자꾸만 귀에 쟁쟁하게 들려오는 듯했다.

사실 이 노래의 원전은 중국 후한 말기에 제갈량이 읊었던 「출사표」인데 1,400년이 지난 지금도 한양의 벼슬아치들은 패를 갈라 싸움만 하고 있다는 소문이 이곳 함흥에까지 나서 기생이 안타까움을 노래하고 있으니 그때 중국이나 1,000년이 지난 지금의 조선이나 사람 사는 곳은 다를 게 없다고 생각했다. 하지만 이런 말을 나이 어린 기생한테서 들으니 부끄럽기도 하고 속도 상했다. 제발 벼슬 높은 나리들이 당파싸움질 그만했으면 하는 생각을 하니 화도 나고 그들이 원망스럽기도 했다. 그때 경문이 또 찾아왔다. 오후에 이선부 관찰사가 먼저 떠난다고 하여 함께 가게 되었다는 인사를 하러 온 것이었다. 어깨를 쓰다듬으며 조심하라고 일렀지만 돌아가는 뒷모습을 보니 어린애 길가에 내보내는 심정이었다.

그다음 날인 4월 초사흘 오후, 지남은 접반사를 모시고 함흥을 출발하여 덕산역에서 묵었다. 함흥 감영에서는 접반사에 대한 예의로 많은 사람을 따라 보냈다. 그 정성은 고맙지만 다음 숙박지에서는 그 사람들도 부담이 되기 때문에 접반사에게 길 길잡이 한 사람을 빼고는 모두 돌려보내자고 하는 건의를 하여 승낙을 받았다. 지남은 자신이 거느리고 가던 나장과 한쪽 말잡이, 배행 차사원인 거산 찰방을 모두 돌려보냈다.

다음 날, 덕산을 거쳐 홍원현에서 자고 4월 6일 북청(北青)에 도착했다. 이곳은 바로 함경도 병영이 있는 곳이다. 지남은 한양에서 병마절도사 윤각(尹慤)의 가족이 부탁한 편지를 절도사에게 전해주었다. 그는 너무 반갑고 고마워서 얼굴이 상기되었다. 우후 민진두와 판관 성임 또한 예전부터 한양에서 안면이 있는 사이라 먼 변경 땅에서 만나니 무척 반가워했다.

7.

천화동인

북청에 도착하니 때마침 객사가 수리 중이라 방이 부족했다. 병이와 엉마이는 영 밖에 있는 한 주막에서 묵게 되었다. 북청은 산도 설고 물도 선데 말씨는 더더욱 설었다. 억양이 어찌나 강한지 일상적 대화도 마치 싸우는 것처럼 들렸고 얼핏 들어보면 경상도 말씨와도 닮아있었다. 그리고 이 지역 사람들이 여진족과 오랫동안 전쟁을 치러서인지 덩치도 크고 억세게 보여 밖에 나가는 것도 조심스러웠다.

"야, 우리 조심하자. 잘못 걸리면 뼈도 못 추리겠어."

"그럼 저녁 먹고 일찌감치 머리 굴립시다."

병이는 엉마이의 말대로 저녁을 일찍 먹고 방에서 뒹굴고 있었다.

"성님, 심심한데 이 동생 점 한번 봐주세요?"

엉마이가 농담 반 진담으로 병이에게 부탁을 했다.

"인마, 내가 무슨 점쟁이냐?"

하고 병이가 뒤로 돌아누우며 초저녁부터 잠을 청하려고 하자 엉마이가 다가가서 병이의 엉덩이를 팍 쑤시며 말했다.

"성님, 이 동생 놈이 잘못하면 평생 홀애비 신세를 못 면하게 될 것 같습니다요. 이놈도 백치든 천치든 뭐라도 하나 챙겨야 하지 않겠습니까요."

"이놈이 어디를!"

하며 벌떡 일어나 하는 말이,

"그냥 살아! 이제까지 혼자 살았는데 왜 또 그래?"

"요즘 봄이 되니 힘이 솟아 근질근질한데 쏟을 데는 없으니 죽을 지경입니다. 성님은 어찌 그리 나이만 들고 인정은 안 들었소?"

"내가 역학을 배운다고 머리통 깨지도록 맞아가며 배운 건데 그걸 맨입에 봐달라고?"

"그럼 어떻게 해드릴까요?"

"복채!"

"나 같은 종놈이 남들처럼 인삼 들고 연경을 갔다 왔소? 아니면 삯을 받고 품을 팔아봤소? 평생을 관가에 종질이나 하는 놈이 무슨 돈이 있다고 복채요, 똥꼬나 한 번 더 푹 찔러드릴까?"

"이런 미친놈이! 그럼 내 어깨나 좀 주물러, 시원하면 내가 큰마음 한번 내볼 터이니."

그러자 엉마이는 병이의 뒤로 돌아가 양어깨를 북북 주무르고 등짝을 두드리고 나서 위에서 아래로 쓱쓱 훑어 내리고 나서 병이의 거기를 쓱 만졌다. 그리고 하는 말이,

"역시! 성님이셔. 좋네요 좋아!"

"아! 이놈이 감히 어디를…."

하면서 엉마이 머리통을 한 번 쥐어박았다.

"에이, 좋으면서 뭘 그래요. 이제 됐어요?"

"그래, 한에 차지 않지만 그래도 이 형님이 아량을 한번 보여주마."

하면서 주인에게 작은 상을 하나 들여오게 했다. 그리고 봇짐 속에서 책 한 권과 작은 주머니 하나를 상 위에 올려놓았다. 그 주머니 속에서 여러 개의 엽전 소리가 들렸다. 그리고 하얀 종이와 붓을 준비했다.

그런 다음, 정좌를 하고 눈을 감은 채 합장을 하고 접신(接神)을 하는 듯 정신을 가다듬었다. 그러더니 조금 전과는 전혀 다른 사람처럼 목소리도 다르고 근엄한 표정을 지었다.

"그럼 네 운세를 봐줄 터이니 네 손으로 이 주머니 속에 있는 엽전을 하나씩 꺼내보아라!"

하면서 엽전 주머니를 엉마이 앞에 내밀었다.

엉마이 주머니에 손을 넣고 첫 번째 엽전을 꺼내서 병이에게 보여주었다. 병이는 그 엽전을 보더니 종이 위에 짧은 선 2개를 그었다. 그리고는 그 엽전을 다시 주머니에 넣고 엉마이에게 다시 뽑게 하였다. 그러자 엉마이는 눈을 하늘로 치뜨더니 엄숙한 표정으로 다시 엽전을 하나 꺼내 병이에게 보여주었다. 그러자 이번에도 병이는 선 하나를 길게 그었다. 그리고 똑같은 방식으로 엉마이에게 여섯 차례 엽전을 꺼내게 하여 엽전의 앞뒤면에 따라 태극과 같은 줄을 6개를 그어 6효(爻)를 만들더니 다시 그 6효 중 하나에 선을 가로로 표시한 다음 그 오른쪽에 깨끗하게 6효를 다시 정렬시켰다.

이렇게 하는 동안 병이는 한마디 말이나 몸을 미동도 하지 않은 채 엄숙하게 괘를 완성시켜 놓고 보더니 벽력같은 한마디를 내뱉었다.

"너, 장가 못 가!"

단 한 마디였다.

"예!? 왜요?"

"못 간다면 못 가는 줄 알아. 네가 맘에 두고 있는 여자가 보이기는 한데 넌 못 가."

"여자가 있는데 왜 못 간다 하는 겁니까요?"

병이가 엉마이 운세를 차근차근 말했다.

"너는 덩치는 커도 아랫도리도 볼품없고 처복이 지독히도 없어. 네 운세가 지금 천지부(天地否)로 나왔는데 하늘과 땅이 서로 맞지 않는다고 하지 않느냐. 하늘과 땅이 서로 맞지 않는데 그게 어떻게 가능하겠냐?"

병이는 엉마이에게 육효 해설 부책을 보여주며 말했다.

"여기 봐! 이게 '부' 자야."

"부 자면 천하가 제 것인데 안 되는 게 어디 있어요?"

"야이, 인간아! 이 부 자는 돈 많은 부자가 아니라 뭐든지 해도 안 된다는 글자가 부 자라는 뜻이야."

그러면서 병이는 차근차근 알아듣도록 설명을 하기 시작했다. "'否'는 목전의 상황이 매우 어렵다는 것을 말해주는 괘다. 네가 마음에 두고 있는 그 여자는 네 덩치는 탐이 나지만 아랫도리가 너무 작고, 네가 가진 거라고는 허우대밖에 없으니 워낙 빈털터리라 어째 볼까 많은 고민 중에 있다. 그러나 땅 위에 하늘이 있는 괘이니 자연의 이치는 순리대로 펼쳐져 있다. 그러니 천지의 이치대로 언젠가는 다시 순환할 것이고 곧 변화가 있을 수 있으니 꾹 참고 기다려라. 그 사이 각시에게 줄 돈이나 야무지게 모으면 2~3년이면 달라질 운세다."

"2~3년요? 이놈은 더 이상 못 참습니다요. 힘으로라도 이번에는 가버리려고요."

"야, 이놈아 어디 여자가 몸만 가지고 되더냐? 쇠가 있어야지!"

"우리는 그런 거 필요 없어요. 그저 힘만 세면 되지."

"그렇게 무식하니 장가를 못 가지."

하니 엉마이는 병이의 말을 받아들일 수 없다는 듯이 고개를 옆으로 갸우뚱했다.

그때 밖에서 두 사람의 이야기를 엿듣고 있던 주인 여자가 문을 살짝 열고 배시시 웃으며 좀 들어가도 되느냐고 물었다. 두 남자는 그동안 여자 냄새 못 맡은 지가 오래라 대환영이었다.

"아! 들어오시오."

"도사님, 쉰네도 한번 봐주겠음둥?"

그러자 병이는 주인 여자 얼굴을 쳐다보았다. 나이는 들고 얼굴에 살은 쪄도 그래도 볼만은 했다. 병이는 선뜻 마음을 열었다. 그런데 정작 옆에 있던 엉마이가 먼저 말을 던졌다.

"그럼 복채를 먼저 내놔보시오."

"얼만매?"

"많을수록 좋지."

그러자 병이가 여자의 분 냄새라도 가까이서 맡아볼 요량으로 말을 가로막았다.

"복채는 무슨?"

"나 돈은 없꼬망, 그대신 밥값은 앙이 받갔소."

여주인은 점은 보고 싶은데 돈은 주기 싫어 대신 밥값을 안 받겠다고 하는 걸 보니 양심은 있는 여자였다. 그때 엉마이가 옆에서 병이에게 말했다.

"성님은 예나 지금이나 참 밝히기는 밝힙니다요."

엉마이가 무슨 말을 하든지 간에 개의치 않고 병이는 엽전 주머니를 여주인 앞에 내밀었다.

여주인은 손을 덜덜 떨며 주머니 속에서 엽전을 고르느라 주물럭주물럭하니 엉마이가 말했다.

"웬간이 주무르시오."

"입 다물어 자식아!"

하면서 엉마이를 째려보았다.

이윽고 여주인이 엽전 하나를 꺼내 보였다. 그리고 차례대로 6번을 꺼내 보이고 병이는 6효를 만들었다. 병이는 괘를 딱 보더니 여주인 얼굴을 다시 한번 쳐다보았다.

"여기서 장사를 얼마나 했소?"

"23년 됐꼬망."

"서방님은 안 계시네."

"5년 됐음매."

"서방님이 먼저 가시면서 모든 액운을 전부 가져가셨는지 앞으로 운세가 아주 좋습니다. 산천대축(山天大畜) 괘가 나왔습니다."

운세가 좋게 나왔다는 말에 여주인은 반색을 하며 엉덩이를 조금 더 앞으로 당겨 앉으며 말했다.

"내래 부자 되갔음둥?"

"그렇소, 부자 되겠소. 이 괘는 하늘의 운이 아래로 내려왔으니 돈이 많이 모이는 괘입니다. 앞으로 이 장사를 하는 데 장애가 없는 것은 아니지만 지금까지 오랫동안 해온 것처럼 꾸준하게 끌고만 나간다면 재산은 눈이 뭉쳐지듯이 크게 불어날 운입니다."

"기럼 그게 언제쯤 되겠음둥?"

"지금 이미 부자입니다. 그리고 앞으로도 계속 재산이 불어날 괘입니다."

그 말을 들은 여주인은 벌떡 일어나 '쪽' 하고 병이의 얼굴에다 뽀뽀를 하며 말했다.

"아이구, 도사님은 얼굴도 잘생겼다. 내가 딱 좋아하는 상이시네!"

그러면서 병이에게 다시 달려들 기세였다. 그러자 엉마이가 하는 말이,

"어지간히 굶었구먼. 아예 이놈이 빠져드릴까요?"

그러자 여주인은 엉마이를 바라보고 웃으며 말했다.

"돼지처럼 덩치는 커도 눈치는 있으시네!"

하더니 이번에는 자기 큰아들이 만포로 나무장사를 하러 갔는데 돈을 많이 모을 수 있겠느냐고 물었다. 대축이란 큰 재산을 모은다는 뜻이니, 어머니가 대축운이면 아들도 묻혀가는 법이니 걱정 마라고 하자 여주인은 고개가 떨어져라 인사를 하더니 이번에는 병이에게 '쪽' 하고 아예 입맞춤

을 하고 나가면서 하는 말이,

"아이구, 입맛도 좋네!"

하였다. 여주인인 점괘를 보고 방문을 나서자 그때 마침 동네 아는 여자들 몇이 와있었다.

"남정네 방에서 뭘 그리 오래 있음둥?"

"기런 게 앙이구, 지금 우리 집에 잘생기고 아주 용한 도사님이 와있당이까!"

여주인은 자기가 앞으로 부자 될 거라는 말을 듣고 기분이 좋아서 병이를 '잘생기고 용한 도사'로 추켜세웠다.

"무시기? '잘생기고 용한 도사님'?"

왼쪽 콧잔등에 검은 점이 있는 딸을 둔 점순네는 점이라면 사족을 못 쓰는 여자라 눈을 휘둥그레지며 말했다.

"기렀당이까. 한양에서 정경부인들만 상대하는 분이래."

"기래?!"

"기런데 정경부인이 뭐야?"

"뭐긴 뭐야 돈 많고 땅 많은 여자들이지."

돈 많고 땅 많은 여자들이란 소리에 놀란 아낙들은 모두 다 눈이 휘둥그레져서 서로를 쳐다보며 의아해하는 모습들이었다.

옆에서 듣고 있는 병순네도 귀가 솔깃해서 자기도 한번 끼어들어 볼까 하는데 아무래도 복채가 문제가 될 것 같아 주저하다가 말을 꺼냈다.

"기럼, 복채는?"

"나는 복채르 많이 줬지."

"얼매나?"

"기렁건 묻는 기 앙임메."

여주인은 돈 한 푼 안 냈으면서도 자기 과시를 하기 위해 계속 안개를 피웠다.

"기러믄 우리는 돈이 없어 보지도 못 하겠꼬망. 자네는 어떤가?"

점순네가 자기는 돈이 없다면서도 병순네에게 물었다.

"누울 자리르 보구 발으 뻗어야지, 우리는 돈 없어 기냥 가야겠꾸망."

하면서 자리에서 일어나려고 하였다. 그러자 여주인은 이런 때가 아니면 저렇게 잘생기고 용한 도사를 어떻게 만날 수 있느냐며 있는 대로 조금씩 준비를 해보라고 권했다.

"글씨 얼매면 되겠능가?"

"내가 딱히 얼매라고 말으 할 수 없으이 있는 대로 가지고 와얍지."

그리고 아낙들은 한양 도사에게 점을 한번 보겠다고 돈을 가지러 바쁘게 집으로 돌아갔다. 그 사이 여주인은 병이를 찾아와 하소연을 했다.

"동네 내 동무들이 점으 보구 싶어 하는데 돈이 없어 안달임메."

"돈이 없으면 못 보는 거지 어떡하겠소?"

엉마이가 여주인을 빤히 쳐다보며 말했다.

"아닐세, 나는 점쟁이는 아니니 이곳에서 인심이나 쓰고 가지."

하면서 그냥 봐주겠다고 했다. 병이는 여주인의 입맞춤 세례에 기분이 좋아 또 무슨 좋은 일이 있으려나 해서 다시 봐주겠다고 한 것이었다.

잠시 뒤 점순네가 먼저 오고, 병순네는 돈이 없다며 감자를 한 보자기 싸가지고 왔다. 여주인은 그들을 일단 병이가 있는 방으로 안내했다.

점순네는 도사라는 말에 머리가 하얗고 수염이 기다란 백발노인인 줄 알았는데 병이의 평범한 모습을 보고 약간 실망하는 듯했다. 그래도 한양에서 정경부인들만 상대하는 분이라 해서 큰절을 올리고 다소곳이 앉았다. 병이는 점괘를 보기 전에는 언제나 정좌하여 정신을 가다듬고 접신하는 모습을 보였다. 오늘도 예외는 아니었다. 먼저 점순네부터 봐주기로 하였다.

"무엇이 알고 싶소?"

하고 병이가 물었다.

"예, 도사님, 우리 집 양반 쫌?"

"본인이나 자식은 안 보고 왜 남편을?"

"그 양반이 요즘 매우 수상함메다. 집에만 오믄 평소에 앙이하던 아양으 다 떨구 기러구 맥으 못 추오. 누우믄 바로 코르 고는데 집이 무너집메다."

그 말을 들은 병이는 굳이 안 봐도 알겠다는 듯이 미소를 지으며 엽전 주머니를 내밀었다.

"이 속에 엽전이 있으니 그중 하나만 꺼내보시오!"

이 여자도 엽전을 고르느라 계속 주무르니 엉마이가 또 나섰다.

"여자들이라 주무르는 건…."

그때 병이가 엉마이를 쳐다보며 "쉿!" 하고 말을 가로막아 버렸다.

점순네가 뽑은 엽전은 첫 효가 음(陰)이 나오고 다음이 양(陽)이 나오더니 또 다음은 또 음(陰)이 나와 수(水) 괘가 나왔다. 병이는 안 봐도 알겠다는 듯이 세 번을 더 뽑으라고 했다. 점순네는 오른손을 주머니에 넣고 이것저것을 저어보더니 하나를 꺼내놓았다. 그랬더니 양이 나왔다. 나머지 두 번을 연거푸 꺼내고 나서 병이는 변효(變爻)를 만들어 종이 위에 대성괘를 그려놓고 말했다.

"서방님이 바람이 났구먼!"

병이의 그 말에 점순네는 깜짝 놀라며 말했다.

"무시기라구 했음둥?"

점순네는 병이의 말에 귀를 의심한 듯 다시 물었다.

"기걸 어찌 알았음둥? 역시 용하기는 용하네!"

"서방님 얼굴에도 쓰여있고 괘도 그렇게 나왔소."

"우리 서방 얼굴으 보지도 앙이 했는데 어찌 아오?"

그 말을 듣고 있던 여주인이 바로 말을 가로채며 병이 편을 들고 나섰다.

"기러이까 도사지!"

"허긴…."

하고 점순네가 수긍하는 모습을 보였다.

그러자 병이가 점순네 서방의 운세를 말하기 시작했다.

"지금 서방은 다른 여자한테 쏟아져 있는데 결국은 자기 뜻대로 되지는 않고 헛물만 켜다가 다시 돌아올 것이니 차분히 기다리고 있으면 됩니다."

"앙이, 도사님, 기다릴 기 따로 있지 이거르 어찌 기다리라 함메?"

"허! 허! 내가 기다리라고 하지 않는가. 이 택수곤(澤水困) 괘는 사방이 둘러싸인 나무처럼 아무리 움직이려 해도 자기 뜻대로 되지도 않고 이라 아무리 용을 써도 자기 뜻을 이루지 못하니 제풀에 죽어서 돌아올 것이오. 그리 알고 조금만 참으시오, 남자라는 짐승은 다 똑같소이다."

그 말을 들은 점순네는 얼굴이 벌겋게 달아올라,

"맞아! 맞아! 그 인간은 그때 보면 딱 짐승이야, 짐승 역시 용하네!"

하면서 눈을 동그랗게 뜨고 손뼉을 치며 탄복을 했다.

그때 여주인이 병순네에게 눈짓을 하자 그녀가 앞으로 약간 나서 앉았다.

"댁은 무엇이 궁금하오?"

"나두 비슷한 거라 말씀으 드리기 부끄럽꼬망."

"보지도 않고 비슷하다니 무슨 말이오?"

병순네도 서방이 근래에 다른 여자한테 미쳐서 집에도 잘 들어오지 않고 있는데 언제 그 여자와 떨어질는지 그게 궁금하다는 것이었다.

"자, 그럼 어디 봅시다."

하고 병이는 엽전 주머니를 내밀었다. 조금 전 점순네가 어떻게 하는지를 보았기 때문에 병순네도 그대로 따라 했다. 엽전을 하나씩 꺼내는 순서대로 아래서 한 획씩 효를 그어 나가며 소성괘를 만든 다음 다시 변효를 만들어 병순네의 괘를 완성시켰다. 그러고 나서 병이가 종이에 그려진 괘를 바라보며 해설을 붙이기 시작했다.

"산풍고(山風蠱)라! 고(蠱)는 파(破)이니 이미 부서진 부부관계를 회복하는 데는 상당한 노력도 있어야 하고 시간도 걸리겠네요."

그 말을 듣고 있던 여주인이 남의 일에 나서면서 말했다.

"어찌 날래 해결하는 비방이 없겠습둥?"

그러자 분을 못 이긴 점순네가 나섰다.

"기까짓 거 간단해! 맞바람 피우라야! 바람엔 맞바람이 최고 앙이겠음둥?"

"그래, 우리도 생감쥐 팔러 간다 하구 막 돌아다녀."

"아니, 기거 갔구는 분이 아이 풀리니 기걸 짤라버리든지 앙이면 묶어버려!"

같은 여자라고 여자 셋이서 한편이 되어 남자들을 마구 성토하기 시작했다.

옆에서 그 상황을 지켜보고 있던 엉마이는 내심으로 '이곳 북청에 물 좋다.' 생각을 하며 고개를 숙이고 가만히 듣고만 있었다. 그러자 병이가 분위기를 진정시켰다.

"불에 불 질러봐야 재밖에 더 남는가? 갑(甲)은 10간의 첫 번째이고 사흘 전에 일을 도모하고 사흘 후에 행하는 것이니 그렇게 하시오. 단불은 절대 단숨에 잡는 법이 아니오. 여러 친척들과 의논하여 서서히 정리하면 반드시 잡히게 되어있으니 너무 서두르다 오히려 화를 자초하지 마시오."

하고 병이가 책을 덮고 엽전 주머니를 챙기는데 밖에서 기침 소리가 들렸다.

"게 누구 없는가?"

여주인은 부르는 소리를 듣고 이 자리에서 벌떡 일어나 문을 열어보니 경문이 아버지를 모시고 들어와 있었다. 갓을 쓰고 점잖게 옷을 입은 선비를 보니 점 보던 여자들이 놀라서 다 빠져나가 버렸다. 지남이 병이를 보고 물었다.

"이 백주에 아녀자들과 뭣들 하고 있는가?"

"아닙니다요? 나으리."

"아니라니 뭐가 아니라는 게야?"

"아닙니다요…."

그때 지남은 옆에 있는『주역』책을 보고 뜻밖이라는 듯이 물었다.

"이게 누구의 것이냐?"

"소인의 것입니다."

병이가 자기 책이라는 대답에 지남은 적이 놀라며 얼마 전 되넘이 고개에서 있었던 일을 떠올리며 다시 물었다.

"그럼! 네가 이걸 읽을 줄 안단 말이냐?"

지남의 묻는 말에 아무 대답도 하지 않고 병이와 엉마이는 이제 죽었구나 생각하고 완전 얼음이 되어 돌처럼 굳은 자세로 서있었다. 그런데 생각과는 달리 지남의 목소리가 부드러워지면서 다시 물었다.

높은 글을 하는 사람은 누구나『주역』을 탐독하게 되지만 그 해석이 난해하여 읽기를 포기하는 사람이 많았다. 지남도 그중에 한 사람이었다. 그런데 병이가 어느 수준인지는 모르지만『주역』을 배웠다 하니 신기하기도 했다.

"네가 정작 이걸 읽을 줄 안다는 말이렸다?"

"네, 그러하옵니다."

"언제 어디서 배웠느냐?"

"벌써 햇수로는 오래되었고 우리 조(曹)의 교수님한테서 재미로 배웠습니다."

"그 참! 놀랍고 대단한 일이다! 학문이란 주인이 정해져 있는 것은 아니다. 이것도 본래는 우리 것이 아니지, 그럼 너는 어느 정도 역을 공부했나?"

"6효 정도는 좀 봅니다."

"6효라고 했나?"

병이의 6효라는 소리에 반가운 듯이 두루마기 자락을 뒤로 걷어 젖히며 말했다.

"그래, 마침 잘되었다. 그럼 내 운세를 한번 뽑아봐라! 나도 재미로 한번 보자."

하면서 종3품 자리에 올라 있는 지남이 말단 병이에게 자기의 운세를 보라고 했다.

그러나 지남과 병이는 그런 벼슬의 차이는 있었지만 10여 년 전에 연경도 함께 다녀와서 한 식구처럼 여기던 사이였다.

"네, 나으리, 그렇게 해 올리겠습니다."

하면서 지남의 명을 받고 병이는 치웠던 상을 다시 차리면서 몸과 마음을 가다듬고 지남의 운세를 보기 시작했다. 병이는 경문이 꺼내주는 엽전 하나하나에 신중을 기하며 의젓하고 태연하게 지남의 괘를 기록하기 시작했다. 괘가 완성되자 지남을 바로 쳐다보며 말을 했다.

"나으리, 천화동인(天火同人)이옵니다."

"천화동인이라! 그 괘는 어떤 운세냐?"

"이 괘는 아무에게나 나오는 괘가 아닙니다. 이 운은 하늘의 기가 땅에서 환하게 밝게 비치고 있는 대운세(大運勢)입니다."

지남도 이런 정도 수준은 익히 알고 있었지만 병이의 수준을 떠보기 위해 좀 더 상세하게 설명을 해보라 했다.

"이 운세는 하늘의 기운이 땅에서 일어나 인간과 함께한다는 뜻이니 앞으로 나으리가 하시는 일은 한동안은 많은 사람들이 나타나 하시는 일이 나으리의 뜻대로 이뤄질 것입니다. 이런 기운이 따를 때는 대의(大義)에 따라 소신을 펼치는 것이 중요합니다."

병이의 말을 가만히 듣고 있던 지남은 병이가 여간이 아니란 걸 알아차렸다.

6효 점이란 게 다 맞는 것은 아니지만 이미 수천 년 전부터 중국에서 내려와 조선의 양반사회에서도 널리 알려져 있으니 굳이 긍정도 부정도 할 일은 아니었다. 지남은 혼자서 병이의 말을 되뇌었다.

"대의에 따라 소신을 펼쳐라!"

그 말을 상기해 보니 이곳에 유배된 백사 대감도 그랬고 역대 조정의 충신들이 대의명분 찾다가 모조리 사사를 당하거나 귀양을 갔는데 '대의에 따라 소신을 펼쳐라!'는 말이 약인지 독인지 알 수가 없었다.

그러나 지금 자신은 왕명을 받고, 중국 황제의 명을 받은 목 총관과 나라의 변계(邊界)를 두고 서로가 다투러 가고 있지 않은가. 그렇다! 귀양, 아니 죽음이 닥친다 해도 천추에 누를 남길 수는 없는 일!

'대의에 따라 소신을 펼쳐라.'는 이 말은 누천년을 통해 형성되어 온 인간의 경험철학을 병이의 입을 통해 전해 들었으니 이것을 하늘이 내린 소명으로 받아들였다.

그때 여주인이 산해진미를 다 차린 밥상을 점순네와 병순네 함께 맞잡고 들여왔다. 지남은 경문과 함께 다 같이 식사를 잘 얻어먹고 숙소로 돌아왔다.

***

북청 주막에서 후한 대접을 받은 지남 일행은 다음 날 제인역에서 자고 갑산으로 가기 위해 후치령을 넘었다. 이 고개는 북청에서 갑산으로 가는 첫 고개다. 이 고개 역시 수레 하나 겨우 지나갈 수 있는 좁은 산길이었다. 지남은 걱정이 되어 병이에게 물었다.

"어젯밤, 잠은 좀 잤느냐?"

"예, 나으리. 심려가 없도록 하겠습니다."

병이는 지남을 안심시키며 말을 이어갔다.

"나으리, 그런데 이 예단을 어디까지 끌고 가야 합니까요?"

"왜? 힘들어?"

"이 짐을 어디다 맡겨두어야 하지 않겠습니까. 이렇게 험한 곳을 계속 몰고 다니다가 만일 무슨 일이라도 생기면…."

"네 말도 맞다마는 접반사의 별도 지시가 있을 때까지는 몰고 다녀야지."

기약 없는 그 말에 병이는 낙담이 되었다. 후치령 중턱은 아직도 온통 잔설이었다. 거기다 봄바람이라고 부는 것이 옷 속을 파고들어 한기가 들 정도였다. 사람도 말도 모두 힘들어했다. 수레 말도 코에서 하얀 김을 계속 내뿜었다. 힘겹게 고개 정상에 오르니 어디서나 보던 산 능선이 파도처럼 겹쳐 흐르고 있었다. 사방을 아무리 둘러봐도 산밖에 없는 이곳도 나라의 강역이니 당연히 지켜야 하지만 참으로 힘든 일이 아닐 수 없는 노릇이었다. 어느 영이나 마찬가지지만 큰 재를 하나 넘고 나면 하루해가 저물었다. 저녁 무렵, 갑산부에서 관리하는 종포역에 짐을 풀었다.

지남이 저녁을 먹고 방에서 쉬고 있는데 가족들 편지가 왔다고 했다. 지남은 반가운 마음에 편지를 받으러 갔더니 그것은 편지가 아니라 부고였다. 큰누님이 돌아가셨다는 것이었다. 이제 연세가 있으니 그러려니 하지만 잇단 가족들의 비보에 지남은 너무 괴로워했다. 지남이 집에 있었다면 당연히 모든 장례를 순조롭게 치렀을 터인데 이렇게 밖으로만 나도니 누가 어떻게 장사를 치러내는지 모든 게 괴로웠다. 잠시 뒤 경문도 소식을 듣고 찾아와 눈물을 흘렸다. 이 소식을 전해 들은 청성 부사 이원익, 선전관 이의복, 거산 찰방 허량이 찾아와 위로의 말을 전했다.

4월 12일 저녁, 접반사가 마지막 목적지로 알고 온 삼수부(三水府)에 도착했다. 이곳은 조선의 최북단으로 동쪽엔 갑산과 혜산이, 서쪽엔 평안도 후창, 남쪽엔 풍산과 장진, 북쪽엔 압록강과 맞닿아 있는 곳이다. 압록강, 허천강, 장진강이 흐른다 하여 삼수라는 이름이 유래했다고 한다. 발해가 망한 뒤, 이곳은 오랫동안 거란, 여진족이 할거하던 곳이다. 마중을 나와 있던 삼수부사 장세익이 구면이라 지남을 특히 반갑게 맞아주었다.

그날 저녁 놀랍게도 접반사가 분향소를 마련하고 지남과 경문의 상복(喪服)까지 지어주었다. 그러자 김호연, 김자구, 이낭청, 관찰사 비장, 여첨지 등 많은 사람들이 와서 문상을 했다. 지남은 문상객을 받느라 빈소에서 꼬박 밤을 새웠다. 그날 밤 4월인데도 눈이 하얗게 내렸다.

아침이 되자 온 천지가 눈에 덮였다. 산새 한 마리도 눈에 보이지 않는 적막강산이었다. 접반사는 총관의 소식을 몰라 김호연과 경문을 불러 후주의 동대파수대로 보냈다. 조금이라도 빨리 목 총관의 소식을 듣고자 함이었다. 소식이 올 때까지 접반사는 삼수부 관덕루에, 관찰사는 동헌에 머물기로 했다.

삼수에 온 지 나흘이 지나도록 아무런 소식이 없자 4월 16일 아침 접반사가 구갈파지(舊乫波知)로 나가보겠다며 지남을 데리고 나섰다. 그러나 관찰사는 삼수부에 계속 머물게 하였다.

삼수에서 구갈파지보로 가려면 또 영성령이란 고개를 넘어야 했다. 이 일대는 모두 산뿐이라 어디를 가더라도 고개를 넘어야 했다. 영성령을 넘으니 조그만 활지가 나왔다. 소농보(小農堡)였다. 그곳에서 점심을 먹고 권관 윤세정이 접반사 일행을 구갈파지보로 안내했다.

갈파지보는 신갈파지와 구갈파지로 나눠져 있는데 구갈파지보는 북으로는 무창과 접해있고 여진족과 싸움이 잦았던 군사요충지이다. 어면 만호 유성부와 신갈파지 첨사 이여회가 접반사에게 인사드리기 위해 먼저 와서 기다리고 있었다. 특히 이여회는 지남의 친구인 전 군기시 첨정 이한규의 아들이라 이 변방에서 그를 만나니 가족을 만난 듯하였다. 이렇게 함경도 변방에까지 한양의 젊은 무사들이 지키고 있다는 것이 지남으로서는 신기하고 고마웠다. 지남이 이한규 집에 가면 여회는 어려서 고추를 내놓고 다녔다. 그러던 녀석이 자라 나라의 변방을 지키는 간성이 되어있는 걸 보면서 지남은 아이들이 얼마나 중요한지 새삼 느끼면서 어떻게 하든 튼튼하고 건강한 아이를 많이 낳아야 나라가 부강해진다고 생각했다. 여회가 너무도 고맙고 대견해 보였다.

지남은 구갈파지보의 성이 어떤 모습을 하고 있는지 궁금하여 여회와 함께 성을 둘러보았다. 어느 시대에 축조되었는지 알 수는 없지만 하얀 눈 속에 간간이 모습을 드러낸 검은 벽돌이 오랜 역사를 말해주고 있었다. 눈길을 더듬어 천천히 둘러보니 둘레는 약 700여 척이고 높이는 7척 정도의 벽돌로 견고하게 쌓여져 있었다. 남한산성이나 평양성 같은 영(營)의 성이 아니고 적의 동태를 살피는 파수대라 규모는 작았다. 그러나 접적지역이라 성은 벽돌로 야무지고 단단해 보였다.

지남이 성을 둘러보고 들어오니 의주부로부터 연락이 와있었다. 총관 일행이 이달 초육일에 심양을 출발해서 곧바로 두도구로 출발했다는 소식이었다. 하지만 출발했다는 소식일 뿐 도착일을 알 수 없으니 마냥 기다리는 수밖에 없었다.

8.

공돈문란(供頓紊亂)

그렇게 목 총관을 기다리고 있던 차에 조정에서 '긴급공문'이 하달되었다. 이번 목 총관의 접대 명목으로 삼수, 갑산부에서 백성들로부터 걷어간 공돈(供頓) 폐해를 조사하여 조목조목 보고하라는 어명이었다. 이렇게 불시에 공돈조사명령이 떨어진 것은 삼수와 갑산 아전들이 청차에게 줄 예물 중 호피 등 값진 물건을 빼돌려 암시장에 내다 팔고 있다는 상소문이 올라갔기 때문이었다.

지방의 아전들이 무슨 일이 있을 때마다 접대 명목으로 명주와 호피 등 값진 물건을 걷어간 뒤 이를 뒤로 빼돌려 훗날 회령이나 만포 밀거래 시사(시장)에 내돌리고 있다는 소문은 이번이 처음이 아니었다.

몇 해 전에는 청에서 올 사람도 없는데 온다고 속여 백성들로부터 공돈을 걷었다가 조정으로부터 철퇴를 맞은 적이 있었다.

이 관찰사도 함경도 아전들의 부패실정을 일찍부터 듣고는 있어 언젠가 적절한 시기에 조사할 계획을 가지고 있었다. 그러던 차에 이번에 조정에서 먼저 하명이 떨어진 것이었다. 두 사또는 바로 대책 회의에 들어갔다.

"사또! 조사를 어찌하면 좋겠소?"

하고 접반사가 물었다.

"삼수는 갑산에서 하고 갑산은 삼수 사람들이 내려가서 지역을 바꿔 조사를 시킵시다."

하고 관찰사가 서로 교차조사를 하자고 제의했다. 그러나 접반사는 생각이 달랐다. 삼수부와 갑산부 사람들은 서로 잘 아는 사이라 그것도 믿을 수 없다고 거절했다. 그러면서 한양에서 온 일행 중에 누가 맡으면 좋으련만 마땅한 사람이 없었다. 그래서 임시변통으로 접반사는 김지남을 조사관으로 정했다.

"과연 역관이 관리들을 조사할 수 있겠습니까?"

하고 관찰사가 물었다.

"그렇기는 하오만, 지방의 아전들은 모두 한통속이라 집고양이나 들고양이나 어물전을 맡기지는 못할 것이외다."

그리하여 어쩔 수 없이 역관인 지남이 지방 아전들을 조사하는 일이 벌어졌다.

"그러면 조사 방법은 어찌하면 좋겠소?"

하고 두 사또는 조사 방법에 관해 의논을 시작했다. 마을을 돌면서 이미 작성되어 있는 명단을 들고 가가호호 방문하여 개인 면담을 하는 방법이 가장 정확한 방법이지만 그렇게 되면 목 총관의 도착일과 겹치는 문제가 있어 조기에 매듭을 짓기 위해 방을 붙여 한곳에 모아놓고 조사하기로 하였다.

조사 방법이 정해지자 접반사는 방을 직접 쓰기 시작했다. 방의 내용은 금년도 오라총관 접대를 위해 공돈(供頓)한 자는 군역(軍役)을 면제할 것이니 삼수부와 갑산부 관아에 모이라는 내용이었다. 방은 접반사와 관찰사의 공동명의로 여러 장을 써서 삼수와 갑산의 곳곳에 붙이기로 하였다. 회의가 끝나자 그날 저녁 바로 지남은 구갈파지의 군관 둘, 병이, 엉마이를 데리고 삼수부로 내려갔다.

이틀 뒤 조사는 삼수부에서부터 이루어졌다. 공돈자에게는 바친 물건의 값어치에 따라 군역을 면해준다는 소문에 많은 사람들이 삼수부중에 모여들었다. 지남은 삼수부 예방으로부터 공돈자 명단을 제출받아 그들 앞에 섰다. 모여든 백성들은 글을 모르기 때문에 일일이 말로 물어야 했다. 확인 작업이 시작되자 지남은 첫 번째 공돈자 이름을 불렀다.

"가락리에 사는 김기호."

"예!"

하고 헝클어진 상투에 우락부락하게 생긴 중년 사내가 앞으로 나섰다.

"저번에 낸 게 명주 10자, 초피 한 장이 맞소?"

"지금, 무시기라고 했음메?"

김기호는 지남에게 한 발 더 다가서며 다시 물었다. 그러자 지남은 큰 소리로 다시 말했다.

"명주 10자, 초피 한 장."

"앙이오, 난 명주 한 필이오, 한 필."

명단에는 '명주 10자'로 나와있는데 본인은 한 필이라고 하니 처음부터 지남은 너무 황당했다. 지남이 예방과 호방을 동시에 불렀다.

"이것이 어찌 된 일이오?"

"아니오, 10자가 맞습니다. 저자가 거짓말을 하고 있소이다."

그 말을 듣고 있던 김기호는 벼락같이 예방에게 달려들어 쓰러 넘어뜨리며 악을 썼다.

"뭐이 어드래? 내가 거짓말으 한다고? 이런 노무새끼느 죽에야 되."

그러자 옆에 군관과 아전이 달려들어 김기호를 떼어냈다. 그는 어찌나 날쌘지 이미 예방의 코에는 코피가 흐르고 있었다. 김기호는 얼굴이 벌겋게 달아올라 씩씩거리며 소리를 질렀다.

"저런 도적 노무새끼느 되노무새끼들 보다 더 나쁜 놈들이오."

분위기가 처음부터 너무 험악해서 지남도 조사를 잠시 중단하고 김기호를 잠시 건물 뒤쪽에 가서 기다리도록 하였다. 그리고 두 번째 사람의 이름을 불렀다.

"남대리에 사는 김남수."

"예! 예!"

하고 허리를 굽신거리며 앞으로 다가왔다.

"자네는 무엇을 냈는가?"

"나는 돼지 한 마리임메다."

"맞아, 돼지 한 마리야."

"그다음은 남막골 정래동!"

"예! 예!"

"자네는 뭘 냈는가?"

"표피 한 장, 말린 고사리 두 다발임메다."

그런데 정래동은 고사리 두 다발만 표시되어 있고 표범 가죽은 또 누락되어 있었다. 이게 보통 일이 아니었다. 이 사실을 정래동이 안다면 당장 이 자리에서 살인이 날 판이었다. 지남은 정신을 바짝 차리고 정래동에게 다시 물었다. 왜냐하면 정래동의 말이 꼭 옳다고만 할 수도 없기 때문이었다.

"자네는 그 표피가 어디서 났는가?"

"우리는 거저 총으 싸서 먹고 사는 포수임메다. 내가 표피르 낼 때 동무 강포수는 호피르 냈읍죠."

그 말을 듣고 명단을 훑어보니 강씨 성을 가진 사람도 없고 호피도 적혀 있지 않았다. 지남은 너무 황당해서 조사를 진행할 수가 없었다. 조사를 할수록 점점 더 심각해지는 이 상황을 어떻게 수습하나 하고 고민을 하다가 잠시 볼일을 보고 오겠다며 자기 방으로 들어가 버렸다. 방에 앉아 아무리 궁리를 해도 대안을 찾을 수 없었다. 너무 오래도록 나오지 않자 사람들이 웅성거리기 시작했다.

"와 이래 나오지 않는 기야?"

"표범 가죽도 빼돌린 거 앙이야?"

"바쁜 사람들르 불러놓고 이기 뭐하는 짓임메."

"이거이 분명히 무시기 문제가 이코망!"

김기호의 명주 사건과 정래동의 표피에서 백성들은 이미 수상한 눈치를 다 채버린 것이었다.

거기다 강포수의 호피는 이름조차 보이지 않으니 이런 상황에서 도저히 조사를 진행할 수가 없었다. 이것이 사실대로 밝혀진다면 어떤 일이 벌어질지 생각만 해도 끔찍했다. 이것을 사실대로 이 자리에서 밝혔다가는 폭동이 일어날 것 같았다. 그렇다고 중단하면 더 오해를 받을 것 같아 이러지도 저러지도 못하고 그냥 방 안에서 앉아 고민만 하고 있었다. 그때 병이가 헛기침을 하며 다가왔다.

"나으리, 어디 편찮으십니까?"

"아니다, 조금 기다려라!"

그때 병이는 지남의 곤란한 상황을 이미 알아차리고 제안을 했다.

"나으리, 지금의 명부는 그대로 두고 새로운 명부를 작성하면 어떻습니까요."

병이의 '새 명부'라는 말을 들은 지남은 번쩍 머리에 한 생각이 떠올랐다.

"그래 네 말이 옳다, 내가 왜 그 생각을 못 했지?"

지남의 병이의 말을 듣고 방에서 나왔다. 속이 좀 좋지 않아 오래 기다리게 해서 죄송하다고 양해를 구했다. 그리고는 이방에게 종이를 가져오게 하여 새로운 명부를 작성하기 시작했다.

"지금 내가 가지고 있는 이 명부가 잘 보이지도 않고 정확지가 않아서 이 자리에서 다시 접수를 하겠소. 여러분들의 공돈 명부를 상세하게 조사하라는 것은 어명(御命)이오! 그러니 내가 호명하는 사람은 앞으로 나와 자신이 나라에 바친 물목을 자세하게 말해주시오!"

어명이라는 말에 이제까지 수군거리던 분위기도 일시에 바뀌었다. 그때부터 지남은 30여 명이나 되는 공돈자들의 명부를 순조롭게 다시 작성했다. 명부가 새롭게 작성되자 지남은 그들에게 다시 말했다.

"이번에 다시 작성한 명부는 기존의 것과 대사 확인한 후 임금님에게 주청을 드려 반드시 군역을 면제받도록 하겠소, 이제 그만 돌아들 가시오."

군역을 면제받도록 임금님께 주청을 드리겠다는 지남의 말에 모두들 두 손을 모아 인사를 하고 돌아갔다.

지남은 즉시 공돈문란 사건을 접반사에게 급히 보고했다. 보고를 받은 접반사와 관찰사는 안도의 한숨을 내쉬었다. 어쩌면 지남은 삼수부에서 일어날 수도 있는 폭동을 재치 하나로 막은 셈이었다. 그날 밤 두 사또는 급히 지남에게 사령을 보내 내일 갑산부에서도 그렇게 하라고 하명했다.

다음 날 아침, 갑산부 객사 앞마당에는 역시 많은 사람들이 모였다. 지남은 먼저 자신을 소개한 다음 기존의 명부가 부실하여 전부 다시 작성하게 되었다는 취지를 설명하였다.

"앙이, 기존의 명부가 부실하다는 기 무시기 말임매? 뭐이 잘못된 기 앙이오?"

"그렇지 않소이다. 이번 삼수와 갑산의 공돈자 재조사는 어명에 따른 것입니다. 속히 끝낼 수 있도록 협조를 부탁합니다."

갑산에서도 '어명'이라는 한마디에 모두들 감히 속내를 드러내지 못하고 있었다. 지남이 기존의 명부에 따라 호명을 하고 실제 갑산부에 바쳤다고 하는 물목을 보니 여기도 삼수와 똑같이 서로 맞지 않고 엉망이었다.

값비싼 명주는 무명이나 삼베로 적혀있고 호피와 표피는 아예 기록조차 없으니 이런 사실을 백성들이 알면 그대로 있을 사람은 아무도 없었다. 지남이 불안한 분위기 속에서 새로운 명부 작성을 무사히 끝마쳤다. 그리고는 삼수에서와 같이 그들을 안심시켰다.

"이번에 다시 작성한 명분은 기존의 것과 대사 확인 후 임금님께 주청을 드려 반드시 군역을 면제받도록 하겠소, 이제 그만 돌아들 가시오."

그 말을 들은 갑산의 백성들도 꼭 그렇게 되게 해달라고 부탁을 하며 돌아갔다. 지남이 새로운 명부와 기존 명부의 대조를 해보니 호피와 표피, 명주 등 값비싼 물품들은 차이가 나지 않는 것이 없었다. 지남은 접반사에게 보고할 「공돈자별 부족물품 명부」를 밤새워 작성하였다.

다음 날(4월 26일) 지남은 병이와 엉마이를 데리고 구갈파지로 출발했다.

그곳에서 접반사에게 명부를 보고했다. 접반사가 명부를 펼쳐보더니 고개를 끄덕이며 말했다.

"김 수역, 고생이 많았군. 이 정도면 조정에서도 능히 받아들일 것 같소."

라고 위로하고, 공돈조사는 조정에 장계를 보내겠다고 하였다.

***

해 질 무렵, 목극등 총관이 후주로 오고 있다는 전갈이 왔다. 다음 날 아침, 접반사는 지남과 함께 후주로 마중을 갔다. 후주의 동대파수(東臺把守)로 가서 한참을 기다리니 한 무리의 선단이 노를 저어 오고 있었다. 지남이 강가로 내려가 맞이하고 보니 총관의 선발대인 통관 홍이격 일행이었다. 지남이 자신을 소개하고 임금님이 보낸 접반사가 와계신다고 하니 그는 자신들의 행적을 간단히 말했다.

그들은 이달 초육일 심양을 출발하여 압록강에 도착한 뒤, 두 조로 나뉘어 총관조는 육로로 가고 자신을 포함한 시위조 20명은 마상선 10척에 나눠 타고 압록강을 따라 왔다고 했다. 19일 길림성 두도구에서 출발하여 오는데 강가의 조선 파수들이 자기들만 보면 모두 도망을 가버려, 물어볼 곳이 없어 애를 먹었다고 했다.

조선의 파수대 군사들이 청나라 사람을 보자 모두 도망을 갔다는 소리에 지남은 얼굴이 화끈거렸다.

"죄송합니다. 산골에 사는 무식한 사람들이라 그랬던 것 같습니다. 접반사께서는 그들의 죄상을 조사하여 무겁게 다스릴 것입니다."

라고 하자 홍이격은 그 무지한 그 사람들이 오히려 불쌍하다며 동정심을 보였다. 청인이 조선 사람에게 선심을 보이는 게 다소 생소하게 느껴졌다.

지남이 다시 물었다.

"그러면 시위는 지금 어디에 계십니까?"

하고 물으니 뒤에 곧 따라올 것이라고 하며 대뜸 말 이야기를 물었다.

"우리가 타고 갈 말은 준비시켜 놓았습니까?"

지남은 그 말이 무슨 뜻인지 몰라 다시 물었다.

"말은 무슨 말이요?"

"무슨 말이라니? 그게 무슨 말이오?"

"칙사가 오면 인마를 대기시켜 놓지만 이번은 변계를 조사하러 오는 심사관 아니오?"

그 말을 들은 홍이격이 화가 났던지 큰소리로 말했다.

"자문도 패문도 보지 않았소? 어찌 그런 말을 하는 것이오?"

그러다가 홍 통관은 다시 물었다.

"그러면 장백산의 길을 안내할 사람도 대기시키지 않았소?"

"그것은 걱정하지 않아도 될 것입니다."

라고 하자 그럼 빨리 말부터 조치하라고 하였다. 지남이 접반사에게 말 이야기를 하자 그는 깜짝 놀라며 크게 당황하였다. 총관 일행이 들이닥쳤을 때 말이 준비되어 있지 않다면 이것이 예삿일이 아니었다. 청의 예부에서 보낸 각종 공문에도 조선에서 협조하라는 내용만 있을 뿐 구체적으로 말을 준비하라는 말은 없었기 때문에 양쪽 다 할 말은 있었다. 그러나 어찌 되었든 황제 명을 받고 온 총관 일행이 말이 없이 걸어간다는 것도 말이 되지 않는 소리였다. 그렇다고 필요한 말이 한두 필도 아닌데 어디서 조달할 수도 없으니 그것이 문제였다. 해가 저물 때쯤 시위가 도착했다는 연락이 왔었다.

***

다음 날 아침 지남이 김호연과 함께 시위에게 문안드리려 강을 건넜다. 천막 주변에는 군사들이 보초를 서고 있었다. 그들의 안내를 받아 안에 들어가니 시위와 홍 통관이 모여 무슨 이야기를 나누고 있었다. 아마 말에 대한 이야기를 나누고 있는 듯했다.

"시위 대인, 원로에 노고가 많으십니다. 접반사의 명을 받아 소관이 문안 인사드립니다."

라고 하며 일행이 함께 문안을 드렸다. 그랬더니 시위가 대뜸 하는 말이,

"말 준비나 하지 뭣하러 왔는가?"

아무리 조선이 소국이라 하더라도 인사차 온 사람에게 그렇게 면전에서 면박을 주니 더 이상 뭐라 할 말도 없었다. 지남은 자존심이 너무 상해 더 이상 대꾸를 하지 않고 돌아 나오는데 홍이격이 다시 불러 겁을 주었다.

"총관이 오시면 어떤 일이 일어날지 당신들은 각오를 하고 있으시오!"

지남은 돌아와 시위와 홍이 한 말을 접반사에게 전하자 그는 오히려 지남에게 또 역정을 부렸다.

"도차사원의 말을 들으니 홍이격이 이미 북경 옥하관에서 말을 준비하라고 했었다는데, 역관들이 그 말을 전하지 않아 이 지경이 되었으니 그 책임을 져야 할 것이야!"

"실제로 그런 일이 있었다 하더라도 일부러 숨기고자 하는 뜻은 아니었을 것입니다. 사또께서 아량을 베풀어 주십시오."

라고 지남이 간청하자,

"하여튼 관찰사가 오면 상의해 보자."

라고 하였다. 지남이 아무리 생각해도 말 문제는 대책이 없을 듯했다. 저녁에 삼수부에 있던 관찰사가 도착했다.

지남도 강변에 천막을 치고 그 안에서 계속 머물면서 수시로 강을 건너 이쪽과 저쪽을 오가며 양쪽의 사정을 서로 연락하였다.

4월 28일, 아침을 먹고 건너가니 급히 말 2필을 보내달라고 하였다. 아마 시위와 홍 통관이 이용하려는 모양이었다. 접반사는 서둘러 그들이 요구하는 2필을 보내주었다. 그리고 두 사또는 말에 관한 대책을 논의하기 시작했다. 접반사가 먼저 말을 꺼냈다.

"황제의 명을 받고 우리 땅에 오는 데 인마를 갖추어 놓는 것은 당연한 일이 아니오?"

"그렇기는 합니다만 총관을 포함한 청나라 차관(差官) 7인에게는 우리가 타던 말을 포함해서 어떻게 만들어 주겠지만 그 나머지 수행원과 갑군들까지 탈 말은 100여 마리가 될 텐데 그 많은 말은 현실적으로 준비할 수가 없습니다. 그리고 그렇게 할 시간적 여유도 없고요."

그러자 지남이 말했다.

"우리의 어려운 사정을 말했지만 끝까지 고집을 부리고 있는데 총관이 오면 어떻게 나올지 모르겠습니다."

그러나 관찰사는 당하면 당하는 대로 가면 되는 것이고 지금으로서는 어떻게 해볼 도리가 없다면서 결론을 내지 못하고 논의를 마쳤다.

9.

일그러진 영접례

4월 29일 아침, 길림 두도구에서 온다고 했던 목 총관이 유구치동에서 오고 있다는 긴급한 연락이 왔다. 연락을 받고난 포 시위와 홍 이격이 서둘러 마상선을 타고 영접을 나갔다. 잠시 뒤 총관의 일행으로 보이는 몇 척의 마상이 선단이 보였다. 맨 선두에 보이는 배에 황룡기(黃龍旗) 2쌍이 펄럭이고 호위병들의 창칼이 햇빛을 받아 번쩍였다. 총관이 탄 배가 틀림없었다. 그 위용이 하늘을 찔렀다. 지남이 작년에 보았던 총관의 위용과는 전혀 달랐다.

드디어 총관이 도착하여 자기들이 설치해 놓은 천막 속으로 들어갔다. 잠시 뒤 군사들이 개미떼처럼 나와 나무를 베어내고 그 가운데 총관의 새로운 천막을 순식간에 설치하였다. 그리고는 천막주위에 목책까지 세우니 총관의 천막은 자연스레 성책(城柵)이 되었다. 천막 앞에는 네 폭의 황룡기를 세우고 무장 갑군들이 좌우로 열을 지어 호위했다.

총관이 도착하자 지남이 도차사원 이진상, 김호연, 아들 경문을 데리고 강을 건너갔다. 청나라 통관 오옥주(吳玉柱)에게 문안을 왔다고 하자 지남을 들게 하였다. 먼저 지남은 총관에게 머리를 조아려 절을 올리고 나머지 차관에게도 예를 갖추었다. 총관이 지남을 보자 웃음을 띠며 지남의 승진에 관한 말을 했다.

"김 첨지(僉知), 자네는 동지(同知)로 승진했는가?"

지남은 머리를 숙여 사의를 표하고 대답하였다.

"대인의 은덕을 입어 외람되게도 벼슬이 높아졌습니다."

총관은 아들 경문에게도 웃으며 말하였다. 그는 지남과 아들 경문의 얼굴을 잘 기억하고 있었다.

"너는 아비가 왔는데 너까지 왔구나. 너의 나라에는 그렇게 사람이 없느냐?"

"네, 다른 사람들은 너무 바빠서 소인이 오게 되었습니다."

총관이 머쓱해진 표정으로 말했다.

"내가 말실수를 했구나!"

"아니옵니다. 원래 윗사람의 말씀은 아랫사람이 잘 받들어야 하는데 소인이 실수를 한 듯하옵니다."

"그래, 아비를 닮아 역시 총명하구나!"

하고 서로가 농을 주고받은 다음, 총관이 다시 지남에게 물었다.

"장백산으로 가는 길을 잘 아는 사람을 대령해 놓았는가?"

"네, 혜산에서 대기하고 있습니다."

"김 동지는 양국의 경계를 명확히 알고 있는가?"

"국경이란 나라의 흥망에 따라 변하니 그 경계가 어디 명확할 수가 있겠습니까?"

"그래도 어디 한번 그대가 알고 있는 양국의 경계를 말해보라!"

총관이 지시하자 지남은 어쩔 수 없이 국경에 대한 자기의 소신을 말하기 시작했다.

"굳이 말씀을 올리자면 고조선과 고구려, 발해까지는 이 대륙이 우리의 땅이었고, 고려조에 와서는 요동에서 선춘령 이남이 우리의 땅의 경계였습니다. 국력이 더욱 약해진 1627년 강도회맹 이후 백두산과 두만강 이

북, 간도 땅이 대국에 의해 봉금지대(封禁地帶)로 묶여 아무도 들어가지 못하는 땅이 되고 말았습니다. 이렇듯이 국경은 본래 있는 것이 아니라 강한 나라의 힘에 의해 수시로 변하니 어찌 양국의 경계를 분명히 알 수가 있겠습니까?"

총관은 지남의 말을 수긍하는 듯 고개를 끄덕이며 말했다.

"그대는 오랜 옛날의 역사부터 해박한 지식을 가지고 있구나. 그러면 조선 조정이 압록강과 두만강을 국경으로 삼고 있다고 들었다. 그것은 무엇인가?"

목 총관의 입에서 조선의 국경으로 압록강과 두만강이 언급되는 걸로 보아 이미 저들도 우리의 국경선을 알고 있는 듯했다.

"그것이 확정된 국경선은 아닙니다. 백성의 안위와 정세의 안정을 위한 치안선(治安線)일 뿐입니다. 나라의 강토가 확정되려면 당사국 간 합의가 있어야 할 것입니다. 조선과 중국 간에는 단 한 번도 그런 역사적 합의(歷史的 合意)가 없었습니다."

"그 선은 치안선이라! 그대의 말대로라면 북만주의 광활한 벌판이 모두 조선의 땅이라는 의미인가?"

"그렇습니다. 북만주 대지는 우리가 빼앗겼을 뿐 내어준 적은 없습니다."

"하기야, 그대 나라는 힘이 없어 늘 침략만 당했으니 그것도 사실이지."

하면서 지남이 영토에 관한 완벽한 국가관을 갖고 허점을 보이지 않자 말꼬리를 다른 데로 돌렸다.

"이제 그 이야기는 그만하고, 우리가 탈 말은 대기시켜 놓았느냐?"

"죄송합니다. 못 했습니다."

총관은 이미 보고를 받았을 것임에도 의외라는 듯이 표정을 지으며 목청을 높였다.

"아니, 그걸 말이라고 하는 것인가?"

"대국에서 보낸 공문 어디에도 말 이야기가 없어 준비하지 못하였습니다."

그 말을 들은 총관이 손바닥으로 탁자를 '탁!' 내리치면서 드디어 폭발하고 말았다.

"아니, 그렇게 똑똑한 사람들이 무슨 멍청이 같은 소릴 하는 게야? 그럼 나보고 걸어서 장백산을 오르라는 것이냐?"

그러자 옆에 있던 시위가 가세했다.

"이것은 황명을 받들지 않겠다는 뜻입니다. 그냥 넘어가서는 안 될 것 같습니다."

그러나 지남은 물러서지 않았다.

"예부터 칙사는 이렇게 많은 갑군들을 거느리고 오는 예가 없었습니다. 자문과 패문에도 말에 대한 언급이 없었고 규례에 없었던 일이라 미리 대기시키지 못했습니다. 특히 총관께서 '이번 행차에 소요되는 모든 것은 전부 스스로 준비해 가니, 조선의 물품은 일체 받지 않겠다.'라고 하여 인마도 모두 갖추어서 오시는 줄 알았습니다."

지남의 답변은 명쾌하게 똑 부러졌다.

"좋다! 나는 걸어서 황제의 명령을 받들 것이다. 너희에게 더 이상 강요하지 않겠다."

총관이 걸어서 백두산을 오르겠다는 말은 감정적 대응이었다.

지남이 건너와서 접반사에게 알리니 그는 지남을 다시 목 총관에게 보내 자신의 의중을 전하게 했다.

"황제의 사신을 모시는 데 어찌 감히 소홀하겠습니까? 그러나 일이 이렇게 되고 보니 변통할 길이 없습니다. 지금 상황이라면 적어도 100여 필의 말이 필요한데 그렇게 하기는 너무 어려우니 선처하여 주십시오."

접반사의 말을 전해 들은 총관은 감정이 다소 누그러지는 듯한 표정을 지으며 입을 열었다.

“너희 나라의 사정이 정말로 그러하다면, 갑군 20명은 짐을 가지고 마상선으로 혜산까지 가고, 나머지 일행이 탈 말 40필을 준비하여 대령하라!”

총관은 청인이라 하여 야만적이고 무작한 그런 사람이 아니었다. 지남이 수차례 칙사를 만나봤지만 그들처럼 거만하고 완고하질 않았다. 막무가내로 자기들의 주장만을 고집하는 게 아니라 조선의 실정을 참작하여 결론을 내리는 대인다운 면모를 갖추고 있었다. 역시 청나라 사람이라 하여 다 나쁜 것도 아니고 조선 사람이 다 좋은 것도 아니었다. 다만 사람의 개인적 차이만 있을 뿐이었다.

지남은 총관의 말을 즉시 전했다. 말 100필이 40필로 줄었으니 접반사와 관찰사는 고마워 어쩔 줄을 모르며 급히 준비하라고 지시했다.

두 사또는 고마움의 표시로 지남을 다시 보내 마른반찬과 음식물을 올리겠다고 하자 총관은 거절하였다.

그런데 문제는 총관 일행이 앞으로 먹을 음식이었다. 그들은 조선의 도움을 받지 않고 자기들이 가지고 온 음식만을 먹겠다고 하였다. 그러면 더운 날씨에 그 음식을 어떻게 간수하겠다는 것인지 대책 없는 주장을 하였다. 그래서 지남은 제안을 했다.

“가지고 오신 음식은 삼수부에 일단 저장시켜 두고 가시는 곳마다 각 지방에서 싱싱한 음식을 제공한 뒤 일이 끝나면 서로 정산을 하면 어떻겠습니까?”

총관이 들어보니 너무도 당연한 의견이었다.

“역시 김 동지야!”

라고 하며 흔쾌히 허락하였다. 이제 마필, 안내자, 음식운반 문제까지 모두 양측이 합의가 되었으니 이제 백두산으로 출발하는 일만 남았었다.

***

무슨 봄비가 그리도 내리는지 밤새도록 그치지 않았다. 총관이 동대파수로 건너오면 구갈파지로 가야 하는데 강물이 불어날까 그게 걱정이었다. 날이 새니 갑군들의 움직임이 보였다. 아마 이제 압록강을 건너 우리 땅으로 건너올 모양이었다. 자기들이 타고 왔던 마상이를 줄줄이 막사 앞에 대기시키더니 갑군 몇 명이 총관과 시위를 함께 태우고 강을 건너왔다. 뒤이어 일행들이 줄줄이 건너오기 시작했다. 사람 수가 얼마나 많은지 정확히 알 수도 없지만 양식으로 끌고 온 소만 해도 족히 20여 마리는 되어 보였다.

총관이 건너오자 기다리고 있던 접반사와 관찰사가 나아가 인사를 올렸다.

"총관 대인, 원로에 노고가 많으십니다. 조선의 왕명을 받고 온 접반사 박권입니다."

"함경도 관찰사 이선부입니다. 총관 대인을 만나 뵙게 되어 영광입니다."

"반갑소. 지체 높으신 분들이 이렇게 먼 변방까지 와주셔서 고맙소."

봄비가 부슬부슬 흩날리는 가운데 두 사또는 총관을 구갈파지로 안내했다. 송전참에 이르니 날이 저물어 그곳에서 일행은 모두 묵기로 하였다. 그날 저녁 접반사가 돼지 한 마리를 삶고 소주 다섯 병을 보내니 총관이 지남을 불러 당부했다.

"우리는 충분히 먹을 것을 가지고 왔으니 앞으로는 일체의 음식을 보내지 않도록 하라!"

"이것은 흠차를 대접하는 주인으로서 최소한의 예입니다. 이와 같은 하찮은 성의도 거절하시면 도리어 송구스럽습니다."

"그대의 말이 간절하니 이번만 허락하겠다."

라고 하며 음식을 받아들였다. 저녁 식사 후, 총관이 불러서 가니 뜻밖에도 길이가 2척이나 되는 척척어(尺尺魚) 한 마리와 연목어(蓮牧魚) 18마리를 펼쳐놓고 있었다.

"시위 대인이 조금 전 압록강에서 잡은 것이다. 두 사또에게 이 고기 반을 전하라! 이것은 우리들의 성의다."

라고 하며 그 고기 절반을 건네주었다. 우리의 작은 성의도 무시하면서 자기들은 이러하니 두 사또도 어찌할 바를 몰라 그냥 고기를 받았다.

***

송전참에서 자고 5월 1일 악명 높은 충천령을 넘었다. 경사는 가파르고 길은 좁은데 삐끗하면 천길 낭떠러지였다. 고개라면 지남도 수없이 넘었지만 정말 아찔하게 느껴졌다. 비에 젖어 미끄럽기까지 하니 총관도 쩔쩔매었다.

"총관 대인, 산길이 너무 험해 송구하옵니다."

라고 지남이 위로의 말을 건네자 총관이 웃으면서 말하기를,

"그대가 길을 이렇게 만들어 놓았구나?"

라고 하여 앞뒤의 사람들을 모두 한바탕 웃게 했다.

"주인 된 사람으로 손님에게 예가 아닌 듯해서입니다."

"하하하! 그대가 바로 이 땅의 주인이라 이 말씀이지, 좋았어!"

그 말에 총관은 고개를 끄덕이며 지남의 사람됨을 알아차린 듯했다. 모두가 아무 탈 없이 고개를 넘었다. 고개를 넘어온 사람들이 모두 얼마나 혼쭐이 났던지 다시 한번 충천령 뒤를 돌아보았다.

고개를 넘어 50여 리를 더 가니 구갈파지보(舊茄乙波知堡)가 나타났다.

구갈파지 첨사 박상영, 권관 손석주와 어면 만호 유성부 등 지방 수령들이 마중을 나와있다가 총관이 당도하자 성문을 열어놓고 관사로 안내했다. 두 사또도 뒤를 따라 성안으로 들어왔다. 잠시 뒤 관사 문 앞에는 노란 황룡기가 내걸리고, 주변은 청의 갑군들이 관사를 에워싸고 호위하였다.

박 첨사는 총관 일행에게 차를 올리고 잠시 휴식을 갖게 했다. 그사이 지남이 찾아가 접반사가 영접례를 갖고자 한다고 전하니 그가 승낙하였다. 총관을 중심으로 시위는 왼편에, 주사는 오른편에 앉고 필첩식·장경·통관 등이 주사 아래 자리를 잡았다.

먼저 총관에게 어첩을 올리니 시위·주사 등 세 사람이 모두 함께 일어나 예를 갖추고 이를 받았다. 그다음으로 두 사또의 명함을 올리고 상견(相見)하기를 청하니 그렇게 하라고 하면서 말하기를,

"양국 사신이 서로 만나는 예는 그 절차가 있을 터이니 착오가 없도록 하라."

고 하였다.

"사신을 맞이하는 예는 그 규범이 정해져 있으니 염려하실 일은 없사옵니다."

라고 대답하고 나와 접반사에게 영접례를 허락하였다고 아뢰었다. 그러자 접반사는 총관에게 절을 할 때 관찰사와 함께 절을 해야 할지 아니면 각기 따로 해야 할 것인지가 궁금하다며 그것을 총관에게 물어보라고 하였다.

"나으리, 그것이 무슨 문제가 되겠습니까?"

라고 하자 접반사는 또 화를 벌컥 내며 시키면 시키는 대로 하지 왜 그리 까다롭게 따지느냐고 물었다. 실로 누가 까다롭게 구는지 알 수 없지만

어쩔 수 없이 물러 나와 총관에게 여쭈었다.

"그거야 절을 하는 사람들이 알아서 할 일이지 그런 것까지 까다롭게 물어보느냐?"

라고 한마디로 잘라 말했다. 지남이 돌아와 총관의 말을 그대로 전하며, 두 사또가 함께 총관·시위·주사 세 사람에게 각각 절을 하는 게 좋을 것 같다고 말했다. 접반사도 그렇게 하는 것이 무난할 것 같다고 하며 지남의 말대로 하기로 하였다.

지남은 두 사또를 영접실로 안내했다. 두 사또 모두 공복을 갖춰 입고 입실하여 총관께 함께 절을 하였다. 총관도 이마 위에까지 손을 올려 답례하였다. 시위와 주사에 대해서도 그와 같이 예를 행하였다. 그리고 필첩식·장경들에 대하여는 손을 올려 읍하니 필첩식 등이 일어나 답례하였다. 두 사또의 인사가 끝나자 총관이 말하기를,

"나는 다른 칙사들과는 다르다. 황제 폐하께서 조선을 깊이 생각하시는 뜻이 있어 전후 여러 차례 은혜를 베푼 것이 매우 많았다. 그러니 접반사와 관찰사는 마땅히 사례(謝禮)하는 거조가 있어야 할 것이오."

라고 하였다. 접반사는 임금이 매년 몇 차례 사신을 보내 예를 갖추어 갖은 조공을 다 바치는데 총관이 또 '사례'를 말하니 그 사례가 무엇을 의미하는지 알 수가 없었다. 그래서 자신은 별도의 사례를 못 하겠다고 말했다.

"우리 주상전하께서는 황제 폐하에게 매년 여러 차례 사신을 보내 이미 사례를 하고 있으므로 우리와 같은 배신(陪臣)의 처지로는 감히 사사로이 흠차 대인에게 사례를 할 수 있겠습니까?"

라고 하였다. 그러자 총관은 말이라도 하라는 뜻으로 다시 말했다.

"만일 국왕의 이름으로 감사하다는 말씀을 해준다면 내가 돌아가서 반드시 황제 폐하께 아뢸 것이오."

굳이 말로써라도 사례를 하라고 하면 못 할 것이 없다고 생각하고 두 사또는 그들에게 사례의 감사 표시를 하였다. 그러자 총관과 시위, 주사 등 3인이 자리에서 일어나서 모두 손을 모아 읍하였다. 그러면서 총관이 하는 말이,

"나는 반드시 귀국하여 당신들이 베푼 후의에 대하여 황제께 아뢸 것이오."

라고 하며 말을 이어갔다.

"강을 따라 난 길이 매우 험해서 갈 곳이 못 되지만 대충 길을 닦아 인마가 다닐 수만 있게 해주시오. 또 골짜기의 물이 얕은 곳은 임시다리를 세울 필요가 없으니 공연히 사람들을 수고롭게 하지 마시오."

"저희를 이렇게 생각해 주시고 도와주고자 하시는 마음이 여기에까지 미치니 감격스러움을 금할 수 없습니다."

그리고 접반사는 다시 말을 이었다.

"대인께서 황제 폐하의 뜻을 받들어 이미 우리나라 지경에 들어와 계시니 어찌 접대를 정성스럽게 하지 않을 수 있겠습니까? 그러나 대인께서 우리를 아껴주시는 마음으로 모든 것을 지나치게 간략히 하고 생략하셔서, 우리는 조그마한 정성과 예의도 갖추지 못하였으니 저희들 마음이 매우 편치 못합니다."

"이번 행차를 위한 물자는 황제 폐하께서 이미 넉넉히 마련해 주셨소. 그러니 조선에 대해 폐를 끼칠 이유가 없소. 이것은 바로 황제 폐하의 뜻이오."

라고 답했다. 이에 두 사또가 인사를 하고 물러 나와 다과상을 올리겠다고 청하면서 말하기를,

"감히 높은 분을 모시고 상을 마주할 수는 없기에 물러 나와 다과상을 올리고자 합니다."

"그 다과상은 접반사의 뜻인가, 아니면 국왕의 명이 있어서 올리는 것인가?"

"국왕께서 성심성의껏 접대하라고 하교하셨으므로 접반사와 관찰사는 그러한 하교에 따라 행할 뿐입니다."

"그렇다면 어찌 받지 않겠는가?"

라고 하여 총관과 시위, 주사 세 사람에게 각자 한 상씩을 차려 올리고 청나라 역관들에게도 따로 두 상을 차려 올리는데 갑자기 총관이 청나라 역관들에게 주는 상은 돌려보내라고 하였다.

"다 같이 함께 앉아 먹는 것이 좋은데, 두 사또가 굳이 예를 고집하니 억지로 청할 수는 없고, 이 두 상은 두 분의 처소로 갖다드리도록 하라!"

총관은 연회의 분위기상 다 같이 한자리에서 먹는 것이 좋겠다고 생각했지만 접반사는 예를 따져 감히 대인들과 겸상을 받을 수 없어 따로 먹겠다는 뜻이었다. 그러나 총관은 그것을 어떻게 받아들였는지 자기들이 받은 상(床) 중에서 통역관들에게 올라온 두 상을 접반사와 관찰사에게 돌려보낸 것이었다. 그러자 지남이 나서서 총관을 만류하였다.

"총관은 바로 손님으로 온 사신 일행 중에 들어있는 사람들이고, 두 사또는 주인입니다. 어찌 손님의 상을 빼어 주인에게 주는 이치가 있겠습니까?"

"내가 하는 일을 감히 네가 막겠다는 것이냐?"

김경문과 김만희는 총관의 지시에 따라 그 상을 접반사에게 가지고 왔다. 그러자 두 사또는 사리로 볼 때 그렇게 할 수는 없다며 장황한 이유를 붙여 그 상을 다시 돌려보냈다.

경문과 만희는 다시 그 상을 들고 들어가다가 경문이 앞을 잘 보지 못하여 다과상을 안고 넘어지자 바람에 뒤에 따라오던 만희도 경문에 걸려 같이 쓰러지고 말았다. 음식은 쏟아지고 술병이 깨지는 바람에 경문은 무릎이 깨지고 만희는 온몸에 술을 뒤집어쓰는 일대 소동이 벌어지고 말았다. 지남이 달려가 사태를 수습하려고 했지만 이미 이 소식을 들은 총관 측은 아무 말이 없는데 접반사는 난리를 피웠다.

"아니! 사람의 거동이 얼마나 경솔했으면 이런 낭패를 보인단 말인가?"

라고 하며 지남을 불러 호되게 질책했다. 이번 영접례에서도 접반사는 지나치게 예의를 중시하여 서로의 차별을 엄중하게 여겼다.

본래 예(禮)는 이(離)라고 했다. 지나치게 예를 따르다 보면 서로가 멀어지고 이와 같은 소동도 자연히 벌어지게 되는 것이었다. 그러나 소동은 큰 문제가 아니었다. 접반사로서는 무엇보다 오늘 임금이 보낸 예단을 꼭 전해야 했다. 접반사는 다시 지남을 불러 예단을 올려도 되겠는지 알아보라고 하자 같은 통역관인 홍이격에게 분위기를 물었다.

"총관이 무슨 일 때문인지 화가 나있으니 노기가 가라앉을 때까지 기다리는 게 좋겠다."

는 소식을 가지고 돌아왔다. 그렇게 되어 결국 영접례를 치르면서도 예단은 올리지 못하였다. 임금의 예단을 제때에 올리지 못하는 것은 큰 후환이 될 수 있었다. 나중에 조정에 돌아가면 남의 일 따지기 좋아하는 사람들이 또 무슨 근거 없는 말을 지어내어 사람을 궁지로 몰아넣을지 잘 알고 있었다. 접반사가 난색을 보이며 괴로워하자 지남이 나서서 위로하였다.

"총관이 예단을 거부한 것이 아니라 일에 순서가 있기 때문이 아니겠습니까?"

"예단 올리는 것을 지체하였다고 장계에 올리면 그대의 죄책도 가벼운 것은 아니네."

"일의 뜻대로 되질 않습니다. 대감께서 부디 용서하여 주십시오."

라고 접반사에게 용서를 구한 뒤 곧바로 총관의 숙소를 찾았다. 마침 총관이 시위와 더불어 앉아서 한담을 즐기고 있었다. 지남은 인사를 드리고 임금이 보낸 예단을 전하겠다 말하자 총관은 이렇게 말했다.

"국왕이 주는 예단이지만 일이 끝나면 경원(慶源)에 가서 그때 결정하겠다."

지남이 총관의 말을 접반사에게 전하자 영접례의 소동은 마무리가 되었다.

***

지남은 총관 처소에 들러 내일 구갈파지를 떠나 신갈파진에서 점심을 먹고 나난진에서 숙박을 하기로 일정을 잡았다고 보고했다. 보고를 받은 총관은 신갈파지에서 점심 먹는 것에 대해 이렇게 말했다.

"나는 그대가 말하는 중화(中火)라는 뜻을 이해할 수 없다."

"중화란 해가 중천에 있을 때 불을 땐다는 말인데, 길을 나선 사람이 해가 중천에 있을 때 밥을 해 점심을 먹고, 말들도 역시 죽을 먹인 후에 출발한다는 말입니다."

그 말을 들은 총관이 웃으면서 말하였다.

"그대 나라 관례는 정말 자질구레하다. 우리 대국의 사람과 말은 원래 낮에 따로 밥 먹는 법이 없다. 비록 100리라도 밥 한 번 먹고 가는 거리이다. 이번에 70리를 간다며 도중에 점심을 먹는 것은 조금 지나치니 생략하도록 하는 것이 좋겠다."

"우리나라 사람은 그 관습이 몸에 배어 지나친다면 사람도 말도 모두 지칠 것입니다."

라고 하니 총관은 알아서 하라고 하였다.

아침 8시경, 세 번의 출발 나팔 소리에 시위가 강 양쪽의 지세를 살피기 위하여 10명의 수행원을 데리고 마상선을 타고 먼저 강을 거슬러 올라갔다. 총관 이하 여러 차관들은 육로를 따라 출발하여 장진강(長津江)에 도착했다. 10여 척의 마상선으로 우선 두 나라의 짐들과 수행원들을 실어 건넜다. 지남이 도강(渡江) 담당자인 신갈파지 첨사 이여희에게 강을 건너는

일을 지휘해 달라고 하였더니, 큰소리로 다그치며 분주하게 감독하는 모습을 보고 총관이 매우 흡족해하며,

"저 사람은 자기 책임 하나는 성실히 하는 자로구나."

라고 말했다. 이 첨사 덕분에 모두는 신갈파진에 도착하였다. 사실 그때 점심때가 되었으나 총관이 동헌에서 휴식만 취하고 점심을 먹지 않고 있어 관찰사가 지남으로 하여금 술 한 상을 올려도 되겠는지를 알아보라고 하였다. 지남이 총관을 찾아가자 그는 미리 알고 말도 꺼내지 못하게 하였다. 지남이 미리 준비해 놓은 음식을 버릴 수도 없으니 어찌하면 좋겠냐고 총관에게 반문하였더니 그는 황제 폐하의 뜻이니 더 이상 성가시게 하지 말라고 하였다. 그리하여 조선 사람들은 모두 점심을 굶게 되었다.

총관은 동헌에서 휴식을 취한 뒤 곧바로 말을 불러 신갈파진에서 출발을 시켰다. 한참 산길을 가다 보니 또 깎아지른 절벽에 이르게 되었는데 그 아래로는 큰 계곡물이 마치 강물처럼 흘러 그냥 지날 수가 없었다. 시위가 이곳으로 배를 가지고 와서 총관을 실어 건네주었다. 여러 차관들도 모두 시위의 배를 이용해서 건너갔다. 지남은 어쩔 수 없이 말고삐를 잡고 걸어 내려가 그 물을 건너가는데 물이 목까지 차오르고 발이 땅에 닿지 않아 떠내려가면서 물속에서 허우적거리자 여러 수행원들이 달려들어 간신히 건너게 되었다. 그날 밤 무사히 나난진(羅暖鎭)에 도착하였다. 그리하여 그날은 나난진에서 묵고 다음 날은 인차외진에서 머문 뒤, 5월 4일 아침 혜산진으로 출발했다. 함경도에서 백두산 가는 길은 그곳을 거쳐야 했다.

지남이 총관 일행을 모시고 허천강 가에 이르니 영흥 부사 홍표(洪彪)가 혜산진 첨사와 함께 마중을 나와있었다. 그는 호조참의라는 임시 직함으로 왕명을 받고 문위사로 급히 내려와 있었다. 문위사와 첨사는 총관을 혜

산진으로 안내했다.

지남은 얼마 전 영흥 본궁에서 영흥 부사로서 문위사를 만난 적이 있었다. 그런데 이번에는 문위사로 다시 만나게 되었다. 두 사또와 지남은 문위사를 반갑게 맞이했다. 그날 저녁 지남은 문위사를 은밀히 만났다.

"반갑습니다. 그런데 어깨가 무거우시겠습니다."

하고 지남이 먼저 인사말을 건넸다.

"전하께서 김 수역의 말씀을 많이 하셨네."

"성은이 망극하옵니다. 그런데 문위사는 내일 목 총관을 만나게 될 것인데 그때 어떻게 하든 그의 마음을 얻어야 됩니다."

"마땅히 그렇게 되도록 해야겠지. 그러나 어떻게 해야 할지 그리고 칙사를 대접하는 예법도 잘 모르네."

"그 점은 염려 마십시오. 문위사 별단 예물은 가지고 오셨겠지요?"

"물론이네, 전하께서 압물통사 편에 보낸 선물 외에 큰 선물을 보내셨네."

임금이 큰 선물을 보냈다는 말에 지남은 안도의 숨을 내쉬었다.

"그러면 됐습니다. 그분들을 모시는 규범은 소관이 안내하여 드리겠습니다."

지남은 목 총관의 마음을 사로잡기 위해 문위사에게 사전 밀담을 깊이 나눈 뒤 바로 홍이격을 찾아갔다. 총관의 접견시간을 구하기 위해서였다.

지남이 문위사와 함께 허락받은 시간에 총관 일행은 지난번 구갈파진에서의 영접례 때처럼 한자리에 모여 앉아있었다. 홍이격의 안내로 어첩과 예물 단자를 총관에게 올렸다. 그런데 왜 그런지 모두가 한꺼번에 껄껄거리고 웃었다. 사전에 자기네들끼리 무슨 이야기가 있었는지 알 수는 없지만 지남은 매우 당황했다. 임금의 어첩과 예물을 올리는 데 껄껄거리고 웃는다는 예는 아직까지 한 번도 겪어보지 못한 일이었기 때문이다. 지남은 그들의 웃음이 조선의 왕이 자신들에게 참핵사, 접반사를 보내고 이어서 문위사까지 보내니 강자로서의 환희와 기쁨을 논하고 즐거워하는 게 아닌가 하는 짐작을 했다.

문위사가 붉은 비단 궤짝을 직접 안고 지남의 안내로 조심스럽게 안으로 들어갔다. 허리를 굽힌 채 총관에게로 향한 다음 그 보자기를 총관의 탁자 위에 올려놓고 뒷걸음으로 물러 나왔다. 모두의 시선이 그 붉은 보자기에 집중되었다. 그 겉모습만 보아도 임금이 친히 보낸 것이라는 사실을 알 수 있었다. 그 예물이 무엇인지는 문위사 외에는 아무도 몰랐다. 그 붉은 궤짝 하나로 분위기는 갑자기 엄숙해졌다.

문위사가 제자리로 돌아오자 지남은 총관에게 예를 갖추게 했다. 그 절차는 접반사가 총관을 처음 만났을 때와 같았다. 총관과 시위, 주사에게 각기 한 번씩 절하고 나머지 사람들에게는 허리를 굽혀 읍한 뒤 총관에게 말했다.

"황제 폐하의 명을 받들어 대인께서 이 먼 곳까지 오시느라 노고가 많으셨다는 전하의 위로 말씀이 계셨습니다."

문위사의 전언을 들은 총관은 붉은 비단 궤짝을 탁자 아래로 내려놓았다. 그러자 그 안에서는 금붙이가 서로 맞부딪히는 소리가 났다. 그 소리로 그 안에 무엇이 들었는지는 능히 짐작할 수 있었다.

"국왕이 특별히 문위사를 보내주신 것은 너무나 감사할 일이다. 정해진 규례를 넘는 예단을 보니 특별히 생각해 주시니 나로서도 마음이 매우 흡족하다. 문위사는 돌아가면 국왕께 나의 고마운 마음을 각별하게 전하라."

총관의 이 말이 지남을 매우 안심케 하였다. 그 분위기를 이어가기 위해 임금의 뜻이라며 다과상을 올리겠다고 하니 총관은 그것도 흔쾌히 받아들였다. 비단 궤짝 하나로 모든 게 순조로웠다.

"지금의 다과상은 조선 왕의 뜻이니 거절하는 것이 예가 아니다. 하니 문위사도 참석하도록 하라!"

고 하였다. 다과상이 들어오자 문위사는 술병을 들고 총관에서부터 돌아가며 술잔을 올렸다. 지남은 문위사 옆에 바짝 붙어 술을 따를 때마다 그 양을 조절하였다.

나이 많은 문위사가 술 따르는 것이 자기들도 보기에 민망했던지 총관이 웃으면서 말했다.

"문위사가 나이가 많으니 김 동지! 지금부터는 그대 통관들이 대신해서 잔을 올리도록 하라!"

고 하며 술잔을 채워주면 즉시 받아 마셨다. 총관의 마음이 흡족하니 몇 순배의 술잔이 돌았는지 알 수가 없었다. 그때 총관은 문위사의 노고를 치하하며 말했다.

"지금 우리의 이 행차는 황제 폐하께서 오로지 그대들 나라를 염려하시어서, 피차의 경계를 조사하여 간악한 자들이 국경을 범하는 폐단을 막고자 한 것이다. 우리들은 조선 국왕의 따뜻한 보살핌으로 조선 땅에 들어온 이래로 순조롭게 일을 해나갈 수 있었고, 앞으로 가야 할 길이 많이 남아 있으나 무사히 진행될 것이다. 이러한 뜻을 돌아가 보고하시오. 문위사께서는 나이가 많으시니 몸을 아끼어 잘 돌아가시기를 바라오."

라고 말하고 나서 문위사에게 그림 한 장을 선물로 건네주었다. 총관은 말끝마다 황제가 조선을 염려하여 국경폐단을 막기 위해 자신이 왔다고 하지만 지남은 결코 그 말을 그대로 받아들이지는 않았다. 이것은 배려를 위장한 소리 없는 영토전쟁으로 받아들이고 있었다. 그리하여 문위사가 그의 환심을 사는 것을 중히 여겼던 것이다.

***

뒷날 아침, 홍이격이 찾아와 오늘이 단오절이니 두 나라 사람들에게 잔치를 베풀라고 총관이 하명했다는 것이었다. 평소에 접반사가 제공하는 어떠한 음식도 거절하던 사람이 문위사가 다녀간 뒤로 오히려 거꾸로 잔치를 베풀어 준다고 하니 바뀌어도 너무 바뀌었다고 생각했다.

지남은 이 사실을 접반사에게 알리고 그들이 요구하는 돼지 2마리와 닭 10마리 참기름 3되를 구입하여 보냈다.

그런 뒤 얼마 되지 않아서 홍이격이 돼지 값과 함께 소 3마리를 보내왔다. 지남은 하도 어리둥절하여 그 이유를 물었다. 홍이격은 총관의 명에 따른 것이라고만 했다. 우리가 보낸 돼지는 값을 치러 보내면서 오히려 소를 3마리를 더 얹어 보내니 이걸 받아야 할지 말아야 할지 망설였다. 그렇다고 이를 받지 않고 돌려보낸다면 또 무슨 일이 벌어질지 몰라 접반사는 받기로 했다. 접반사와 관찰사는 수놈 한 마리만 남기고 암소 2마리는 함경도 일대에 젊은 효자를 찾아 분양해 주라고 일렀다.

그날 오후 단양절 행사가 열렸다. 접반사 일행이 연회장에 들어서니 이미 총관과 시위를 제외한 나머지 청의 일행들이 먼저 자리를 잡고 앉아 있었다. 지남은 두 사또를 모시고 들어가 동편에 자리를 잡고 앉았다. 이어서 총관이 시위와 함께 반갑게 웃으며 들어왔다.

"어서 오시오! 사또."

총관이 들어오자 두 사또는 자리에서 일어서서 공손하게 절을 하고 답례를 하였다.

"대인께서 단양절 선물로 소를 3마리나 내려 보내주시고 게다가 이렇게 저희를 초청까지 하여 주시니 그 고마움을 뭐라 드릴 말씀이 없습니다."

"이 단양절은 우리도 매우 소중하게 여기는 명절이라 그냥 넘기기는 서운하니 같이 고생하는 입장이니 함께 술이라도 한잔하자는 뜻인데 고마워할 게 뭐가 있겠소."

그는 엊그제와는 달리 접반사에게 존칭을 쓰며 말했다. 지남은 옆에서 통역을 하며 분위기가 한결 부드러워졌다고 느꼈다.

목 총관이 중국의 단양절에 관한 이야기를 꺼내기 시작했다.

"우리 쪽에서는 이 단양절을 아주 큰 명절로 생각합니다. 이는 본래 초나라 회왕 때 좌상 굴원(屈原)이 간신들의 모함을 받아 자신의 지조를 밝히기 위해 멱라수에 투신자살을 했는데, 그날이 바로 오늘 즉 5월 5일입니다. 그 뒤 해마다 굴원의 영혼을 위로하기 위해 많은 사람들이 제사를 지냈는데 세월이 흐르면서 단순한 제사의 수준을 넘어 여러 가지 행사들이 열려 주요한 명절로 발전했습니다. 아마 그 풍습이 조선에도 전해진 것으로 알고 있는데 조선에서는 단오절을 어떻게 보내시오?"

그러자 접반사가 우리나라의 단오절 세시 풍속을 몇 가지 설명하기 시작했다.

"단오절이 대국에서 전해지기는 했지만 오히려 우리나라에서 더 성행을 하는 것 같습니다.

조선의 여자들은 평소에 외부 출입을 삼가하지만 이날만은 너그러이 받아주고 있습니다. 지역마다 다르기는 하지만 여자들이 창포를 달인 물에 머리를 감고 특히 처녀들의 그네뛰기가 유행합니다. 고운 비단 치마저고리를 입고 그네를 타면 마치 선녀가 하늘에 구름을 타고 노는 듯하여 보기에도 매우 아름답습니다."

"접반사의 이야기를 듣고 보니 단양절은 중국에서 시작해서 조선에서 꽃을 피운 것 같구먼."

하고 총관이 말했다. 그러자 이 관찰사도 자기 고장의 풍속을 소개하겠다고 나섰다.

"우리 고장에는 '대추나무 시집보내기' 풍습이 있습니다."

"나무를 시집보내요?"

하면서 시위가 관찰사의 얼굴을 빤히 쳐다보며 물었다.

"예, 그렇습죠. 5월 단오에 대추나무 가지에 굵은 돌을 끼워주면 그해에 대추가 많이 열린다고 하여 이 풍습은 널리 퍼져있습니다. 특히 검고 굵은 돌을 끼워주면 대추나무가 아주 튼튼한 열매를 많이 맺습니다."

그러자 총관이 조선 풍습이 더 재미가 있다며 껄껄대고 웃었다.

그러자 이번에는 포 시위가 단오부적(端午符籍) 이야기를 꺼냈다.

"중국에는 이날이 되면 또 다른 풍습으로 단오부적 붙이기가 있습니다. 5월 초닷새는 1년 중 양기가 가장 왕성한 날이라 이날 부적을 쓰면 한 해가 순조롭고, 모든 액운과 잡기가 물러간다 하여 단오부적 풍습이 지금도 아주 성행하고 있습니다."

그러자 이 관찰사가 조선에도 그 풍습이 있다고 소개를 했다.

"그렇군요. 그 풍습이 언제부터 어디서 전해져 내려왔는지는 모르지만, 우리나라에도 그런 풍습이 있습니다. 특히 관상감이 부적을 그려 궁중에 바치는 천중부적(天中符籍) 풍습은 우리나라에도 마찬가지입니다."

라고 하자 지남이 우리 일행 중에 부적을 그리는 사람이 있다고 했다.

"지금 소관의 수하 중에 부적을 잘 그리는 사람이 있습니다."

라고 하자

"김 동지, 그 사람을 부를 수 있으면 어디 한번 불러보게."

라고 요청하여 지남이 병이를 연회장에 불렀다. 연회장에 불려온 병이와 엉마이는 방에 들어서자 총관 일행에게 큰절을 올리며 예를 갖추었다.

병이의 행색을 본 이격이 물었다.

"행색을 보니 노비 같은데 부적을 그린단 말이오?"

"겉 보고 사람은 모르는 법이오, 비록 신분은 하인이지만 『주역』에도 능합니다."

병이가 『주역』에도 능하다는 지남의 말을 듣고 정작 놀란 사람은 총관이었다. 총관 자신이 황제의 명을 받은 칙사이기는 하지만 자신도 말 타고 싸움이나 잘하지 글에는 재주가 없기 때문에 아주 의외라는 표정을 지으며 말했다.

"김 동지의 말이 옳다. 어찌 사람을 겉모습으로 판단할 수 있단 말인가? 그런데 저 사람의 신분이 무엇인가?"

"이 사람의 신분은 예조의 하인에 불과합니다. 그러나 저자의 학문과 행실은 선비에 버금갑니다."

"학문은 어느 분야인고?"

"특히 6효에 능합니다."

"그래!? 그것 잘되었구먼, 그러면 금년 내 운세나 한번 보자."

단오부적을 작성하려 왔다가 6효 점을 봐주게 되었다.

지남은 자기 자리에 병이를 앉히고 자신은 옆으로 물러났다.

모두의 눈은 병이에게 집중되었다. 총관은 병이가 어느 정도인지 궁금해하는 모습으로 병이의 일거수를 바라보고 있었다. 병이는 몸가짐을 바로 하고 탁자 위에 동전 주머니를 총관 앞으로 내밀었다. 지남이 총관에게 말했다.

"대인께서 이 주머니에 동전을 여섯 번 꺼내야 하는데 어찌하시겠습니까?"

하고 물었다.

그러자 총관은 병이에게 대신 괘를 뽑도록 하였다. 6효는 때에 따라서는 역학자가 대신 뽑아도 상관은 없었다. 병이가 총관의 명에 따라 엄숙하게 처음 세 차례의 엽전을 꺼내 소성괘를 만들고 다음 세 번을 뽑으니 지의 괘가 나왔다. 병이는 한마디의 말도 없이 화선지 위에 대성괘를 만드니 지천태(地天泰)를 그렸다.

병이는 괘를 뽑고 나서 총관의 얼굴을 쳐다보았다. 소국의 관노가 감히 대국의 칙사의 용안을 바라본다는 것은 도저히 상상도 할 수 없는 일이었다. 그러나 병이는 일말의 불안감도 없이 담담하게 총관을 바라보며 말했다.

"대인의 괘상은 '지천태'로, 땅 아래 하늘이 있어 지기와 천기가 서로 교합하여 만물이 생성하고 아래와 위가 서로 화합하여 그 뜻이 하나로 이루어질 괘입니다."

라고 하고는 병이가 고개를 숙여 인사를 다시 한번 올렸다. 그러자 총관은 그 말뜻이 무엇인지 잘 모르겠다고 쉽게 풀이를 해달라고 하자 병이는 다시 말했다.

"이 괘에서 본다면 대인의 금년 운세는 64괘 중 지고선(至高善)의 괘로 작은 난관들을 거치고 나면 대의와 명분에 걸맞은 대역사를 이룰 괘입니다."

그 말을 듣고 있던 시위와 주사, 그리고 홍 이격이 총관이 "대역사를 이룬다."는 말에 박수를 치자 총관도 매우 기뻐하며 축하하는 의미로 다 같이 술을 마시자며 연거푸 술잔을 들이켰다. 단오절의 연회는 모두의 즐거움으로 끝이 났다.

10.

청은 신라에서 나왔다

(淸出於羅)

백두산이 점점 다가오자 총관도 이번 일이 신경이 쓰이는 모양이었다. 아침 식사 후 지남을 불렀다,

"나는 이번에 양국의 변경을 조사하러 왔다. 그런데 사실 장백산 일대는 알지도 못하고 명을 받은 것도 없어 걱정이 크다. 비록 하늘로 솟고 땅속으로 간다 해도 우리는 그대들의 안내에 따를 수밖에 없다. 그러니 지금 변경(邊境)에 대해 자네가 구체적으로 설명해 줄 수 있는가?"

지남은 이 순간이 올 것을 미리 알고 있었다. 지난해 왔을 때도 그는 아는 게 없었기 때문에 다시 온다 해도 자신에게 물어볼 수밖에 없다는 사실을 알고 있었기 때문이었다. 총관은 먼저 지남에게 따뜻한 차를 대접하였다. 그러면서 은근히 지남에게 의지하는 듯한 모습을 보였다. 지남은 이 순간을 마다할 이유도 없고 오히려 좋은 기회라고 생각했다. 지남은 마음속에 새기고 있던 변계에 대한 소신을 동대파수에 이어 또다시 말하기 시작했다.

"총관께서도 잘 아시다시피 조선과 청은 역사적으로 신라의 한 뿌리에서 나왔습니다. 그런 사실은 여러 사서에 기록되어 있어 부인할 수도 없습니다. 금과 후금, 청은 중국 한족(漢族)의 역사가 아닙니다. 신라, 고려로 이어지는 조선의 역사와 같은 뿌리입니다."

총관과 시위는 그 말을 듣고만 있는데 악 주사가 말을 가로막고 나섰다.

"우리 대 청국이 조선과 같은 뿌리라고?"

그러자 총관이 주사를 제지했다.

"모르면 듣고 있어. 그건 이미 널리 알려진 역사적 사실이야."

"아니, 우리 대 청이 저 조그마한 조선과 같은 뿌리라니 그게 말이 됩니까."

주사는 총관에 언성을 높이며 흥분하는 듯했다.

"주사 대인, 남이 말할 때 자꾸 끼어드는 버릇이 있습니다. 끝까지 한번 들어보시면 안 되겠습니까?"

하고 지남이 다시 말을 이었다.

"청은 후금에서 이어졌고 후금은 금에서 내려왔는데 금의 시조는 신라 왕족 김함보입니다."

"아니, 그게 무슨 망발인가?"

하고 악 주사가 악을 썼다. 그러자 이번에는 시위가 나서 물었다.

"청은 후금에서, 후금은 금에서 내려온 것은 맞소. 그런데 금의 시조가 신라인이라는 기록이 어디에 있습니까?"

그러자 지남은 자기가 알고 있는 여진 즉 청의 뿌리에 관한 역사를 일일이 사서를 들어가며 말하기 시작했다.

"그 기록은 『금사(金史)』, 『요사(遼史)』, 『송막기문(松漠紀聞)』 등 여러 사서에 기록되어 있습니다. 예를 들면, 송나라 『신록기(神麓記)』에는 여진의 시조 긍보(함보)가 신라에서 왔다고 했고(女眞始祖揹浦出 여진시조긍보출 自新羅奔至阿觸胡無所歸 자신라분지아촉호무소귀),

『금사』에는 그가 고려에서 나왔을 때는 나이가 이미 60세였다(金之始祖 금지시조 謂函普 위함보 初從高麗來 초종고려래, 年已六十余矣 년이육십여의)고 기록되어 있으며,

남송의 사서인 『송막기문』에도 여진의 추장은 신라인이며 완안씨라 불렀다고 기록되어 있습니다(女眞酋長乃新羅人 여진추장내신라인 號完顔氏 호완안씨). 그 외에 많은 사서들에도 이런 기록이 있지만 이 자리에서 소관이 어찌 다 이르겠습니까? 다툼이 있을 수 없는 역사적 사실은 원(元)나라는

몽고족의 역사이고, 청은 여진, 만주의 역사입니다. 신라가 망한 후 신라를 부흥하고자 하는 세력들이 본래의 자리에서 뜻을 이루지 못하자 북만주 땅으로 와서 세운 나라가 금나라이고 금은 후금과 청으로 이어졌으니 후신라(後新羅)인들의 역사라고 할 것입니다. 이것은 우리 조선의 주장이 아닙니다. 수백 년 전부터 대국의 황실에서 내려오는 사서들의 기록입니다."

지남이 이 사실은 조선의 주장이 아니라 중국 황실에서 내려오는 사서의 기록이라는 말에 더 이상 반박을 하지 못하고 인정하기 싫지만 어쩔 수가 없었다.

그때 포 시위가 다시 말했다.

"그렇다면 우리와 조선의 경계도 지을 필요가 없는 게 아닌가."

"결국 청은 신라에서 나왔고(淸出於羅), 신라를 뛰어넘었으니 그 또한 청출어라(淸出於羅)입니다. 그러나 왕조의 원류가 같다고 해서 같은 나라는 아닙니다. 형제도 각자의 나라를 세울 수 있습니다. 그러니 경계는 지어야지요."

그 말을 듣고 있던 총관이 파안대소를 하였다.

"청출어라(淸出於羅)라! 재미있는 표현이구먼. 그건 그렇고 지금 양국의 경계는 어디인가?"

라고 하며 일전에도 물었던 말을 다시 지남에게 물었다. 아무래도 그것이 가장 궁금했던 모양이었다.

"지금 총관께서 경계를 지으시려고 하는 백두산을 포함한 북만주 일대는 본래 고조선과 고구려 발해로 이어지는 우리의 땅이었습니다. 그러나 발해조가 망하고 고려와 조선으로 왕조가 바뀌는 과정에서 그 강역을 이어받지 못한 채 오늘에 이르고 있습니다. 굳이 대국과의 관계에 관해 말씀을 올리자면, 두 나라 사이에 국경합의가 이루어진 것은 1627년 강도회맹

이 처음이었습니다. 그때 각전봉강(各全封疆)이라 하여 국경을 정하기는 한 것 같으나 구체적으로 그 경계를 알 수가 없습니다. 그러나 대국의 구체적인 국경은 1638년 호부(戶部)의 기록에 잘 나타나 있습니다. 대국의 태종께서 국경선으로 방압공사(防壓工事)를 실시한 요동-봉황성(鳳凰城)-왕청변문(旺淸邊門)으로 잇는 그 안쪽이 대국의 강역이고, 그 선 밖은 본래 선대로부터 물려받은 조선의 땅이었습니다."

그러자 총관이 지남에게 다시 물었다.

"그게 왜 조선의 땅인가? 조선의 변계는 압록강과 두만강으로 한다고 『태조실록』에 기록되어 있다고 들었다."라고 하며 지난번 동대파수에서 물었던 말을 되풀이했다.

"그 경계는 백성들의 안전을 위한 치안선(治安線)에 불과하며 실제 군사력이 미치는 국경선은 아니옵니다. 외람되지만 소관이 대인께 한번 여쭤봐도 되겠습니까?"

하고 이번에는 지남이 목 총관에게 질문을 하겠다고 하였다.

"이번에 총관께서 이곳에 오실 때 대국의 관리와 군사들이 마지막으로 지키고 있는 곳이 어디였습니까?"

"봉황성의 책문이었다."

"그렇습니다. 소관도 수년간 사행길을 다니며 보아왔지만 대국의 관리와 군사들이 지키고 세금을 받는 곳은 압록강이 아니라 봉황성 책문이었습니다."

조선과 중국의 서북쪽 국경은 압록강이 아니라 실제적으로 봉황성이란 것을 확신시키자 그쪽에 대해서는 더 이상 반박을 하지 않았다.

"그러면 동북쪽은 어떤가?"

"대국 호부의 기록상 그쪽의 국경선은 왕청변문이라고 되어있고, 그곳은 고려 예종조 때 윤관(尹瓘) 대원수께서 회복한 선춘령(先春領)과 거의 맞닿아 있습니다.”

그러자 시위가 다시 물었다.

“국경은 대개 큰 산이나 강을 기준을 하고 있다. 그러면 장백산에서 선춘령 쪽으로 흐르는 강이 있어야 할 것이 아닌가?”

“그 강이 바로 토문강(土門江)입니다. 그렇기 때문에 호부의 자문에도 ‘토문’으로 명시가 된 것으로 알고 있습니다. 그런데도 토문이 아닌 다른 곳을 기준으로 삼으신다면 그 처사는 자칫 황명의 거역이 될 수도 있을 것입니다.”

지남이 토문을 벗어나면 그것은 ‘황명의 거역’이 될 수도 있다는 말에 그들은 서로를 바라보며 바짝 긴장하는 모습이었다.

지남의 말은 충분히 설득력이 있었다. 목 총관은 내심을 정리한 듯 고개를 끄덕거렸다. 그렇다. 호부에서 지정한 대로 가면 아무런 문제가 없을 것인데 공명심이 앞서 눈에 보이지도 않는 곳을 기준으로 했다가 변을 당할 필요는 없는 일이었다.

총관은 백두산 일대의 지형에 관한 설명을 들은 뒤 길 안내인을 불러오라고 하였다.

11.

백두산정계비의 진실

지남은 돌아와 두 사또에게 이제까지 있었던 이야기를 상세하게 아뢰었다. 그리고 백두산을 안내할 사람을 부른다고 하자 관찰사는 대기시켜 두었던 안내인을 데려오게 했다. 그는 나이는 오십 후반으로 이름은 김애순이었다. 산 사람답게 아주 건강해 보였다. 옷은 조선의 하얀 바지저고리를 입고 머리에는 하얀 수건을 동여매고 있었다. 그는 여러 심마니 중 가장 경험도 많고 산을 잘 탄다 하여 혜산진에서 선발한 사람이라고 소개했다.

"백두산을 몇 번이나 다녀왔는가?"

하고 접반사가 물었다.

"먹고사는 일이라 산은 매일 가지만 꼭대기까지는 여남은 번밖에 못 가봤습니다요."

하면서 그의 목소리가 약간 떨리고 있었다.

백두산에서 산삼 채취는 엄격히 금지되어 있었다. 그렇다고 생업을 포기할 수는 없어 늘 숨어다녔고 거기서 오는 불안감 때문에 떨고 있었다. 김애순은 조금 전 들어올 때 뒷간을 다녀왔는데 금세 또 오줌이 마렵다고 했다. 접반사는 지남에게 그가 겁먹지 않도록 잘 대해주라고 당부했다.

그날 오후 지남은 애순을 데리고 가면서 철저히 안심시키고, 예에 따라 총관부터 큰절을 올리는 법을 가르쳤다. 애순을 데리고 들어가자 총관 일행은 모두 다 애순을 관심 있게 쳐다보았다. 인사가 끝나자 총관이 말했다.

"아니 산에 인삼 도둑질하러 다니는 놈이 옷이 어떻게 저렇게 깨끗해?"

"대인에 대한 예의입니다."

라고 지남이 설명했다. 애순은 총관의 말에 겁을 먹고 심하게 몸을 떨었다. 지남은 총관에게 말했다.

"대인님, 지금 이 자가 너무 겁을 먹고 몸을 가누지 못하고 있습니다. 하오니 좀 관대하게 대해주었으면 합니다."

"김 동지 말뜻을 알겠다. 네가 이전에 국경을 넘은 죄를 범했다고 하더라도 그 죄를 묻지 않겠다. 그 대신 우리가 장백산을 갈 수 있는 길이 있으면 조금도 숨기지 말고 확실히 설명하라."

월경의 죄를 벌하지 않겠다는 총관의 말을 듣고 애순은 천지로 가는 길을 설명하기 시작했다.

"압록강의 근원은 산 정상의 큰 호수에서 나옵니다. 물을 따라 올라가다가 말을 버리고 걸어가면, 한덕립지당(韓德立支堂)에 닿습니다. 거기에서 산꼭대기까지는 길이 너무 험해서 기어오르다시피 해야 겨우 갈 수 있습니다."

"조선 쪽에서 가는 길이 그토록 험하다면 건너편이나 다른 쪽에서 다닐 만한 길이 있느냐?"

"그것은 모르겠습니다."

"저자가 어찌 그걸 모르겠느냐. 지금 거짓말을 하고 있다. 그리고 장백산 꼭대기에 몇 번을 가보았느냐?"

"여남은 번 가보았습니다."

"그곳은 어떠하냐?"

"큰 못이 있습니다."

"나라의 경계 표시가 있느냐?"

"없습니다."

"가는 길은?"

"너무 험해 보통사람은 그냥 갈 수는 없습니다."

총관과 애순의 숨 가쁜 즉문즉답에 지남이 끼어들었다.

"소관이 듣기에도 너무 험해 대인께서 가시기는 매우 위험합니다. 그러니 화공으로 하여금 그림을 그려오게 하면 되지 않겠습니까?"

"황제 폐하의 명령에 따른 것이다. 길이 험해 다리를 싸매고 가게 되더라도 가서 보아야만 한다. 그리고 내일 바로 출발하겠다. 너희 나라는 갈 사람이 몇이나 되는지 이름을 써서 가져오라."

고 하였다.

"우리나라는 어느 한 사람인들 빠질 사람이 없습니다. 그리고 지금 비도 개지 않았는데 어찌 그렇게 급히 가려 하십니까?"

라고 지남이 말하니 총관이 웃으면서 말했다.

"우리들은 모두 산길에 익숙하기 때문에 걸어가는 일을 피하지 않는다. 그러나 그대 나라 대인들이 어찌 걸어갈 수 있겠는가? 나는 그들이 불가능함을 알고 있다. 출발은 날이 개기를 기다렸다가 할 것이다."

그러는 사이 날이 저물어 지남은 애순을 데리고 나왔다. 그길로 두 사또에게 이제까지 과정을 모두 아뢰었다. 그날 밤도 비는 계속 내리고 있었다.

***

5월 7일 아침, 밤새 내리던 비가 아침이 되어도 비가 그치지 않았다. 지남은 문안차 총관의 처소에 들렀다. 문안인사를 올리니 갈 사람이 정해졌느냐 물었다. 우리들은 임금의 명을 받고 왔으므로 빠질 사람은 아무도 없다고 말했다. 그러자 그는 아랑곳하지 않고 자기의 의중을 말했다.

"시위 대인과 주사·장경·차통관은 여기서 장백산을 가지 않고 아랫길을 따라 무산(茂山)으로 향할 것이니 그대 접반사와 관찰사는 시위를 따라서 가도록 하라. 나는 필첩식·대통관과 더불어 수행원 20명을 이끌고 강을 따라 올라가 장백산을 살펴보고 이어서 두만강 원류를 본 다음 동쪽으로 내려올 것이다. 그대 나라는 따라갈 수 있는 인원과 부마(夫馬)의 총수를 빨리 결정하도록 하라."

고 하였다. 지남은 돌아와 이러한 사실을 접반사에게 알렸다. 두 사또는 망발이라며 펄쩍 뛰었다. 지남은 그 뜻을 전했지만 총관도 자기 뜻을 굽히지 않았다.

"조선의 두 사또는 절대로 못 올라갈 것을 알고 있다. 가다가 중간에 돌아오게 된다면 낭패가 아닌가. 애초에 함께 가지 않는 것이 옳은 일이다."

지남은 이 말을 접반사에게 다시 전했다. 접반사는 더 이상 자기주장을 펴는 것은 의미가 없다고 판단하고 백두산에 올라갈 사람의 명단을 작성하려고 했다. 그러자 지남은 그렇게 하시지 말고 목 총관을 직접 한번 만나보라고 권했다. 지남의 말대로 접반사와 관찰사는 총관을 직접 찾아갔다.

"총관 대인, 나라의 강역을 정하는 일은 두 나라의 합의입니다. 어찌 조선의 대표인 본관을 빼고 대인 혼자서 정계를 하려 하십니까?"

"접반사의 그 말은 맞소, 그러나 당신들은 가마나 말이 없으며 한 발짝도 가지 못하는 사람들이 어찌 그 험한 산을 오른단 말이오? 말 같지도 않은 말은 하지 마시오."

"절대 안 됩니다. 우리는 어명을 받고 온 조선의 대표입니다. 정계의 현장이 하늘 끝이라도 갈 것입니다."

그러자 총관의 언성이 높아졌다.

"무슨 헛소리를 하는 겐가? 어째서 당신 두 사람만 조선의 대표인가? 내가 생각하기엔 여기에 온 사람들은 전부가 왕명을 받은 조선의 대표라고 생각한다. 그리고 당신들 같은 늙은이가 어떻게 그곳을 간단 말인가? 말 같지도 않은 소리를 그만하고 당장 돌아가!"

라고 하며 총관이 두 소매를 털고 일어나 나가버렸다. 두 사또는 숙소로 돌아와 대책을 논의했다.

"이 관찰사, 이 일을 어찌하면 좋겠소?"

"어찌 황명을 받고 왔다는 사람이 저렇게 황당한 소릴 하는지 도무지 알 수가 없네요. 대체 총관의 저의를 알 수가 없네요."

"어찌 되었든 간에 내일 다시 가서 우리의 의사를 관철시킵시다. 이대로는 결코 물러설 수 없는 일이 아니오."

그리하여 다음 날 아침 두 사또는 지남과 함께 총관을 다시 찾아갔다. 저쪽에선 홍이격이 나와서 두 사또가 온 이유를 물었다. 총관을 만나러 왔다고 말하자 구체적 이유를 말하라는 것이었다.

"통관은 통역만 해주면 되는 게 아니요? 왜 통관이 구체적 이유를 묻는 겐가?"

그 말을 들은 홍이격은 쑥스러운 표정을 짓고 돌아서 가더니 총관이 만나주지 않겠다고 전했다. 그러자 두 사또도 물러서지 않았다. 막사 밖에서 총관이 나오기를 기다리며 한나절을 보냈다. 그러자 총관은 말을 타고 밖으로 나가버렸다.

상황이 이렇게 되니 접반사도 어쩔 수 없이 숙소로 돌아왔다. 그때부터 접반사는 조선의 대표자 격인 자신과 이 관찰사를 제외한 나머지 사람들로 명단을 짜서 지남에게 주어 보냈다.

그 명단은 다음과 같았다. 도차사원인 삼수부사 장세익, 부마차사원(夫馬差使員) 거산찰방 허량, 접반사의 군관 이의복, 관찰사의 군관 조태상, 수석통역관 김지남, 부통역관 김응헌·김경문과 잡무담당 장교 3인, 길 안내인 3명, 나무를 베며 길을 만들 인부 10명과 그 외에 역졸 등등이었다. 지남은 그 명단을 총관에게 전달했다.

총관은 명단을 유심히 바라보더니 그중에서 삼수부사 장세익과 김지남의 이름을 또 삭제하면서 말했다.

"이 두 사람도 나이가 많으니 어찌 걸을 수 있겠는가?"

자신의 이름에 줄을 긋는 것을 본 지남은 총관에게 간곡하게 부탁했다.

"제가 비록 나이가 많고 몸이 약하지만 이미 왕명을 받은 몸이고, 또 대인의 큰 은혜를 입은 사람이니, 정으로 보나 의리로 보나 대열에서 빠지는 것은 부당합니다. 비록 산골짜기에서 자빠지고 넘어지더라도 오로지 모시고 따라가서 작은 성의나마 다하고자 합니다."

그러자 총관이 웃으며 말했다.

"내가 자네를 싫어해서 그런 것이 아니네. 노인의 몸으로 만약 병이라도 나면 차마 버리고 갈 수 없지 않은가? 중도에서 돌아올 수도 없으니 어찌 곤란한 일이 아니겠는가? 그 대신 아들 경문이 충분히 자네의 임무를 다 할 것이니 그대는 아무쪼록 마음을 놓도록 하게."

총관이 웃으면서 그렇게 말하는데 지남도 어쩔 수가 없었다.

지남은 시위가 주는 그쪽 명단을 받아 들고 돌아왔다. 양쪽의 부마의 수를 헤아리니, 저들 일행은 총관부터 수행인까지 모두 23명에, 마두(馬頭, 마부의 우두머리), 마부(馬夫)를 합쳐 41명, 짐말과 사람이 탈 말들이 38필이었다. 우리 측 인원은 차원 이하 관인 총 6명에, 장교와 길을 만들 인부까지 포함해서 총 16명, 마부·마두 47명, 짐 실을 말과 사람이 탈 말이 41필이었다. 그러므로 양측의 총인원은 133인에 말이 79필이었다.

이렇게 해서 조선의 대표는 '백두산정계비' 설치에 참여하지 못하게 되었던 것이다.

***

그날 저녁, 지남은 자신이 따라갈 수 없게 되자 아들 경문과 김애순을 급히 불렀다.

"아버님, 소식은 다 들었습니다."

"이게 보통 심각한 문제가 아니다. 두 사또를 못 가게 하는 것은 자기들 의도대로 하겠다는 뜻이다."

"연안의 우리 백성들을 위한 조사인데 뭘 그리 심각하게 받아들입니까?"

"겉으로는 그렇게 말하지만 그 속셈은 그게 아니다. 저 사람들은 '주과발상 백산흑수(朱果發祥 白山黑水)'를 주문처럼 외우고 다닌다."

"그게 무슨 뜻입니까?"

"주과발상이란 여진족 시조의 탄생신화이고 백산흑수란 그 시조가 백두산과 흑룡강에서 나라를 세웠다고 하는 뜻이야. 그래서 그들은 백두산 일대를 자기들의 발상지로 믿고 그곳을 노리고 있다. 그리고 지금 청의 강희제는 이미 4년 전부터 서양의 선교사들을 데려다 「황여전람도」를 제작하고 있다. 이번에 목 총관이 온 것은 조선의 백성을 위해 변계를 조사한다고 하지만 그것은 핑계이고 실제는 동북지역의 변계를 조사하여 그 지도를 완성하려는 목적이다. 그러니 네가 명심할 일은 정계비를 세울 때 동쪽의 국경선을 두만강이 아닌 토문강을 삼도록 하는 일이다."

"저들이 과연 그 말을 들어주겠습니까."

"자기들 스스로가 자문에서 '토문강'으로 지정하여 왔지 않느냐? 우리는 그 점을 역이용하여야 할 것이다."

"그래도 끝까지 안 된다고 우기면 그때는요?"

"그때는 '황명거역'을 들고나오너라. 저들은 '황명' 하면 깜빡 죽는 사람들이니까."

"네, 명심하겠습니다."

그러자 애순이 자기 할 일을 물었다.

"수역님, 소인은 어찌하면 됩니까요?"

"너는 두만강 원류를 본 적이 있느냐?"

"백두산에는 압록강과 토문강으로 흐르는 물줄기는 있어도 두만강 물줄기는 없습니다."

"바로 그것이야. 그들이 없는 물줄기를 찾아 헤매도록 내버려두면 될 것이다."

"네, 수역님, 무슨 말뜻인지 충분히 알겠습니다요."

지남은 그들에게 말했다.

"이것은 피를 흘리지 않고 나라의 옛 땅을 회복하는 전쟁임을 명심하라!"

그렇게 단단히 일러서 둘을 돌려보냈다.

***

5월 7일 아침, 총관이 지남을 또 불렀다. 이제까지 자기들이 타고 왔던 마상선 10척이 필요 없게 되었으니 그것을 강변에 사는 사람들에게 나눠주라고 하였다. 배가 10척이나 되니 지남은 얼른 접반사에게 보고를 했다.

"배가 10척이라면 전하께 품의하여 거행해야 할 것 같다."

라고 하면서 혜산 첨사로 하여금 일단 배를 받아놓으라고 했다. 그리고는 즉시 한양에 품의를 올리게 했다. 당시 압록강과 두만강 연안에 거주하는 백성들은 강을 넘나드는 것은 엄격히 금지되어 있어 그 배의 처분도 접반사 임의로 할 수 없었다.

잠시 뒤, 총관 일행이 혜산진(惠山鎭)을 떠나겠다고 했다. 그들은 오시천

(五是川)을 건너 백덕령(百德嶺)을 넘어갈 것인데 거기서부터는 이번 행차를 위해 새로 닦은 길이었다. 두 사또는 백두산과 허항령 갈림길인 곤장우(棍杖隅)까지는 배웅할 계획을 가지고 있었다.

백덕령 입구에 들어서니 숲은 원시림 그 자체였다. 잣나무와 삼나무가 얼마나 빽빽한지 마치 길을 가로막기 위해 심어놓은 나무들 같았다. 인부들이 닦아놓았다는 길은 겨우 수목 몇 그루를 베어내어 남은 나뭇등걸과 뿌리가 땅 위로 마치 마름쇠를 깔아놓은 것 같이 솟아있었다. 더구나 비가 온 뒤라 진창이 극심하여 밟으면 푹푹 빠져드는 바람에 사람과 말이 발을 들여놓기가 여간 상그러운 게 아니었다.

그런 길을 뚫고 오후 늦게 검천(劍川)에 도착하니 갑산 부사 유구징이 물가에 임시 숙소를 지어놓고 기다리고 있었다. 숙소에 머물면서 접반사는 지남을 불렀다. 자신이 어명을 받고 여기까지 왔는데 어찌 백두산에 가지 않고 이곳에 결코 남을 수 있겠느냐고 총관을 한 번 더 설득해 보라고 했다. 지남은 먼저 홍이격을 찾아가 접반사의 말을 전했다. 그러자 그는 말로만 하지 말고 문서로 해서 가져오라고 했다. 그길로 두 사또는 총관에게 장문의 마지막 청원서를 또 작성했다.

> 조선국 접반사 의정부 우참찬 박권과 함경도 관찰사 이선부는 삼가 재배하며 흠차대인 오라 총독 귀하께 말씀드립니다. 엎드려 생각건대 대인께서는 공순히 황제 폐하의 명을 받들어 욕되이 먼 나라까지 오셔서 직접 산천을 다니면서 온갖 고난을 겪으면서도 뜻을 더욱 굳세게 하여 용감히 나아가고 나태하지 않아 그 최선을 다하는 의리와 충성이 사람들로 하여금 존경심을 일으키고 감탄을 자아내게 합니다. 저희들은 외

람되게도 접반사의 직책을 맡아 황제의 사신을 안내하면서, 성의와 진심을 다해 우리 임금께서 존경하시는 뜻을 실현코자 하지 않음이 없습니다. 그러나 (우리) 변경의 군읍은 물자가 넉넉지 못하여 접대하는 예우가 제대로 모양을 갖추지 못하니, 자나 깨나 두려워하며 오직 손님들을 접대함에 어그러짐이 있을까 이에 걱정하고 있었습니다. 그런데 뜻밖에도 귀하께서 곡진히 돌보아 주셔서, 모든 예우와 비용을 절약하고 줄이시고, 음식물을 모두 가져오신 물자로 충당하고 티끌만큼도 우리나라에 폐를 끼치지 않으시니, 감축한 나머지 부끄럽기가 그지없습니다.

듣건대 귀하께서 두 강의 발원지를 살피기 위하여 장차 장백산 꼭대기로 행차하신다 하니, 저희들은 이 점에 대하여 지극히 우려를 금할 수 없습니다. 대체로 산 정상의 큰 못의 물이 흘러넘쳐서 서쪽으로 내려온 것이 압록강 상류가 되는데, 산 아래에서부터 정상에 이르기까지는 그 거리가 수백 리가 되고, 모두가 깎아지른 절벽을 이루고 있습니다. 그 절벽과 깊은 골짜기에는 사냥꾼들도 겨우 붙잡고 올라가거나 구멍을 뚫고 지나가는데, 험하기로 유명한 촉나라(중국 사천성)의 산길이라도 그 험난함을 비유할 수 없습니다. 지금 귀하께서 천금같이 귀하신 몸으로 예측할 수 없는 곳을 가벼이 건너가시다가, 비록 신명의 보호하심이 있더라도 혹시 길에서 쓰러지는 사고라도 난다면 이는 저희들이 참으로 걱정하는 일입니다.

저희들이 생각건대, 이번 양국의 국경을 살펴보는 일은 실로 황제께서 우리나라를 진념하시는 데에서 나온 것이나 간사한 백성들이 국경을 넘어 문제를 일으키는 폐단을 막으려는 것이므로, 대인께서 반드시 몸소 살펴보시려는 것은 또한 직분상 당연한 일입니다. 다만 산길이 험하기가 이와 같으니 귀한 몸으로 거동하심은 너무나 어려운 일입니다. 나라에서 부여한 사명을 실천하려는 성의는 비록 절실하지만, 위험을 경계하는 것도 또한 큰 문제이므로 귀하께서는 이 점에 대하여 깊이 생각하여 신중이 처신하는 도리가 없겠습니까?

한 가지 말씀드릴 일이 있는바, 지극히 외람되어 죄를 피할 수가 없기는 하지만, 너그러우심을 믿고 감히 말씀드립니다. 지금 귀하의 행차에는 다만 필첩식과 대통관 각 1명씩과 갑군 20명만을 대동하고 계신데, 그 간소함이 가히 지극하다고 하겠습니다. 그러나 사람이 타고 양식을 운반하는 말이 모두 38필인데 모두 마부들이 있으며, 우리나라 관원들로 함께 가는 사람도 또한 5, 6명이나 되고, 각기 말을 타고 말을 끄는 사람과 길 안내인 및 길 닦는 인부들을 합하여 계산하면, 그 수가 대략 70여 명이 됩니다. 그런데 사람마다 각기 15일 치의 양식을 가지고 가게 되면 길은 험하고 말은 약하여 무겁게 실을 수 없고, 만약 말이 나아가지 못하게 되면 사람들이 짊어지고 가야 하는데, 이러할 경우 마땅히 데리고 가야 할 말은 80여 필이요, 사람은 130여 명입니다. 장백산이 높고 크기로는 해내(海內)에서도 으뜸입니다. 비록 한여름에도 얼음과 눈이 녹지 않으니 하물며 지금 비가 여러 날 퍼부어 이미 장마의 조짐이 있습니다. 만약 산골짜기에서 졸지에 맹렬한 바람과 큰비를 만나게 되면, 허다한 사람과 가축이 죽고 부상하는 환난을 면치 못할 것입니다.

생각건대, 귀하께서는 연로를 지나오면서 인자하신 명성을 널리 알리시었습니다. 오로지 한 가지라도 폐단을 끼칠까, 또 한 사람이라도 다치게 될까 염려하신 것은 황제께서 인명을 보호하시는 덕성을 실천하시고자 그러한 것인 줄 압니다. 지금 만약 불행한 일이 있게 되면, 비단 귀하의 백성을 측은히 여기시는 마음으로도 차마 할 수 없는 바가 있을 뿐만 아니라, 황제의 백성을 사랑하시는 어진 정치에도 어찌 해가 되지 않

> 겠습니까? 저희들의 어리석은 생각으로는 하나의 방책이 있습니다. 압록강은 산정의 큰 못에서 발원하여 물줄기가 계속 이어지고 물과 골짜기가 분명하니, 특별히 명석한 사람이 아니라도 한번 보면 알 수 있습니다. 만약 귀하의 수행인 중에서 민첩하고 똑똑한 사람 몇 명을 뽑아 우리나라의 역관과 길 안내인들과 함께 가서 살펴보게 하고, 또 화원들을 시켜 그림을 그려오게 하신다면 강의 근원과 산길을 눈으로 본 것처럼 밝게 알 수 있습니다.
> 이것을 가지고 황제께 보고하면 불가할 것이 없을 줄 압니다. 귀하께서는 어떻게 생각하시는지요? 또 듣건대 귀하께서는 저희들로 하여금 수행하지 말고 먼저 무산으로 가서 기다리라고 하시는데, 이는 필시 귀하께서 저희들이 노쇠하고 피로한 모양을 보고 딱하게 여기셔서 이와 같은 곡진한 하교를 내리셨습니다만 저희들은 이미 임금의 명을 받아 황제의 칙사 일행을 접대하는 일을 보고 있습니다.
> 그런데 저희들만 편안한 곳에 머물면서 귀하만 홀로 험난한 길을 가게 한다면 이는 실로 의리와 명분에 있을 수 없는 일입니다. 원컨대 귀하께서는 살펴주셔서 저희들 중에서 한 사람만이라도 행차를 모시고 가도록 허락해 주신다면 천만다행이겠습니다.

총관이 장문의 탄원서를 다 읽고 지남에게 말했다.

"자네는 지금 돌아가서 대인에게 보고하게. 말씀하신 것이 진실로 옳은 줄 모르는 것은 아니지만, 다만 황제 폐하의 뜻에 따른 것이므로 부득이 나는 몸소 가지 않을 수 없다. 접반사와 관찰사께서는 모두 나이가 많으신 분들이므로 결코 나를 수행할 수 없을 것이다. 답서는 천천히 써서 보내겠다."

접반사는 완곡한 탄원서를 올려 함께 가기를 청했으나 총관은 결코 받아들이지 않았다. 접반사가 그렇게 애원하듯 말과 글을 올렸는데 총관이 끝내 그 청을 거절하는 것을 지남은 이해할 수 없었다. 그러나 위력에 눌려 어찌해 볼 도리조차 없었다.

날이 저물자 총관은 지남을 다시 불렀다.

"에~ 그리고, 우리를 영접하러 오는 사람이 현재 경원 건너편 우리 땅 후춘(厚春)에서 기다리고 있다. 그 사람들을 회령으로 불러들일 것이니 접반사에게 그 사실을 전하라."

"대인! 그것은 안 될 말씀이오이다. 비록 대국(大國)의 인마라 하더라도 전하의 윤허 없이는 우리 땅에 머무르게 할 수 없습니다."

"다른 뜻이 아니고 장백산 경계를 살핀 후 그 결과를 황제께 가까운 곳에서부터 빨리 보내려고 하는 것이다. 자네는 가서 내 말만 전하라."

지남은 총관의 말을 급히 두 사또에게 보고했다.

"그건 당연히 안 된다. 자기 나라 군사들을 회령에 대기시키는 일은 품의 없이는 결코 할 수 없는 일이다."

지남은 총관에게 다시 돌아가 두 사또의 말을 전했다.

"대인께서 하교하신 말씀은 관찰사가 재량으로 할 수 있는 일이 아니라 조정의 품의를 거치는 것이 관례라 하였사옵니다. 진실로 매우 황공합니다."

총관은 불과 몇 안 되는 후춘의 군사들을 회령으로 불러올 수 없다는 말을 듣고 아무런 말이 없었다.

이른 아침, 총관이 지남을 불러 어제 접반사가 보낸 편지에 대한 답서를 건네주었다.

> 보내준 서신은 잘 보았소. 장백산이 험준하고 오르기 어려우며 걸어서 갔다 오기 곤란한 형편을 두루 설명하시니, 우리들을 위한 계책이 가히

> 상세하다고 하겠소. 접반사의 참된 성의가 아니라면 어찌 이와 같이 친절하게 가르쳐 주시겠소? 다만 나는 황제의 명령을 받들었으니, 비록 죽는다 하더라도 이 일은 사양할 수 없는 일이요. 어찌 어려운 것을 피하고 쉬운 데로만 나아갈 수 있겠소? 하물며 황제께서는 하늘이 돌보시는 천자이시니, 하늘이 반드시 묵묵히 도우실 것이요. 걱정하지 않는 것이 좋을 듯하오. 또 서신의 뜻을 살펴보건대, 접반사 두 분께서 한 사람만은 동행하기를 간절히 바라시니, 이는 참으로 임금의 명을 욕되게 하지 않는 의리로서 매우 훌륭하고 아름다운 일입니다. 다만 산길이 지극히 험난하여 모두 각각 걸어서 올라가야 하는데, 이는 나이가 많고 늙으신 분들은 만에 하나라도 동행할 수 없는 곳입니다. 만약 함께 가신다면 반드시 공사(公事)를 그르치게 될 것이오. 결코 함께 동행하지 않을 것이니, 다시는 청하지 않도록 하시오.

답서를 받아본 접반사는 눈앞이 깜깜했다. 임금으로부터 나라의 강역을 결정하는 막중한 임무를 부여받고 여기까지 왔는데 총관이 동행을 거부하니 이럴 수도 저럴 수도 없었다. 그리고 양국의 국경을 정하자고 하면서 우리 대표를 빼고 자기들 마음대로 일방적으로 정하겠다고 하니 참으로 어처구니없고 어이없는 처사였다. 접반사는 동행을 거부당한 이 관찰사, 정사의 혜산 첨사, 김지남과 함께 불러 대책을 논의했다.

"대체 이 일을 어찌하면 좋겠소?"

접반사의 물음에 무거운 침묵이 한동안 흘렀다.

아무도 대안을 제시하는 사람이 없었다. 그러자 지남이 나서서 말했다.

"가야 합니다. 그들이 못 오게 하면 떨어져서라도 가야 합니다."

그 말을 들은 정 첨사도 지남의 제안에 동의했다.

"김 수역의 말이 옳습니다. 총관이 거부한다고 가지 않으면 전하의 명을 거역한 것이 됩니다. 그 말도 많고 탈도 많은 조정에서 그냥 넘어가겠습니까. 장차 커다란 화를 입게 될 것입니다.”

관찰사는 아무 말을 하지 않고 있다가 침울한 표정을 지으며 말했다.

“그렇습니다. 큰 후환이 따르겠지요.”

“아무리 생각해도 가지 않을 수는 없습니다. 저들이 꼭 함께하기를 거부하면 거리를 두고서라도 갑시다. 그게 옳은 처사입니다.”

동행을 거부당한 네 사람이 하나같이 다 가야 한다고 뜻을 모으고 그들과 거리를 두고 독자적 행보를 하기로 하였다. 그리고 지남은 이 사실을 총관에게 직접 전달했다.

총관이 대노하며 소리를 질렀다.

“그렇게 말해도 말귀를 알아듣지 못하겠느냐? 좋게 말할 때 명을 따르라고 일러라!”

라고 하며 지남을 돌려보냈다.

***

일행은 검천 천막에서 아침을 일찍 먹고 출발하여 서수(西水)를 지나니 검고 푸른 천년 원시림이 앞을 가로막았다. 그 숲은 뚫고 들어갈 틈이 없었다. 총관이 말에서 내리더니 나난 만호 박도상(朴道常)을 불렀다.

“여기부터 저쪽 방향으로 길을 내도록 하라.”

고 하며 총관이 직접 작업의 방향을 제시했다. 박 만호는 인부 10명을 차출하여 나가더니 톱과 도끼로 길을 트기 시작했다. 길바닥은 손을 쓸 수도 없고 다만 앞을 가로막는 나무만 걷어 내어 숲으로 된 굴을 만드는 게 고작이었다. 총관은 인부들이 만든 숲 동굴을 천천히 뒤따르기 시작했다. 10명 인부가 허리도 펴지 못하고 땀이 비 오듯 했지만 돌아보면 몇 발 되지도 않았다. 총관의 명에 따라 박 만호는 인부 10명을 더 투입했지만 큰 차이는 없었다. 인부 20명이 오전 내내 고생한 끝에 겨우 곤장우(棍杖隅)에 도착했다. 백두산과 허항령으로 갈라지는 갈림길이다.

이번 행차의 목적은 오로지 국경을 정하는 일이었다. 어떠한 일이 있더라도 임금이 염려하는 일은 일어나지 않게 해야 했다. 그것은 첫째 백두산을 지켜내는 일이고 다음으로 정계를 두만강이 아닌 토문강으로 정하게 하는 것이었다. 만약에 조선의 대표로 차출되어 털끝만큼이라도 미흡한 점이 있게 되면 자신들의 운명은 아무도 알 수 없을 것이며 무엇보다 역사에는 죄인이 될 것이다.

토문강 지계는 아들에게 당부해 두었지만 백두산은 사정이 달랐다. 백두산은 청인들이 그들의 발상지로 여기고 있기 때문에 이번 정계 시에 어떤 일이 일어날지도 모르는 상황이었다.

지금 이곳 곤장우에서 헤어지는 마당에 머뭇거리기만 한다면 천추의 한이 될 것 같아 위험을 무릅쓰고 총관 앞에 무릎을 꿇었다.

"소관이 절실히 청할 것이 있으나, 황송하여 감히 말씀드리지 못하고 지금까지 미뤄온 게 있습니다."

라고 말하자 총관은 아주 너그러운 표정을 지으며 말했다.

"자네가 나에게 말하기 어려운 것이 무엇이 있겠는가? 예전에 이산(理山)에서 나를 맞아 임토(林土)와 옥동(玉洞)까지 수행하였고, 또 의주로 돌아 나올 때까지 나를 따라 다니기를 몇 달이나 하였지만 한 번도 실수가 없었고 한마음 봉공하였으니 이는 참으로 순수하고 충후할 뿐이고, 다른 뜻이 없는 사람이었다. 그대에게 그런 신세를 졌으니 나도 돌아가기 전에 갚을 수 있는 빚은 갚아야지. 얼른 말해보라!"

그러자 지남이 꿇었던 무릎을 펴고 일어나 말하였다.

"소관은 조선의 백성이요, 백두산 또한 조선의 땅입니다. 우리나라의 명산이기에 한번 오르기를 소원했지만 이번 행차에 대인께서 소관의 늙고 병든 것을 불쌍히 여겨 동행을 허락지 않으시니, 백두산의 진면목을 한번 보려는 소원이 허사로 돌아가게 되었습니다. 대인께서는 유운길(劉允吉) 화사원(畫師員)으로 하여금 백두산을 그려 폭을 내려주신다면, 소관의 평생소원을 대신할 수 있겠습니다. 그렇게 해주신다면 대인의 은덕을 어찌 다 헤아리겠습니까?"

라고 하자 총관이 너무도 자상하게 대답했다.

"백두산은 그대들 나라 땅이다. 대국의 강역은 어렵지만 그대 나라의 땅을 그려주는 것이 어찌 어렵겠는가? 그렇게 해주겠노라."

"만약에 백두산이 대국의 산이라면 어찌 감히 부탁할 마음이 생겼겠습니까?"

"잘 알았네."

"총관 대인! 그럼 험로에 잘 다녀오십시오. 소관은 물러가 무산에서 기다리고 있겠습니다."

라고 인사를 하고 물러 나왔다.

지남은 그 즉시 돌아와 두 사또에게 이 사실을 아뢰었다.

"아니! 그게 사실인가? 총관이 백두산을 우리 땅이라고 말한 게."

두 사또는 지남의 말에 너무 놀라 의심하는 듯한 표정을 지으며 말했다.

"전하께서 주야로 염려하던 것이 오로지 백두산이었는데, 총관이 '백두산은 그대들의 땅'이라 하고 화공으로 하여금 그림까지 그려준다고 하니 어찌 다행한 일이 아니겠는가? 그대의 계책은 신의 경지를 꿰뚫었구나."

매번 있는 일이지만 두 사또는 지남의 덕분에 큰 짐을 덜었다고 생각했다. 그런 일이 있은 뒤 총관 일행은 갈 길이 바쁘다며 시위와 접반사 일행에게 작별인사만 하고 백두산으로 올라갔다.

***

경문은 아버지에게 작별인사를 드리고 조선 관원 6명과 함께 총관을 따라 본격적으로 백두산정계비 설치를 위한 등정에 올랐다. 나난 만호 박도상은 길을 만든다며 도끼를 든 인부를 데리고 앞장을 서고 심마니 김애순도 그 뒤를 따랐다.

백두산을 오른다는 것은 결코 쉬운 일이 아니었다. 그것은 전인미답의 수천 년 원시림과 알 수 없는 벌레와 짐승들과의 싸움이었다. 말이 쉬워 길을 만든다고 하지만 실제 아름드리 고목을 도끼로 찍어내어 길을 낸다는 것은 한계가 있었다. 날씨는 더워지는데 인부들이 죽을힘을 다해보지만 반나절을 죽을 고생을 해봐도 돌아보면 제자리였다. 만호는 총관의 눈치를 보느라 인부들을 향해 소리를 질렀다.

"저기 허리를 펴고 있는 놈이 누구야!"

그러자 어디서 구시렁거리는 소리가 들렸다.

"개자식, 지가 한번 해보지."

인부 중 나이가 가장 많은 승호는 김애순과도 잘 아는 사이였다. 한때 산삼을 캔다고 백두산 일대를 함께 누비고 다니던 사이였다. 애순은 승호에게 다가가 등을 두드리며 위로하였다.

"슬슬 해! 무리하면 얼마 하지도 못해."

"허리뼈가 부러지도록 하고 있는데 저 지랄을 하고 있으니, 원."

하며 믿는 자리라고 만호에 대한 불만을 털어놓았다.

얼마 못 가 승호가 도낏자루를 내던지며 모두 제자리에 주저앉고 말았다. 만호의 고함 소리가 또 숲속을 울리게 했다.

"얼마 했다고 벌써 주저앉는 거야, 빨리 일어나지 못해!"

이를 보다 못한 총관이 너무 다그치지 말라고 만호에게 일렀다.

"어느 놈이 조선 놈인지 알 수가 없네."

하는 불만의 소리가 경문의 귀에 또 들렸다. 경문이 인부들을 너무 다그치지 말라는 총관에게 고마움의 말을 건넸다.

"아랫사람들의 고통을 배려하시는 대인께서는 참으로 자애로우십니다."

그러나 총관은 경문의 찬사에 별로 관심을 보이지 않고 손짓을 하며 애순을 불렀다.

"이런 길을 얼마나 가야 하는가?"

"조금은 더 가야 합니다. 이곳을 지나면 곧 큰 개천이 나옵니다."

그 말을 옆에서 듣고 있던 박 만호는 인부들을 다시 일어서라고 독려하였다. 여기서 퉁! 저기서 퉁! 인부들이 도끼로 나무를 퉁퉁 찍어내는 소리가 온 산을 울렸다. 도끼 소리에 놀란 토끼와 담비 등 산짐승들이 도망가는 모습이 여기저기 눈에 띄었다. 인부들의 고생 끝에 짙은 숲 지대가 끝이 나고 맑은 물이 흐르는 개천이 눈앞에 펼쳐졌다. 일을 하는 인부들이나 말을 타고 가는 총관 일행이나 모두 탄성을 질렀다.

"햐! 이제 좀 살 것 같다."

애순은 이 개천을 동돌천(東乭川)이라고 했다. 맨 먼저 총관이 말을 타고 개천을 건넜다. 일행들도 총관의 뒤를 따랐다. 깊은 산골에 흐르는 물이 맑기가 거울 같았다. 개천을 건너와 반대편을 보니 펼쳐진 바위 절벽이 5리도 넘어 보였다. 사람이 나타나자 하얀 물새 한 마리가 긴 날개를 펴고 자리를 뜨며 날아간다. 애순은 이 천길 벼랑 사이를 용케도 잘 알아서 안내했던 것이다. 애순이 아니었다면 이 벼랑에 갇혀 오고 가지도 못하는 조난을 당할 수도 있었다. 총관은 역시 애순이 좋은 길잡이라고 칭찬했다.

애순은 강변을 돌아 일행을 다시 평평한 언덕으로 안내했다. 그 언덕은 꽤 높고 넓어 시야가 좋았다. 주변은 온통 자작나무숲이라 일대는 자작나무 껍질로 하얗게 덥혀있었다. 애순은 이 언덕을 화피덕(樺皮德)이라 부른다고 했다. 이 언덕은 넓고 경치가 좋아 애순도 가끔은 이곳에서 머물곤 했다.

그런데 그 언덕 한쪽엔 작은 웅덩이가 있었는데 홍이격이 볼일을 보러 가다가 불을 피운 흔적들을 발견하고 애순을 불렀다.

"이것이 너희들이 자고 간 흔적이지?"

라고 물었다.

"예, 그렇습니다."

라고 대답할까 하다가 굳이 대답할 필요가 없을 것 같아 아무런 대답도 하지 않았다. 화피덕에서 약간의 휴식을 취하고 총관은 서둘러 출발했다. 80여 리를 더 가니 산속에 작은 연못이 또 나타났었다. 날이 어두워지기 시작했다.

총관은 그 연못가에 천막을 치라고 했다. 총관과 호위하는 청나라 군사들은 일제히 순식간에 막사를 짓고 막사 안으로 들어갔다.

그러나 미처 준비를 하지 못한 조선인들은 그냥 한데서 잘 수밖에 없었다. 공교롭게도 하늘이 음산해지고 뇌성이 진동하더니 비가 내리기 시작했다. 아무런 준비 없이 올라온 조선 인부들은 우왕좌왕했다. 총관은 경문을 포함한 조선 관원 6명을 청인들의 천막 속으로 피하게 했다. 그러나 인부 58명은 방법이 없었다. 그들 중 일부는 언덕 밑이나 바위 아래로 흩어져 들어가 서로의 체온에 의지하고, 나머지 사람들은 숲속으로 들어가 나뭇가지를 꺾어 비를 피했다. 비는 그치지 않는데 밤 기온이 자꾸만 내려가니 이대로 가면 얼마 버티지를 못할 것 같았다. 벌벌 떨면서 서로가 함께 엉켜 체온을 유지해 가며 정말 얼어 죽기 일보 직전에 그나마 밤비가 수그러들기 시작했다. 다행히 죽음만은 면할 수가 있었지만 인부들의 고생은 이루 말할 수가 없었다.

날이 새자(5월 10일) 총관은 또 부지런히 화피덕을 출발하였다. 산을 넘으면 계곡이 나오고 그 계곡을 건너면 또 산이 나왔다. 끝도 없이 크고 작은 산을 넘어야 하니 조금이라도 쉬운 길을 찾아 압록강을 건너 청나라 사람들이 사는 땅으로 들어가기도 했다. 그러나 그 길은 갈수록 백두산에서 멀어지는 길이니 한참을 가다가 다시 돌아올 수밖에 없었다.

애순도 때로는 헤매기 일쑤였다. 일행은 하는 수 없이 조선 땅으로 넘어왔다. 그래도 별로 달라진 것은 없었다. 어디를 봐도 삼나무, 전나무, 잣나무, 북나무, 자작나무 등의 숲뿐이고 그 속을 헤치고 갈 수밖에 없었다. 숲이 나올 때마다 인부들이 죽을 지경이었다. 곤장우에서 허항령 조와 헤어진 뒤 이틀을 꼬박 몇 개의 산을 넘고 개울을 건넜는지 기억도 없었다. 그저 앞으로 가다 산이 나오면 그 산을 넘고 숲이 가로막으면 도끼로 길을 내며 가는 것뿐이었다.

몇 번에 걸쳐 키가 큰 나무숲을 통과하고 산이 점점 높아지자 드디어 키가 작은 관목들이 보이기 시작했다. 한곳엔 두을죽(豆乙粥, 들쭉)이 군락을 이루고 있었다. 그리고 그 주변에는 희고 붉은 야생 작약들이 너무도 곱게 피어 바람에 흔들리고 있었다. 총관도 그냥 지나치지를 못해 말에서 내려 꽃들 속에 가서 앉았다.

"대인께서도 여인을 좋아하시나 봅니다."

하고 경문이 총관에게 농을 걸었다. 감히 총관에게 이렇게 대할 수 있는 것도 다 아버지 덕분이었다.

"그건 그대가 모르는 소리야. 미색호걸(美色豪傑)이라 하여 미인은 호걸을 좋아하는 법이야. 내가 꽃을 좋아하는 것이 아니라 꽃이 나를 좋아해서 내가 가준 것뿐이야."

그 말을 들은 옆 사람들이 "에이~" 하고 고개를 돌리자 총관은 다시 말했다.

"나는 여색들이 너무 많이 따라서 가만히 있기도 바쁜 사람이야."

하고 은근히 자기 자랑을 했다. 그때 오른쪽 비탈에서 사슴 한 마리가 새끼를 데리고 풀을 뜯고 있다가 사람들을 발견하고 시선이 마주치자 한동안 바라보고 있더니 어디론가 사라졌다. 녀석들이 사라지자 총관은 아쉽다는 듯이 그쪽을 계속 바라보고 있으니 애순이 조금만 더 가면 더 좋은 곳이 있다며 총관에게 말했다.

"대인님, 조금만 더 가면 아주 좋은 데가 있으니 이제 가시지요."

그 말을 들은 총관이 꽃밭에서 일어나 말을 타고 애순을 따랐다. 몇 개의 봉우리를 넘어가니 깊은 계곡이 나오고 서늘한 기운이 감돌면서 '쏴아~' 하고 떨어지는 폭포수 소리가 끊이지 않고 들려왔다. 그 구비를 돌아드니 애순의 말대로 그림 같은 비경이 눈앞에 펼쳐졌다.

주변은 기암괴석으로 절벽을 이루고 바위틈마다 늘어진 장송들이 1,000년을 이어온 듯했다. 높은 절벽에서 쏟아지는 폭포는 옥색 연못을 만들고 그 물이 아래로 흐르면서 또 작은 아기 폭포를 만들어 그야말로 비인간의 선경이었다.

애순은 이곳을 '한덕립 지당'이라고 했다. 총관은 평생을 두고도 볼 수 없는 이런 곳을 그냥 갈 수 없다며 말에서 내려 한참 동안 휴식을 취했다. 모든 일행이 군데군데 모여 앉아 피로를 씻고 있었다. 그때 애순이 말하기를 이곳은 매월 보름이면 천상의 선녀들이 내려와 백설록(白雪鹿)을 데리고 함께 노니는 곳이라고 했다. 그러자 총관이,

"그럼 조금 전 그 사슴이 달이 뜨면 하얗게 변하는 게 아니야?"

라고 하자 주위의 사람들이 껄껄 웃었다.

지당 북쪽에 구름 밖에 솟은 산봉우리 2개가 보였다. 총관은 그 산을 백두산으로 알고 애순에게 물었다.

"장백산 산꼭대기가 저기 보이는데 언제쯤 당도하겠느냐?"

"저 산은 소백산입니다. 저기서도 상구 서쪽으로 10여 리를 더 가야 백두산 터전이 나옵니다. 터전에 가서도 꼭대기는 보이지 않습니다요."

그 말을 듣고 있던 경문은 아직도 갈 길이 멀다고 하니 실망이 되어 애순에게 물었다.

"그럼, 언제쯤 도달하는 거냐?"

"길은 정해져 있는데 사람이 문제입죠. 아무래도 하루 이틀은 더 가야 합니다요."

그 말을 던지고 난 애순은 경문의 기를 너무 꺾었다는 마음이 들었던지 이내 용기를 주는 말을 했다.

"여기서 조금 더 가면 동쪽에 소백산 지산 등마루가 나옵니다. 그곳에 오르면 일단 백두산은 보입니다. 눈에 보이면 아무래도 조금 힘이 솟을 겁니다."

하고는 또 앞으로 달려나갔다. 애순은 아직도 힘이 남아도는 듯 보였다.

인부들은 연일 고된 작업에 비를 맞으며 잠도 제대로 자지 못해 콜록콜록거리는 사람이 한둘이 아니었다. 인부들의 모습을 본 총관이 말에서 내려 걷는 사람들을 쉬게 하였다. 그러면서 애순을 불렀다.

"조선에서는 장백산을 백두산이라고 한다는데 왜 그렇게 부르는지 혹시

아느냐?"

하고 백두산의 이름에 관한 것을 물었다.

"아주 오랜 옛날 천제께서 백두산 천지 물을 드시고 나면 언제나 하얀 항아리로 덮어두었는데, 멀리서 보면 그 모양이 높은 도마(俎) 위에 백색 독(甕瓦)을 거꾸로 엎어놓은 모양과 같다고 하여 붙여진 이름이라고 들었습니다."

총관은 애순의 설명을 듣고는,

"그래? 그럼 그 물맛이 아주 좋겠구나. 나도 한번 마셔보아야겠구나!"

하면서 다시 말에 올랐다.

"모두 일어나! 너무 오래 쉬면 땀이 식어 더 힘든 법이야."

하며 길을 재촉했다.

애순이 말하는 소백산을 넘는데도 여러 개의 작고 큰 봉우리를 넘었다. 그때부턴 민둥산이 나타났다. 애순은 거기서부터가 백두산 자락이라고 했다. 나무가 없으니 능선은 보였다. 하지만 그 능선이 끝인지는 알 수 없었다.

백두산 자락이라고 하니 사람들이 다소 안심하는 모습을 보였다. 그런데 그때 갑자기 산허리에서 안개인지 구름인지 알 수 없는 짙은 연무가 서서히 드리우기 시작했다. 애순은 그 모습을 보고 큰바람이 불고 비가 오겠다며 걱정을 했다. 총관은 비를 왜 그리 무서워하느냐고 하였다.

"아닙니다! 백두산 날씨는 예측이 불가능합니다. 여기서 비를 만나면 사람이 죽습니다. 바람이 불면 돌이 날아다니고 비가 내리면 갑작스러운 폭우가 되어 산사태가 나기 때문에 살아남을 방도가 없습니다."

그러자 총관이 물었다.

"그럼 지금 우리는 어떻게 해야 하느냐?"

"지금으로서는 다른 방도가 없습니다. 오직 무사하길 기도하는 수밖에요."

그러자 목 총관이 말했다.

"나는 천자의 명을 받고 온 관원인데 어찌 너희 채약사와 사냥꾼과 같겠느냐?"

하고 의연한 모습을 보였다. 총관의 그 말이 미처 끝나기도 전에 회색 구름이 천지에 드리워지고 앞사람이 보이지 않을 정도로 어둡고 캄캄해졌다. 하늘엔 용이 포효를 하는지 천지가 진동하고 번개가 어둠을 가르며 번쩍이더니 동이로 물을 붓듯 폭우가 쏟아지기 시작했다. 천둥과 번개에 놀란 말들이 앞발을 하늘로 쳐들고 휘힝거리고 한쪽에선 사람들이 자신도 모르게 엎드려 기도를 올렸다.

총관도 도저히 감당할 수 없는 하늘의 변화에 대경실색을 하며 경문을 불렀다.

"빨리 가서 초를 찾아오라!"

"초는 어디에 쓰시게요?"

"하늘에 기도를 올려야겠다."

"대인님, 이런 폭우에 촛불이 붙겠습니까?"

"그럼 어찌해야 하느냐?"

하고 큰소리를 질렀다. 그러자 옆에 있던 애순이 총관에게 말했다.

"그냥 엎드려 기도만 하십시오."

라고 하자 총관도 납작 엎드려 기도를 올렸다. 이제까지 자신은 황제가 보낸 칙사라고 큰소리를 치더니 땅에 엎드린 모습이 안쓰럽기도 했다.

그런데 이게 웬일인가! 총관이 기도를 올리자 짙게 깔렸던 회색 구름이 장막을 걷어 내듯 일시에 바람을 타고 산 정상으로 밀려 올라가 버렸다. 눈 깜짝할 사이에 벌어진 엄청난 백두산의 천기 변화에 모두 다 할 말을 잊은 듯했다.

그러자 경문이 말했다.

"대인께서 기도를 올리니 하늘이 받아주신 것입니다."

"글쎄, 명산이라 나에게 겸손을 가르치는 것 같구나."

하고 조금 전 그 당당했던 모습과는 사뭇 달랐다. 그러면서 자신의 젖은 옷도 말려야 한다며 그 옆에 숙소를 설치하라고 일렀다.

저녁이 되니 구름이 개고 밤하늘의 수많은 별들이 손에 닿을 듯 가까이 내려와 반짝인다.

손을 뻗어 휘익 저으면 한 줌 가득 별이 잡힐 듯했다. 별구경을 하다 기온이 차서 막사 안으로 들어왔다. 아버지는 지금 어디에 계시는지, 또 한양의 가족들은 어떻게 지내는지 생각을 하다가 피로에 지쳐 자기도 모르게 잠이 들었다.

***

다음 날(5월 11일) 새벽, 일행은 백두산 천지를 향해 출발 채비를 서둘렀다. 총관은 자기들 세 관원과 조선 측 육 관원에게 각각 두 사람씩의 젊은 보조자를 붙였다. 마지막 단계에서 행여 무슨 변고라도 있을까 하는 염려에서였다.

이제 조금만 고생하면 된다는 기대를 갖고 마지막 힘을 쏟고 있을 때였다. 맨 앞에서 일행을 이끌고 가던 총관의 말이 갑자기 멈추고 앞을 나가지 않았다. 그 바람에 하마터면 총관이 낙마를 할 뻔했다. 말이 멈춰선 곳을 보니 평지의 땅이 갈라져 깊은 골과 낭떠러지가 바닥이 보이지 않았다. 그 골이 얼마나 깊은지 고개만 내밀어도 모골이 송연했다. 역시 총관이 탄

명마는 달랐다. 생각만 해도 발바닥이 저리고 손바닥에 땀이 날 정도였다. 사람들은 그 깊고 긴 골을 보고는 모두 다 슬슬 뒷걸음질을 쳤다.

그런데 총관만은 생각이 달랐다. 그 골의 폭이 넓지 않으니 용기를 내어 뛰어넘으려는 것이었다. 그러면서 자신이 말고삐를 굳게 잡고 훌쩍 뛰어넘는 시범을 보였다. 많은 사람들이 박수를 치며 환호성을 질렀지만, 총관이 뛰어넘으라고 하면 아무도 나서질 않았다.

그러자 다리를 놓자는 사람과 뒤를 돌아 우회를 하자는 사람들 간에 말씨름이 벌어졌다. 결국 다리를 놓기로 하고 인부들에게 통나무를 잘라 오게 했다. 그러자 승호는 자기 일꾼들을 데리고 어렵게 올라온 민둥산을 다시 내려갔다. 두어 시간이 지나서야 잣나무 4개를 메고 왔다. 그들은 통나무를 메고 와서 던져놓고는 그대로 쓰러져 누워버렸다. 그들의 땀은 말할 게 없었다. 쓰러져 누워버린 어깨 위로 전부 다 붉은 피로 뭉개져 있었다. 그래도 감히 불평 한마디 내뱉는 사람이 없었다. 그 사람들이 청차를 모시는 조선의 인부였다.

피땀을 흘린 인부들 덕에 모두 무사하게 그 깊은 골을 건넜다. 그 시간이 얼마나 길었던지 모두 건너고 나니 벌써 점심때가 되었다. 총관은 인부들에게 술과 소고기를 먹이라고 했다. 소고기를 평생 처음 먹어보는 인부들은 이제까지의 고생도 모두 잊어버리고 한 점이라도 더 먹으려고 염치도 없었다.

점심을 끝낸 총관은 조용히 경문을 불렀다.
“자네도 성이 김씨지?”

하고 뜻밖에 경문의 성씨를 물었다. 그렇다고 대답을 하자 또 물었다.

"김씨라도 본관이라는 게 있다면서?"

"네, 저는 우봉 김가인데 신라 경순왕의 후손입니다."

"그래! 왕손이라 그런지 너의 아버지도 자네도 보통사람들하고는 달라."

"아닙니다, 우리 조선에는 총명한 사람이 많아 저 같은 사람은 지극히 범부에 속합니다."

"하여튼 신라 김씨라면 우리 황제 폐하와 뿌리가 같은 데, 황제께서 조선 백성들을 끔찍이도 챙기는 것을 보면 역시 피는 못 속이는 것 같다."

"그럴 리가 있겠사옵니까?"

"아니야, 작년에 이만지 사건을 조사하러 왔을 때도 그랬고, 이번 강역 조사를 올 때도 조선에 조금도 폐를 끼치지 말라는 신신당부를 하시는 걸 보면 분명히 뭔가 달라."

"황제 폐하께서 조선을 사랑하시는 인자하신 성품으로 인한 것 아니겠사옵니까?"

"그래, 어찌 되었던 간에 조선을 아끼는 마음은 각별하신 것은 사실이야. 그런데 그건 그렇고 이제 곧 정상에 오르면 강역의 경계를 정해야 하는 데 자네가 좀 알고 있는 게 있는가?"

총관은 변계를 결정해야 하는 일이 걱정이 되었던 모양이다. 엊그제 지남에게 물어보고 또 같은 질문을 경문에게도 했다.

"아버지께서도 총관님이 어려움이 없으시도록 잘 보필하여 드리라고 했습니다."

"글쎄, 잘 보필하는 것이 무엇이냐? 자네가 쉽게 설명해 보라!"

"황명을 받은 예부의 지시에 따르는 것이 가장 현명할 것입니다."

"서쪽은 압록강, 동쪽은 토문강으로?"

"네, 그러하옵니다. 대인께서도 잘 아시다시피 국경이란 큰 산과 강을 기준으로 하지 않았습니까. 가보시면 아시게 될 것입니다만 백두산에서 눈으로 확인할 수 있는 강의 원류는 압록강과 토문강 외에는 확인할 수가 없습니다. 혹자는 백두산에서 발원한 물이 지하로 흘러 다시 솟아난다고 하지만 그 지하의 흐름을 어찌 알 수가 있겠습니까? 대인께서 그곳에 가셔서 직접 확인을 하시면 될 것입니다."

경문의 설명은 아버지인 지남의 논지와도 맥을 같이했고, 백두산에서 발원하는 두 강의 원류를 총관이 직접 눈으로 보고 확인하라고 하니 그의 말을 신뢰할 수밖에 없었다.

"그래, 자네 말이 옳다. 내가 눈으로 직접 확인하고 정하는 것이 황지를 받드는 것이다."

"네, 백번 그렇게 하셔야 합니다. 그것이 황제 폐하의 명을 받드는 것입니다."

"그래, 알겠다. 현장에 가서 한번 보자꾸나."

하고 총관은 경문에게 국경에 대한 이야기를 마친 뒤 자리에서 일어나며 말했다.

"자! 다들 식사 잘 했으면 또 떠나보세."

하고 다시 정상을 향해 천천히 오르기 시작했다.

***

그간 힘들어하는 인부들도 소고기를 먹고 난 뒤에는 마음들이 흡족한 모양이었다. 걸음걸이도 활발하고 동료들끼리 대화도 많았다. 그러나 그런 분위기도 잠시였다. 정상이 가까워질수록 경사는 더 급해서 말도 오를 수 없고 사람도 기어가듯 했다. 그래도 아직 생생한 사람은 총관 혼자였다. 그는 가파른 경사에서도 날랜 원숭이 같았다.

총관이 맨 앞장을 서고 그 뒤를 허량, 박상도, 조태상이 이었는데, 소륜과 김경문이 맨 뒤에서 쩔쩔매고 있었다. 꼭대기 부분은 나무 한 그루 풀 한 포기 없이 화산재로 쌓여있어 밟으면 미끄러지기 일쑤였다. 모두들 힘이 들어 쌕쌕거리는 숨소리가 신음처럼 들렸다. 몇 걸음을 올라가면 두어 걸음 미끄러지고 다시 쉬었다 오르기를 반복하며 갔다.

흙먼지에 묻힌 만년설이 바위처럼 층을 이루고 있고, 5월 하순인데도 군데군데 남은 잔설이 백두산의 높이를 말해주고 있었다. 정상이 바로 눈앞인데 경문의 다리는 천 근이었다. 이를 보다 못한 보조자 2명이 역부(驛夫)가 가지고 온 포대(布帶)를 허리에 걸고 좌우에서 당겨서 끌리듯 올라갔다.

백두산 천지는 고난을 이긴 자만을 맞이했다. 누구도 밟아본 적이 없는 원시림을 지나야 하고, 천길 벼랑을 넘어야 하며, 땅이 갈라져 아찔한 골을 뛰어넘어야 하고, 비와 바람과 구름을 다스리는 하늘의 조화에 한없이 겸손할 줄 아는 심성도 갖춰야 했다.

태어나 천지를 만나는 것은 하늘의 축복이다. 지쳤다 하여 포기할 수는 없는 일. 다리를 끌며 눈물을 보이는 사람도 있었다. 부축을 받으며 끌려가는 경문은 아직도 갈 길이 남았는데 먼저 오른 사람의 환호성이 그에게 힘을 주었다.

굳은 인내로 하늘의 축복과 연을 지은 천지가 그 앞에 모습을 드러냈다.

| 세상은 구름에 잠기고

天池는 구름 위에 떴네
땅이 솟구쳐 봉우리 되니
산은 겹쳐 골을 이뤘구나

그 골마다 물 내리고
자락마다 터전을 넓혀
사랑으로 인간을 품으니
그 이름은 배달족이라 했네

용암은 그들의 심장이니
힘찬 박동은 그치지 않고
하늘이 다하는 날까지
영광으로 이어질 것이다

경문은 천지를 바라본 벅찬 감정을 이렇게 읊고 나서 이 나라와 이 백성이 영원할 수 있도록 살펴달라고 엎드려 한참을 빌고 또 빌었다. 기도를 마친 경문이 혼자 앉아 상념에 잠긴 총관에게 다가갔다.

"대인께서 천지(天池)를 대하니 감회가 어떻습니까?"

"나는 대청 일통지를 관할하는 자로 내 발길이 천하에 두루 미쳤는데 장백산이 이렇게 험하고 뛰어난 줄은 생각지도 못했다. 비록 중국의 명산에는 미치지 못하나 웅대한 세는 어느 명산에 못지않구나."

"소직이 사행길에 대국의 명산을 몇 차례 접하였습니다만 우리 백두산이 대국의 명산에 어찌 비견될 수 있겠습니까?"

"자네 지금 말 거꾸로 하고 있는 거지?"

"아닙니다. 실제가 그렇지 않습니까?"

"아니야. 섬세하고 아기자기하기는 중국산이 앞서지만, 웅장하고 신령스럽기는 장백산이 훨씬 뛰어나네."

두 사람이 백두산에 대한 이야기를 하고 있을 때 홍이격이 끼어들었다.

"저 못 안에는 무엇이 있을까?"

하고 천지 속을 물었다.

"그걸 누가 알겠습니까? 그러나 내려오는 말에 빛을 내며 날아다니는 조개가 산다고 합니다."

"빛을 내며 날아다니는 조개가 있다고?"

"세상에 그런 조개가 어디 있다는 말이냐?"

그때 애순이 말하기를,

"매년 얼음이 풀리고 경색이 맑은 밤에는 조개들이 신비한 광채를 내며 날아다녀 마치 바다 위에 달이 뜬 것 같이 주위가 은은하다고 합니다요."

옆에서 그 말을 들은 사람들이 애순을 비웃자 총관이 옛 문헌을 들먹이며 말했다.

"음천에 검은 빛깔의 조개가 날아다닌다는 글을 나도 읽은 적이 있고, 신조개(蜃)는 교룡(蛟龍)의 한 종이라 형상이 용처럼 날아다닌다는 기록도 있다."

천지의 신비하고 장엄함에 넋을 빼앗긴 사람들이 시간 가는 줄도 모르고 앉아있다가 정신을 차리고 내려갈 준비를 하였다.

천지는 천년의 신비를 드러내어 경문의 일생 소원을 풀어주었다. 어둠이 오기 전에 하산을 해야 했다. 뒤돌아서 백두산의 자락을 내려다보니 세상이 발아래다. 세상은 하늘에 닿아있고 그 끝은 아득했다. 아쉬움에 차마 발길을 돌리지 못하는 사람들은 다시 뒤돌아서 눈 속에 천지를 담고 가슴으로 고이 품었다.

하산의 비탈길은 아주 급했다. 밟으면 무너져 내리는 화산재층이 모래성이었다. 한 번의 실족은 어디까지 굴러갈지 알 수가 없었다. 오르기보다 내려가기가 더 위험하다는 것은 산이 가르쳐 주는 또 하나의 가르침이었다. 총관은 한 발짝씩 떼놓을 때마다 부들부들 떨었다. 붉은 비단 장파오를 입고 술이 달린 청나라 모자를 쓴 칙사의 위엄이 아슬아슬해 보였다. 그때 뒤에서 내려오던 사람들이 총관을 휙휙 지나 미끄러지듯 내려간다. 경문은 손을 들어 그들을 제지하려 했으나 그들도 발이 미끄러지는 것은 어쩔 수가 없었다.

***

화산재층을 벗어나니 초원이 시작되었다. 키 작은 노란 꽃들이 짧은 봄을 놓칠세라 바쁘게 피어있었다. 세찬 바람과 혹한을 이겨내고 저리도 예쁘고 아름다운 꽃을 피운 그 작은 생명이 신비로울 따름이었다. 붉은 용암이 흘러간 자리에는 세월의 주름이 쌓이고 거친 풍상은 그를 검고 깊은 계곡으로 만들었다. 총관이 양측의 관원들을 모두 불러 모았다.

"나는 이제 황지를 받들어 이곳에서 역사적인 청·조 양국의 강역을 확정할 준비작업을 할 것이다. 나라의 국경은 산과 강을 기준으로 하고 강은 산에서 발원하니 압록강과 토문강의 발원지를 이곳에서 찾아야 한다. 여러분들은 이 주변에 흩어져 그 발원지를 찾도록 하라!"

그러자 애순이 총관에게 말했다.

"소인이 압록강의 발원지는 알고 있습니다."

"네가 그걸 어찌 안다는 것이냐?"

"이곳에서 남쪽으로 조금만 내려가면 작은 웅덩이에서 서쪽으로 물줄기가 흘러 압록강으로 들어갑니다. 그런데 그 주변에는 여러 개의 작은 샘들이 나오는데 그것들은 조금 흐르다 땅속으로 스며들어 어디로 흘러가는지 알 수가 없습니다."

"그래, 그럼 거기부터 확인해 보자. 네가 앞장을 서라."

총관은 애순을 앞세우고 압록강의 발원지라고 하는 샘을 찾아갔다. 과연 애순의 말대로 산마루를 따라 4리쯤 내려오니 풀섶에 '골골골' 소리를 내며 물이 보글보글 솟아오르는 곳이 있었다. 그것은 분명히 천지의 못물이 구멍을 타고 흐르다가 여기서 땅 위로 솟아나는 것이었다. 애순은 총관에게 이 샘이 압록강의 발원지인 '압록샘'이라고 했다. 총관은 말에서 내려 신기한 눈초리로 그 샘을 유심히 바라보았다. 샘에서 솟은 물이 서쪽으로 '졸졸졸' 소리를 내며 흘러갔다. 총관은 두 손으로 물을 떠서 마셨다.

"캬~! 물맛이 좋구나."

라고 하자 다른 사람들도 손으로 물을 떠 마셨다. 경문도 두 손으로 한 움큼 떠 마셨다. 정신이 맑아지고 몸이 상쾌해지는 기분이었다. 하지만 그 물맛은 우리의 것이기에 스스로 자랑을 하지 않았다.

총관은 걸어서 압록샘의 물줄기를 따라 내려갔다. 얼마 가지 않아 물줄기는 꽤 굵어져서 높은 벼랑 아래로 떨어지고 있었다. 제법 널찍한 연못이 보였다. 맑다 못해 물색은 진한 초록빛이 되어 서쪽으로 서쪽으로 흘러가고 있었다.

그러나 총관의 관심은 거기에 있지 않았다. 동쪽으로 흐르는 샘을 찾고 있었다. 서쪽은 압록강이 사실상 국경으로 인식되고 있었지만, 동쪽은 그 경계가 분명하지 않아 이번에 황제가 보낸 것이었기 때문이다.

총관은 압록샘이 있는 곳으로 다시 거슬러 올라가 주위를 살피기 시작했다. 그러자 애순은 다시 인근에 있는 2개의 물웅덩이들을 알려주었다.

그중 하나는 단순한 물이 고여만 있는 웅덩이로 의미가 없었다. 다른 하나는 아래로 흘러가는 물줄기를 가지고 있었다. 그 샘은 100보쯤 흘러가다 그곳에서 물줄기가 동서로 갈리면서 마치 그 모양이 사람 인(人) 자처럼 갈라져 흐르고 있었다. 총관은 그 두 갈래 중 또 동쪽으로 흐르는 줄기를 따라갔다. 그 왼편에는 또 다른 제3의 샘이 흘러서 위에서 내려오는 물과 합쳐져서 제법 큰 줄기를 만들었다. 총관은 위에서 두 갈래로 갈라져 흐르는 샘을 제2의 샘이라고 불렀다. 제2의 샘이 제3의 샘의 원류인 셈이었다. 총관은 주위를 두리번거리다 제2의 샘으로 다시 올라갔다. 그곳에서 경문을 불렀다.

"이곳이 이름 지을 만한 분수령이다. 여기가 어떠냐?"

하고 물었다. 그 말은 곧 그곳에 정계비를 세우면 어떻겠느냐는 뜻이었다.

"옳고 밝은 처사입니다. 대인께서 이곳을 정하신다면 이번 행차의 이 처사는 마땅히 이 산과 함께 영원할 것입니다."

라고 하였다. 경문이 그렇게 대답한 것은 제2샘에서 흐르는 물줄기가 제3샘의 물줄기와 합류하여 동으로 흘러가다 끝내는 두만강으로 흘러들어가는 것이 아니라, 토문강과 송화강으로 흘러들기 때문이었다. 그렇게 되면 아버지의 가르침대로 우리의 옛 땅인 북간도가 다시 조선의 품 안으로 들어오는 것이기 때문이었다.

경문은 아직 이르기는 하지만 내심 쾌재를 부르고 있었다. 그런데 그 순간 총관이 다시 말을 뒤집었다.

"그래도 정계비를 세우는 것은 신중에 신중을 기하여야 한다."

고 하며 필첩식과 홍이격을 불러 그 물줄기의 끝부분을 확인하고 오라며 산 아래로 내려보냈다. 조선 측에서도 김응헌과 조태상 두 사람이 뒤를 따랐다.

경문은 상황이 위급하다고 여기고 급히 애순을 불렀다.

"지금 저 사람들을 따라 내려가서 이 물줄기의 하류 방향이 어디로 흐르는지 잘 안내하라."

고 일러서 보냈다.

"아! 네, 통관님, 무슨 말씀인지 잘 알고 있습니다."

하면서 홍이격에게 말했다.

"이곳은 소인이 자주 다니던 길이니 저를 따르십시오."

라고 하며 그들을 물길 따라 아래로 이끌고 갔다. 그리고 물줄기가 동에서 동북쪽으로 약간 구부러지기 바로 직전 우거진 숲으로 도저히 더 나아갈 수 없는 지점에서 애순이 말했다.

"여기서 더 이상은 갈 수가 없습니다. 더 갈 수는 있지만 그렇게 되면 오늘 이곳에서 야숙을 해야 합니다. 여기는 백두산 호랑이나 곰이 자주 출몰하는 지역이라 목숨을 걸어야 합니다."

라고 겁을 주었다.

그런데 그때 공교롭게도 실제 호랑이 포효 소리가 들렸다.

'어흥~ 어흥~' 하는 포효가 메아리가 되어 산골을 쩌렁쩌렁하게 흔들었다. 그 소리가 얼마나 크고 무서웠는지 필첩식은 다리가 풀려 땅에 주저앉아 버리고, 홍이격은 놀라서 온몸을 바들바들 떨었다. 그러나 애순은 태연했다. 산삼을 찾아 헤매면서 가끔은 겪는 경험이라 당황하지 않았다.

"이러지 말고 전부 일어서십시오, 그리고 포효 소리가 들리는 쪽을 뚫어지게 바라보고 있어야 합니다."

라고 하자 그들은 서로에 의지하며 소리 나는 쪽을 바라보고 있었다. 그러나 필첩식은 얼마나 놀랐는지 계속해서 아래턱을 덜거덕거렸다. 홍이격도 오줌을 싸서 바지 앞이 젖어있었다.

그때 애순은 다 같이 고함을 지르자며 포효가 들리던 쪽을 향해 큰 소리로 함성을 질렀다.

“야~앗! 야~앗.”

그러자 그들은 계속해서 “야! 야!” 하고 고함을 질러댔다.

그러고 나서 애순이 말했다.

“자, 이제 다시 출발합시다.”

라고 하며 가던 길을 재촉하자 필첩식이 말했다.

“가기는 뭘 가? 이제 돌아가야지, 이 정도 보았으면 됐어.”

하면서 겁을 얼마나 먹었는지 필첩식은 더 이상 보지 말고 그냥 돌아가자고 하였다. 필첩식이 돌아가자고 하니 애순으로서는 속으로 쾌재를 불렀다.

그래도 그들이 막사로 돌아온 때는 서쪽 하늘에 석양이 붉게 물들고 있었다. 경문이 그들을 마중하자 애순이 경문을 보고 ‘찡긋’ 하며 눈짓을 했다. 그러나 경문은 그 눈짓이 무슨 뜻인지 모르고 그들이 무슨 말을 할지 매우 불안했다. 총관이 필첩식에게 물었다.

“어때? 그 물줄기가 어느 방향으로 흐르고 있던가?”

“예, 총관님, 우리가 험지를 무릅쓰고 60여 리를 다녀왔는데 과연 물줄기는 동쪽으로 흐르고 있었습니다.”

경문은 얼마나 긴장을 했던지 필첩식이 보고하는 말을 듣고도 다시 확인하고 싶어 이격에게 다시 물었다.

“동쪽으로 흐르던가요?”

“그랬네.”

그러면서 필첩식은 호랑이 본 이야기를 했다.

“총관님, 소관은 오늘 백두산 호랑이를 보았습니다. 우리 5명이 물길을 따라 계곡을 내려가는데 그 바로 앞에서 황소보다 더 큰 백호가 나타나 으르렁거리는 바람에 혼비백산하여 죽는 줄 알았습니다."
"장백산에는 호랑이가 많다더니 실제로 보았구나."
"그 백호의 이마에는 왕(王) 자가 선명하고 덩치는 황소보다 더 큰 걸로 봐서 아마 장백산 산신령 같았습니다."
"그래서 어떻게 했나?"
"우리가 다 같이 기합을 넣어 고함을 질렀더니 어슬렁어슬렁 물러갔었습니다.
오늘 우리는 그곳이 저승인 줄 알았습니다."
옆에서 듣고 있던 김응헌과 조태상은 필첩식의 허풍을 듣고 웃음을 참느라 애를 먹었다.
"오늘 수고했네. 동으로 흐르는 물줄기도 확인하고 장백산 호랑이도 보았으니…."
하면서 총관은 조태상을 불러 비석을 깎게 하고, 필첩식에게는 비문(碑文) 초를 작성하라고 한 뒤 숙소로 돌아갔다.

***

예상대로 뒷날 아침(5월 12일), 총관이 김응헌과 경문을 불렀다. 막사 안에 들어가니 소이창과 이격이 함께 앉아있었다. 총관의 탁자 위에는 두루마리 하나가 놓여있었다. 필첩식이 작성한 정계비 초안 같았다. 총관이 모두에게 차를 대접한 후 운을 뗐다.
"지금부터 정계비문에 관해 논할 것이다."
라고 하면서 소이창으로 하여금 비문 초를 낭독하게 하였다. 그런데 양국의 서쪽 국경은 압록강으로 정해졌으나 동쪽 국경은 이번 논의에서 결정하려고 하였다.

먼저 통관 이격이 말을 꺼냈다.

"동쪽의 국경은 두만강으로 하는 것이 옳습니다."

"왜 그런가?"

하고 총관이 물었다.

"조선은 그들의 왕조실록에 동쪽의 국경을 두만강으로 기록하고 있고, 실제에 있어서도 두만강을 넘어가면 월강죄(越江罪)로 다스리고 있습니다."

이격의 말은 모두 사실이었다. 우리의 『태조실록』에 관한 기록도 사실이고 현실적으로 두만강을 넘어가면 월경 또는 도강의 죄목으로 중히 다스려 왔다. 홍이격의 진술은 경문을 한동안 멍하게 만들었다. 우리 스스로가 두만강을 경계로 한다고 기록하고 있으니 마땅히 반박할 말이 생각나지 않았다. 그러나 만약 그렇게 된다면 잃어버린 우리의 동북지방은 영원히 회복할 기회를 놓치고 마는 결과를 초래하게 될 것이다. 경문은 아버지의 얼굴을 떠올렸다. 이것만은 사생결단을 하고 막아야 한다고 생각했다.

"실록의 그 기록은 사실입니다. 그러나 그 선은 약소국인 우리가 스스로 백성을 보호하기 위해 고육지책으로 설정한 치안선에 불과하다고 지난번에도 말씀 올린 바가 있습니다."

라고 하며 실록의 국경설을 부인하고 나섰다. 그러자 이격이 다시 말했다.

"두만강을 넘어가면 월강을 하였다 하여 중죄로 다스리고 있지 않는가?"

"두만강을 넘어가면 월경죄(越境罪)로 다스리지 않고, 월강(越江)으로 다스립니다. 그것은 국경을 넘어간 것이 아니라 나라에서 백성의 안전을 위한 조치를 위반하였기 때문입니다."

라고 경문이 설명하자,

"그것은 조선의 변명입니다."

라고 하며 필첩식은 자기주장을 굽히지 않았다.

그러자 이번에는 김응헌이 총관에게 말했다.

"대국의 예부에서 조선의 사정을 몰라 자문에 '토문강'으로 지정하셨겠습니까? 그것은 다 알고 있으면서도 폐하의 뜻이기에 예부에서 지정한 것이라 사료되옵니다."

라고 하며 조선의 두 역관은 예부의 자문을 들어 동쪽의 국경을 토문강으로 밀어붙였다. 양쪽에서 불꽃 튀는 격론을 벌이고 있는 동안 총관은 아무 말 없이 묵묵히 듣고만 있었다.

"어제도 총관께서 말씀하셨습니다. 국경은 산과 강을 기준으로 삼고, 강은 산에서 발원하는데, 어제 다섯 사람이 하루 종일 찾아도 백두산에서 두만강의 발원지는 찾지 못했습니다. 그런데 어찌 발원지도 발견하지 못한 두만강을 운운하는 것입니까? 그것은 예부의 자문을 정면으로 부인하는 황명거역(皇命拒逆)이 될 것입니다."

라고 경문은 '황명거역'이란 극단적인 용어로 맞섰다. 그것은 아버지 지남의 전략이기도 하였다.

"무어라? 지금 네가 감히 황명거역이라고 했나? 저놈은 결코 그냥 둘 수 없다."

라고 필첩식이 손가락질을 하며 자리에서 벌떡 일어났다.

그러자 경문이 다시 반문했다.

"황제 폐하의 명을 받은 예부의 지시를 따르지 않는 것이 황명거역이 아니고 무엇이겠습니까?"

"내가 네 아비의 사람됨을 보고 가까이하였더니 무엄무례(無嚴無禮)가 극에 달했구나! 저놈을 당장 끌어내 요절을 내라!"

그러자 김응헌이 경문을 지원하고 나섰다.

"이렇게 흥분하실 일이 아니고 냉정히 돌아보셔야 합니다. 거듭 말씀드리지만 황실에서도 이미 조선의 사정을 다 알고 계시면서 '토문강'으로 지정하여 보내셨고, 어제 그 물줄기를 확인까지 하였는데도 달리 말하심은 충분히 황명거역이 될 우려가 있다고 봅니다."

라고 침착하게 말했다. 양측의 감정이 폭발 직전에 이르고 있어도 총관은 미동도 하지 않고 눈을 감고 있었다. 필첩식과 홍이격의 말도 일리는 있지만 경문의 '황명거역'이란 말이 나올 때마다 총관은 매우 심각한 표정을 지었다. 만약 황명거역이 되는 경우에는 죄인의 친족, 처족, 외족 등 9족이 멸문당하기 때문이었다. 총관은 황명거역 운운하니 더 이상 논하기도 싫고 양측의 주장을 들을 만큼 들었다고 생각하여 논의를 끝마쳤다.

점심 식사 후, 정계비를 세울 것이니 참관하라는 전갈을 받고 경문이 급히 달려갔다. 비석으로 보이는 돌이 하얀 면포에 싸여있었다. 그 크기는 2~3척(폭 45센티미터, 높이 67센티미터) 정도 되어 보였다. 인부들이 제2샘의 '사람 人 자' 모양의 분수령에 열심히 땅을 파고 있었다. 이윽고 받침대가 만들어지자 면포를 벗겨 그 위에 비석을 세웠다. 경문은 그 비문의 내용을 찬찬히 읽어 내려갔다.

'大淸'이라는 두 글자를 머리 부분에 크게 새겨놓고 오른쪽에서부터 아래로 다음과 같은 내용이 새겨져 있었다.

> 烏喇摠管穆克登(오라총관목극등) 奉旨査邊(봉지사변) 至此審視(지차심시) 西爲鴨綠東爲土門(서위압록동위토문) 故於分水嶺上(고어분수령상) 勒石爲記(늑석위기) 康熙 五十一年五月 十五日(강희 51년 5월 15일) 筆帖式 蘇爾昌(필첩식 소이창), 通官 二哥(통관 이가), 朝鮮軍官(조선군관) 李義復(이의복), 趙台相(조태상), 差使官(차사관) 許樑(허량), 朴道常(박도상), 通官(통관) 金應瀗(김응헌), 金慶門(김경문).

오라총관 목극등이 변계를 조사하라는 황제 폐하의 명을 받들고 이곳에 와서 살펴보니 서쪽은 압록강이고 동쪽은 토문강이다. 그러므로 물이 나뉘는 분수령 위에 돌에 새겨 기록하노라. 강희 51년(1712년) 5월 15일. 글쓴이 소이창, 통역관 이가, 조선군관 이의복, 조태상, 차사관 허량, 박도상, 통역관 김응헌, 김경문.

경문은 비문의 내용을 읽고 나서 총관에게 말했다.
"대인의 이 처사는 마땅히 이 산과 함께 영원할 것입니다."

이렇게 해서 1712년 5월 15일 조선의 주대표인 접반사 박권과 함경도 관찰사 이선부, 수역 김지남 등이 참석하지 못하고 나머지 6인이 참석한 가운데 청나라 대표인 오라총관 목극등과 함께 백두산정계비를 세웠다. 이 정계비는 조선과 청 간의 최초로 합의된 국경선을 표시한 것으로, 그 선은 서쪽의 압록강과 동쪽의 토문강이 되었다.

12.

천하 명포수

한편 백두산에 가지 못한 시위 일행은 두 사또와 김지남과 함께 갑산 땅 자포수로 내려와 임연수 등에서 묵고, 3일째 되는 날, 허항령에 도착하니 무산 부사 이찬원이 부령부사와 함께 마중을 나와있었다. 그들은 시위 일행을 조선의 명승지 삼지연(三池淵)으로 안내했다.

삼지연은 삼지연읍 고산지대에 위치하고 있고, 오래전 백두산 화산으로 인해 생긴 현무암지대를 흐르던 강이 북포태산에서 뿜어 나온 화산분출물과 백두산에서 나온 부석이 곳곳에 쌓여 물길을 막아 생긴 자연호수이다.

이 호수는 조선이 자랑하는 명승지 중의 명승지다. 3개의 연못이 나란히 있다 하여 삼지연이라 붙여진 이름인데, 태산같이 높은 산 중에 커다란 호수가 3개나 있는 것도 신기하지만 물색이 얼마나 맑고 고운지 보는 사람은 누구나 그 감동을 벗어날 길이 없다. 물빛이 하도 고와 손을 넣어보면 파란 물빛에 거친 손도 금세 섬섬옥수로 변한다. 모든 사람들이 자신의 손을 담가 그 신기한 모습에 즐거워했다.

호수의 주위는 보다회산(甫多會山), 사태봉(沙汰峯), 입모봉(笠帽峯)이 연꽃처럼 피어있고 특히 더 놀라운 것은 북쪽을 바라보면 민족의 영산 백두산이 구름 위에 떠있는 모습은 도저히 인간 세상이라고는 할 수 없을 정도로 아름답다. 지남이 임술년(1682년) 통신사를 따라갔을 때 일본의 후지산을 본 적이 있었다. 그때 그 산의 봉우리가 흰 눈으로 덮여있어 얼마나 아름다운지 감탄했었다. 그러나 오늘 삼지연에서 바라본 백두산 정경은 차원이 다른 세계였다. 느끼는 감동은 펼치기에 필설이 부족하고 오직 상상으로만 가능할 뿐이었다. 삼지연에 오면 맹인도 눈을 뜨고 천치도 시인이 된다는 말이 있다. 그런 탓인지 지남은 자신도 모르게 즉흥시를 읊고 있었다.

> 흰 파도 푸른 자락
> 그림자 물 위에 뜨고
> 꽃 피어 있는 섬에
> 오리들이 그림처럼 아스라이 다니네

그때 한 역졸이 다가와 지남을 흩트려 버렸다.

"예부터 삼지연은 자신이 속세에 드러나는 것을 꺼려 하여 사람들이 오면 반드시 풍우가 일어난다는 말이 전해지고 있습니다."

라고 하는데 아니나 다를까. 그 말이 채 끝나기도 전에 실제로 마른하늘에 빗방울이 한두 방울 듣기 시작하더니 갑자기 소낙비가 되어 쏟아지기 시작했다. 모두가 당황해서 어쩔 줄을 모르고 쫓겨나듯 그곳을 빠져나왔다.

빗속에 무산 땅 장파에 도착했다. 그곳은 무산으로 가는 길목의 한 고을이다. 무산 부사의 지시를 받고 시위 일행을 위한 천막을 치고 임시 숙소를 만들어 놓기는 했는데 하졸들이 아무도 보이지 않았다. 청나라 사람들 보기에 관찰사의 체면이 말이 아니었다. 화가 머리끝까지 오른 관찰사가 무산 부사를 불렀다.

"이 부사 이게 무슨 짓인가?"

하고 불호령을 내리자 부사도 너무 황당한 일이라 어찌할 줄 몰라 고개를 숙이고 있었다.

"무얼 그리 어정거리고 있어? 이놈들을 당장 잡아들이지 않고!"

하고 관찰사가 호통을 치자 즉시 나졸을 풀어 객사 담당 하졸들을 잡아 왔다. 관찰사는 그들에게 곤장질부터 먼저 하라고 엄명했다. 그곳 임시 숙소에서 잠시 머문 뒤 시위 일행은 장파에 도착했다. 객사 곳곳에는 불을 피워 젖은 옷을 말리느라 정신들이 없었다. 이곳에서 무산까지는 아직도 갈 길이 멀어 저녁을 먹고 모두 다 잠자리에 일찍 들어갔다.

다음 날부터 며칠 동안 증산-노은동산-소홍단수-대홍단수에 도착하여 묵었다. 대홍단수에서 하룻밤을 묵은 접반사는 임강대로 가서 총관을 기다려야겠다고 하면서 관찰사에게 시위를 모시고 무산으로 가라고 했다. 지남은 시위를 따라 무산부(茂山府)로 내려왔다.

***

백두산을 중심에 놓고 보면 혜산은 서쪽에 있고 무산은 동쪽에 있다. 지남이 일행을 모시고 무산부 성안으로 들어가니 동헌과 객사가 제법 모양새를 갖추고 있었다. 보아하니 방도 여유가 있을 법해서 잠자리 걱정은 하지 않아도 될 것 같았다. 오랜만에 편한 잠도 잘 수 있겠다는 기대도 하면서 짐을 풀었다. 병이와 엉마이도 그들만의 방을 하나 차지하게 되었다. 시위 일행이 이곳에 오게 된 것은 총관이 접반사와 시위에게 자기가 내려올 때까지 이곳에서 기다리라고 하여 무산부에 오게 된 것이었다.

이곳 무산은 고구려와 발해가 망한 이후 여진족이 줄곧 자리 잡고 살던 곳이며, 세종대왕께서 4군 6진을 개척하여 이곳을 회복하였으나 여전히 많은 여진족이 그대로 삶을 이어갔다. 동북 만주지역으로 오고 갈 때는 이곳을 통하여야 했기 때문에 경제적, 군사적으로 매우 중요한 요충지였다. 그래서 여진족과 충돌이 잦아 사건과 사고가 많이 발생하였고 적의 침입도 빈번하여 무산읍성을 비롯하여 임강대성, 독소성, 마을우성 등 4개의 성을 쌓아 그들의 침입에 대비했었다. 특히 임강대성은 두만강 남쪽 연안을 따라 외성과 내성 이중으로 견고하게 쌓여져 있었다.

시위는 무산에 오자마자 지남을 불렀다.

"내일 배를 좀 만들려고 하니 목재를 구할 수 있는 곳으로 안내를 해주게."

지남은 이 사실을 관찰사에 보고했다.

"아니! 지금 배가 왜 필요해?"

"소관도 그 뜻을 모르겠습니다. 그렇다고 따지고 물어볼 수도 없지 않습니까?"

그러자 관찰사도 고개를 끄덕이더니 이 부사를 불렀다.

"내일 시위가 마상선 목재를 구하러 간다고 하니 인부 10명을 준비시키게. 그리고 그 목재는 이화동에 가야 있을 걸세."

명을 받은 이 부사는 즉시 도끼 인부 10명을 차출하여 내일 아침 일찍이 객사 앞으로 모이게 했다. 다음 날 아침 시위는 인부들을 데리고 이화동으로 출발했다. 도차원 구령과 판관 이세만도 함께 동행하였다.

지남이 시위 일행을 배웅하고 돌아오니 전 참봉 채우주가 와있었다. 그는 한양에서 효릉의 능지기로 있었는데 김지남이 무산에 왔다는 소문을 듣고 옛 친구를 찾아온 것이었다.

"수역 오랜만이외다."

"아이구, 이분이 뉘시라고!"

서로는 한양에서 헤어진 뒤 근 스무 해 만에 이곳 무산에서 서로 만나니 그 반가움은 이루 말할 수 없었다.

"어제 수역이 이곳에 오셨다는 말을 듣고 반가워서 급하게 찾아왔습니다."

"그런데 댁은 어디시오?"

"여기는 손바닥만 하니 여기가 거기고 거기가 여깁니다. 그런데 수역은 예전이나 지금이나 크게 늙지가 않았습니다."

"무슨 당치 않는 말이오? 이제 나도 곧 이순이오."

"그래도 보면 주름도 그리 많지 않고 아직은 팔팔해 보입니다."

"총관은 내가 늙었다고 백두산에도 못 가게 했는데 뭘 팔팔해요? 그건 그렇고 옛날에 종루에서 서로 막걸리 마시던 그때가 좋았습니다."

라고 옛 추억을 서로 나누다가 참봉이 약천 남구만의 생사당 참배를 가자고 했다.

지남은 '약천'이란 남구만의 호를 듣는 순간 깜짝 놀랐다. 오래전 갑술환국 때, 자신을 구해주었고, 1682년 임신년에 지남이 중국에서 입수해온 비법으로 조선 최고의 화약을 만들었을 때 주상전하께 소개해 준 사람이 바로 군기시의 도제조 남구만이었기 때문에 남정승은 지남에게 큰 은혜를 베풀어 준 은인이기도 하였다.

지남은 이곳 무산에서 남구만의 사당을 참배하리라고는 꿈에도 생각지 못하고 있었다. 그는 너무도 반가운 마음에 오히려 채 참봉을 이끌 듯 재촉하여 남정승의 생사당으로 향했다.

사당은 무산부 객사 바로 뒤 양지바른 곳에 아담하게 서있었다. 생사당 입구에는 선생의 생전 업적을 기린 공적비들이 즐비하게 서있었다. 지남은 사당에 들러 향을 피우고 절을 하며 당시 20년 전 남 정승을 뵈는 듯한 생각이 들어 진심으로 경건하게 참배하였다.

지남이 참배를 마치고 나오면서 참봉에게 물었다.

"살아생전의 업적을 기려 사당을 지어놓고 제사 지내기가 쉬운 일이 아닌데 남 정승께서는 어떤 선정을 베풀어 생사당을 짓게 되었소?"

"그 어른이 마흔셋에 관찰사로 부임하셨는데 때마침 이곳에는 심한 가뭄이 들어 백성들이 먹을 게 없어 도탄에 빠져있었습니다. 그때 그 어른은 자기의 녹봉을 털어서 백성들에게 양식을 팔아주고 조정에 건의하여 향후 3년간 군역을 반으로 감해주는 상소를 올려 전하의 윤허를 받았습니다. 그래서 백성들은 그분의 은혜에 조금이라도 보답하기 위해 생사당을 지어 드린 게지요."

채 참봉의 말을 듣고 있던 지남이 고개를 끄덕이며 한숨이 섞인 말투로 푸념을 했다.

"글쎄다. 남 정승께서는 갑술환국 때 영의정으로 제수되셨는데, 그렇게 훌륭하신 분도 당쟁에 휘말려 곤욕을 치렀으니 참으로 안타까운 일입니다."

"그렇습니다. 저도 한양에 있을 때는 참봉이란 자리가 호구지책은 되었는데 이곳에 내려오니 목구멍이 포도청이 되어있습니다. 조정에서 높으신 양반들은 싸움질하느라 어려운 백성들 먹고사는 문제에는 관심도 없습니다."

"그렇지요, 저도 동감입니다. 그런데 일전에 한양에 볼일이 있어 다녀왔는데 남 정승께서 낙향하여 지은 유명한 시가 있다 하여 암송하여 왔는데 참으로 훌륭한 작품이었습니다. 한번 들어보시겠습니까?"

"아! 좋지요, 나는 쓰지는 못하지만 읽기는 좋아하니깐요."

그러자 채 참봉이 약천 남구만의 시조 한 수를 읊기 시작했다.

> 동창이 밝았느냐/노고지리 우지진다
> 소치는 아희놈은/상긔 아니 일었느냐
> 재 넘어 사래 긴 밭은/언제 갈려 하느니

지남은 남 정승의 시조를 듣고 그분의 생시 같은 모습이 떠올라 눈을 뜨지 못했다. 지남은 채 참봉과 남 정승 이야기로 그날 하루를 보냈다.

***

다음 날 오후, 이틀 전에 배를 짓는다며 이화동으로 갔던 시위가 마상선 4척을 만들어 끌고 내려왔다. 이틀 만에 배 4척을 만들었는데 그런대로 쓸 만하게 보였다. 그 배들을 선착장에 계류해 두고 배 구경을 하고 있을 때 총관을 따라 백두산에 갔던 필첩식 소이선이 경문과 수행원을 데리고 왔었다. 필첩식은 총관이 황제에게 보내는 백두산정계비에 관한 장주(章奏, 보고서)를 가지고 왔다고 했다. 그 소릴 듣자 지남은 가슴이 두근거리기 시작했다. 그때 경문이 몰래 살짝 빠져나와 지남에게 왔다.

“어떻게 되었느냐?”

“아버님 염려하신 대로 ‘동위토문’으로 되었습니다.”

“잘했구나, 그럼 됐다. 이제 우리의 할 일은 다 했다.”

라고 말하고 경문의 등을 쓰다듬으며 얼른 돌려보냈다. 지남은 시침을 떼고 모른 척하며 필첩식에게 다가가서 그동안 고생이 많았다며 문안인사를 올리고 분위기를 잡은 뒤 물었다.

”장주의 내용을 물어봐도 되겠습니까?“

“총관이 장백산을 살펴보고 경계를 정한 상황과 접반사와 관찰사가 와서 행차를 지원한 일 및 국왕이 특별히 보낸 호조의 관원이 연회를 베풀어 환대한 일 등이 포함되어 있네.”

라고 하며 정계비의 내용에 관한 이야기는 일체 하지 않았다. 일부러 지남은 다시 물었다.

“소 대인, 백두산 정계가 어떻게 정해졌는지 좀 자세하게 말해줄 수 있습니까?”

"그걸 그대가 알아서 무얼 하겠다는 것인가? 쓸데없는 말 하지 말고 지금 바로 후춘으로 가야 하니 인부와 말을 준비시켜 주게."

"이 밤에요?"

"총관의 명이시다."

지남은 접반사에게 보고를 하고 말을 준비하였으나 비가 점점 거세게 내려 날이 새면 떠나기로 하였다.

다음 날(5월 18일), 여명이 트기도 전에 필첩식이 일어나 부산을 떨었다. 함께 갈 호위병과 종자들을 닦달하며 빨리 서두르라고 야단치는 소리가 주위의 사람들을 모두 깨워버렸다.

지남이 일어나니 그들을 수행하기로 한 이세만 판관도 횃불을 들고 서두는 모습이 보였다. 밤사이에 그친 비는 길바닥을 진창으로 만들어 놓아 발이 질퍽질퍽하게 빠져들었다.

그가 오늘 떠나면 다시 돌아오기 어려울 듯해서 지남은 병이를 불러 필첩식에게 줄 선물과 단자를 가지고 오라 하였다. 그에게 주기로 되어있는 선물은 담뱃대 3개, 부싯쇠 3개, 왜섭자(倭鑷子) 2대, 청심환 5알이었다. 지남은 예물의 종류와 숫자를 싸면서도 너무 초라해 다소 미안한 마음도 들었다. 지남은 병이에게 예물을 들리고 필첩식에게 갔다.

"그동안 정도 많이 들었는데 다시 만나길 바랍니다. 이것은 우리 주상전하께서 보내신 선물이니 약소하나마 받아주세요."

라고 하자 필첩식은 고맙다고 인사를 하며 기꺼이 받았다. 필첩식이 예물을 받으니 고마운 쪽은 오히려 지남이었다. 총관은 주는 음식도 거절했는데 필첩식은 고맙다고 인사까지 하며 받으니 그게 더 고마웠다. 예물을 받은 뒤, 필첩식은 서둘러 후춘으로 떠났다. 판관 이세만이 그를 수행하여 따라갔다.

***

필첩식을 보내고 나니 백두산을 따라갔던 이의복에게서 연락이 왔다. 총관이 두만강을 따라 주위를 살피며 내려가고 있는데 양식이 떨어졌으니 빨리 보내달라는 것이었다. 지남은 관찰사의 지시를 받고 즉시 장교를 뽑아 양식을 보냈다.

점심을 먹고 난 후 잠시 조용하다 싶더니 이번에는 시위가 사냥을 하고 싶다고 하여 포수 1명과 궁수 2명을 차출하여 달라고 하였다. 그의 요구대로 사냥꾼을 차출하여 주었더니 그들을 데리고 강을 건너갔다. 그러나 그는 해거름에 토끼 한 마리도 못 잡고 만신창이가 되어 돌아왔다.

그는 쓰고 갔던 모자도 어디서 잊어버렸는지 없고 옷은 어떻게 된 건지 여러 군데가 찢어져 있고 말에서 내려 걷는 걸 보니 다리마저 절뚝거리고 있었다. 그러나 사냥을 같이 갔던 사람들은 모두 멀쩡하고 아무 말도 하지 않았다.

하도 괴이해서 지남이 물었다.

"대인, 이게 어찌 된 일입니까?"

"별거 아니야!"

시위가 퉁명스럽게 대답하니 지남은 더 물어볼 수도 없었다. 그리고 시위는 자기 숙소로 들어가 버렸다. 그런데 시위가 걸어가는 뒷모습을 보니 오른쪽 신발 한 짝도 벗겨지고 없었다.

지남은 궁금해서 견딜 수가 없었다. 왜냐하면 이런 사실은 자세히 알아서 두 사또에게 보고를 해야 하기 때문이었다. 그래서 시위와 짝을 이뤄 사냥을 갔던 사람을 불렀다. 그 자리엔 병이와 엉마이도 함께 있었다.

"홍 포수, 대체 이게 어찌 된 일인가?"

그러자 홍 포수는 그간에 있었던 자초지종을 지남에게 말하기 시작했다.

"일단 우리는 강을 건너 한동안 이 산 저 산을 헤매고 다녔습니다. 그때 대인이 무엇을 보았는지 손을 들어 일행을 멈췄습니다. 우리 일행은 영문도 모르고 대인의 손짓 하나에 무조건 엎드렸습니다. 그러다 한참 뒤에 고개를 슬며시 들어 주위를 살폈는데 아무것도 보이지 않았습니다. 그러더니 대인이 말에서 내려 총을 빼어 들고 살금살금 기어가더니 바위 뒤에 몸을 숨겼습니다. 대인이 보는 방향을 바라보니 그때서야 검은 물체가 움직이는 것 같기는 한데 거리가 500보도 넘어 무엇인지 분간도 할 수 없었습니다."

"호랑이 아니야? 호랑이!"

하고 엉마이가 끼어들었다.

그때 병이가 엉마이 뒤통수를 툭 치며 말했다.

"야이 인간아 호랑이가 검냐? 검다잖아."

"아니, 멀리서 보면 검게 보일 수도 있지요, 백두산에는 있는 게 호랑이밖에 더 있나요?"

그러자 이번에는 지남이 제지를 했다.

"가만히 좀 있어!"

지남의 핀잔을 듣고 엉마이가 쑥 들어가자 홍 포수는 멈췄던 이야기를 다시 이어갔다.

"시위는 몸을 수그린 채 그쪽으로 다가가고 있는데 녀석은 그것도 눈치를 채지 못하고 이리저리 무엇을 찾아 헤매는 듯했습니다. 시위는 데리고 간 궁수는 한쪽 아래에 매복을 시켜두고 소인만 데리고 녀석에게 접근해 갔습니다. 거리가 100여 보쯤 떨어졌을 때 녀석이 우리의 냄새를 먼저 맡은 듯 고개를 들고 우리 쪽을 바라보더니 '끄응킁' 하고 소리를 내며 우리를 무시하는 듯 코로 땅을 파 헤집고 있었습니다. 가까이서 보니 야생 멧돼지였습니다. 몸집은 집동만 한데 목덜미에는 억센 갈기가 바람에 날리고 주둥이에는 하얀 엄니가 양쪽으로 뻗쳐 나와 그 엄니로 한 번만 받아버리면 모든 게 끝나버릴 것 같았습니다. 시위와 소인은 총을 겨누고 그놈이 가까이 다가오기만을 기다리고 있었습니다. 옆에서 들으니 시위의 침 넘어가는 소리가 '꿀꺽' 하고 들렸습니다.

그때 시위가 나보고 말했습니다.

'내가 먼저 저놈의 머리통을 한 방에 날려버릴 테니 너는 보고 있다가 만약 저놈이 우리에게 달려들면 그때 이어서 쏘아라!'

하기에 '네!' 하고 속삭이듯 대답했지요.

그런데 녀석은 우리가 노리고 있다는 사실을 모르는지 아니면 제 덩치와 이빨을 과신하는 것인지 우리 쪽으로 점점 다가왔습니다. 그러더니 우리를 매섭게 바라보고 있었습니다. 시위는 그때 바위 위에 총을 얹고 놈을 정조준했습니다. 그래도 녀석은 태연하게 킁킁거리며 땅을 파며 우리 쪽으로 오고 있었습니다.

그때, '꽝!' 하고 대인의 첫발이 발사되었습니다. 첫발이 녀석의 머리에 명중한 듯했는데 어찌 된 일인지 녀석은 '움찔'하며 쓰러지지도 않고 오히려 이쪽을 한 번 바라보고 또 주위를 두리번거리더니 또 킁킁거리며 땅을 파기 시작했습니다. 그러자 대인이 두 번째 발을 발사했습니다. 그런데 두 번째 탄을 맞고는 제자리서 한 번 펄쩍 뛰어올랐습니다. 그러고는 우리를 발견하고는 쏜살같이 달려오기 시작했습니다. 그때 소인이 달려오는 놈을 보고 갈겼는데 녀석은 그래도 쏜살같이 달려왔습니다. 시위는 달려드는 녀석을 보고 혼비백산하여 걸음아 날 살려라 하고 도망을 치기 시작했습니다. 소인은 소인대로 놀라서 도망을 쳤는데 어디로 도망쳤는지 알 수도 없었습니다. 정신없이 도망을 치다가 커다란 나무 뒤에 몸을 숨겼는데 그곳이 어딘지 분간도 할 수 없었습니다. 한참이 지나자 그 아래 숨어있던 궁수들이 나를 부르는 소리가 들려 그들과 만났습니다. 그런데 문제는 대인이었습니다. 대인이 어디까지 도망을 갔는지 전혀 보이지가 않았습니다. 세 사람이 온 산을 찾아 '대인! 대인!' 하고 부르며 찾아 헤맸더니 오히려 산을 다 내려와 물가에 넋이 빠져 혼자 앉아있었습니다. 그때 보니 대인은 오른쪽 신발도 벗겨지고 왼쪽 신발만 신고 있었습니다. 대인은 얼마나 놀랐는지 우리가 다가가도 힐끗 한번 흘겨보더니 아무 말도 하지 않았습니다.

그런데 보니 대인의 총이 없었습니다. 그래서 소인이 물었습니다.

'대인, 총은 어디에 있습니까?'

그랬더니 대인이 자기 주위를 두리번거리더니 그때야 깜짝 놀란 듯,

'아! 내 총!'

하고는 주위를 두리번거렸습니다. 그러나 그의 총은 어디에도 없었습니다. 그는 멧돼지에 쫓겨 도망을 치느라 총을 어디다 버렸는지 전혀 기억이 없다고 했습니다. 그때부터 우리 넷은 전부 총을 찾아서 헤맸습니다. 총을 찾으려니 대인이 어디로 도망을 쳐왔는지 자신도 몰라 온 산을 헤매고 다녔습니다. 한참을 헤매고 다니다 보니까 나중에 산자락 끝에 작은 계곡이 있었는데 그곳에 총이 거꾸로 처박혀 있었습니다. 시위가 놀라서 도망을 치다가 그 계곡을 훌쩍 뛰어넘을 때 무의식적으로 총을 그곳에서 놓치고 만 것이었습니다."

그러자 엉마이가 '킥킥'거리며,

"이놈이 대인 도망치는 꼴을 한번 봐야 하는 건데…."

라고 아쉬워하자 병이가 마치 자기가 멧돼지를 잘 아는 듯이 말했다.

"멧돼지 수놈은 한 방 가지고는 안 돼, 머리통도 세 발은 돼야 돼."

지남은 홍 포수의 말을 듣고서야 시위의 행색을 이해하게 되었다. 곧바

로 관찰사에게 그 진상을 보고하니 관찰사는 자기도 멧돼지 사냥을 자주 하는 편인데 멧돼지 사냥은 아무나 하는 게 아니라고 하였다. 이제 그것은 지난 일이고 잃어버린 시위의 신발(革靴)이 문제였다. 지남이 관찰사에게 어떻게 신발을 마련해 드려야 하지 않겠느냐고 했더니 부사에게 지시하겠다고 해서 숙소로 돌아왔다.

***

그날(5월 20일) 저녁 시위는 지남을 불렀다.

"내일 다시 사냥을 갈 테니 오늘 갔던 사람들을 다시 준비시켜 주게!"

지남은 깜짝 놀라 시위를 달래듯 말했다.

"대인, 오늘 이렇게 고생하셨는데 내일은 쉬시지요."

"아닐세. 내 그 녀석하고는 승부를 지어야 해."

하면서 오늘 자신을 공격하던 그 멧돼지와 승부를 봐야 한다고 했다.

그러자 지남이 말했다.

"대인님, 멧돼지하고 싸워서 이기면 뭣할 겁니까. 백두산 멧돼지는 정통으로 세 발은 맞아야 죽는다는데, 그놈에게 무슨 수로 세 발을 쏘겠습니까?"

"아니야, 정수리 한 방이면 되네."

"그러면 오늘 정수리에 한 방 때리시지 왜 쫓겨왔습니까? 도망치면서 혼비백산하여 총도 어디에 버렸는지 몰랐다면서요?"

"누가 그래?"

"내일은 참으시지요. 그 총 가지고는 백두산 멧돼지는 못 당할 것 같습니다."

그러자 시위는 자존심이 상한 듯 소리를 버럭 질렀다.

"준비하라면 해!"

시위의 역정에 놀란 지남은 물러 나와 오늘 갔던 홍 포수와 궁수에게 내일 아침 다시 이곳에 오도록 일러두었다.

그날 밤이 지나고 아침이 다가왔다. 지남은 시위가 아침 식사를 하기 전에 부사가 마련해 준 새 가죽신을 댓돌 위에 나란히 얹어놓았다. 시위가 그 신발을 들고 이리저리 훑어보더니 신어보고는 너무도 좋아하며 지남을 불렀다.

“아니! 어찌 이렇게 빨리 혁화를 준비했느냐? 신어보니 너무도 편하구나.”

“아닙니다, 별게 아닙니다. 편하시다니 다행입니다.”

“총관께서 왜 그대를 그토록 칭찬을 하시는지 이제야 알겠구나!”

“아닙니다. 과찬이옵니다.”

“고맙네! 내가 뭐로 보답을 하지?”

하면서 시위는 아침 식사를 하러 갔다.

식사 후, 시위는 미련하게도 어제 갔던 그 사람을 데리고 또 강을 건너갔다. 그리고 어제 갔던 그 자리에 다시 찾아갔다. 아무리 머리에 총을 맞았다 해도 그 돼지가 그 자리에 다시 나타날 리는 없었다. 시위는 이산 저산을 막 헤매고 다니면서 그 돼지를 찾아 헤맸으나 허사였다. 산을 헤매고 다닐 때마다 산토끼와 날짐승은 많이 보였지만 너무 작고 빨라 총을 쏠 겨를도 없었다. 그런데 어쩌다 나는 꿩을 향해 쏘았지만 번번이 꽝이었다. 해는 기울어 가는데 마음은 급했지만 어쩔 도리가 없었다.

“대인, 그놈은 이 근처에는 없는 것 같습니다. 내일 다시 한번 오시지요?”

라고 홍 포수가 시위에게 오늘을 그만하고 이제 돌아가자는 뜻으로 말을 건넸다. 그러자 시위도 말뜻을 알아채고 숙소로 돌아왔다. 돌아오는 산길에는 곳곳에 나무가 잘려나가고 그 나무를 끌고 간 자국이 선명하게 눈에 띄었다. 한편 지남은 시위를 맞이하기 위해 병이를 데리고 강가에서 기다리고 있었다. 보니 오늘도 시위는 빈손이었다. 지남은 차마 물어보기도 민망하여 그냥 수고했다는 인사만 했다. 그리고 지남은 뒤따라오던 홍 포수에게 왜 네 사람이 하루 종일 한 마리도 못 잡았느냐고 물었다.

"천하에 명포수라 총은 잘 쏘는데 총이 안 맞았습니다요."

라고 하며 그도 연장 탓을 하였다.

저녁을 먹고 난 뒤 지남이 구우익 도차사원과 함께 시위에게 문안드리러 서헌(西軒)으로 갔었다. 지남이 시위에게 물었다.

"대인님, 오늘은 왜 꽝이었습니까?"

"나도 총은 제법 쏘는데 오늘은 운이 없었어."

하고 변명을 했다. 인사를 마치고 돌아 나오려고 할 때 시위가 지남을 다시 불렀다.

"김 동지는 조금 있다가 내 말을 듣고 가라!"

라고 하였다. 도차사원이 먼저 떠나고 지남은 시위가 말할 때까지 기다리고 있었다. 시위가 지남에게 손짓을 하며 가까이 오라고 했다.

"도대체 너희 나라 관리와 백성들은 왜 이렇게 겁이 없어?"

"대체 무슨 말씀이온지요?"

"내가 어제, 오늘 사냥하러 갔다가 보니 우리 영토 내 목재가 무수히 남벌되어 수레로 실어 나른 흔적이 뚜렷하다. 조금이라도 조심하는 마음이 있다면 어찌 이와 같이 할 수 있겠는가?"

지남은 매일같이 바늘방석에 앉아있는 것 같은 나날을 보내고 있었는데 갑자기 벌목 얘기가 나오니 간담이 떨어지는 것 같은 기분이었다. 벌목은 인삼의 불법 채취와 함께 양국 간에 가장 큰 골칫거리였다. 이번에 목총관이 온 것도 이만지 일당의 인삼 불법 채취에서 비롯된 것이다. 두만강 일대의 벌목 사건은 조정에서도 극형으로 다루고 있었다. 만약 시위의 말이 조정에 알려진다면 벌목자는 물론 지방 수령이나 관찰사에게까지도 화가 미칠 것은 불을 보듯 뻔했다. 시위의 말을 듣고 지남이 매우 긴장하는 모습을 보이자 시위가 말했다.

"그대는 왜 자기 일도 아니면서 그렇게 상심하는가?"

"이곳은 변방이라 임금의 교화가 미치지 못하는 곳입니다. 배우지 못해 무식한 백성들이 이와 같이 놀라운 일을 저질렀습니다. 조정에서 알게 되면 반드시 극형으로 다스릴 것이고 그러고 나면 아무런 능력이 없는 아내는 어린 자식들을 데리고 또 어떻게 살아가겠습니까? 그들은 이곳을 떠나 또 정처 없는 유랑생활을 하게 될 것입니다. 지난해에도 그런 일이 있었는데 이번에 또 이런 일을 발생하니 어찌 가슴 아프지 않겠습니까?"

지남이 남겨진 어린 자식과 가족의 딱한 사정을 이야기하자 시위는 갑자기 태도를 바꾸며 말했다.

"그러면 내가 어떻게 해주면 되겠는가?"

"인자하신 대인께서 이번 일을 조용히 넘겨주시면 이 죄를 범한 자는 물론 이곳의 지방 수령들까지도 그 은혜를 뼈에 사무치게 새길 것입니다."

"그래, 그러면 내가 한번 눈감아 줄까?"

그 말을 들은 지남은 시위의 흔들리는 마음을 읽고 바짝 달라붙었다.

"시위 대인, 가난하고 불쌍한 사람들이 살기 위해 저지른 죄이오니 대인께서 아량을 베풀어 주시면 그 은혜는 하늘에 미칠 것입니다."

"그럼, 그대의 말이 이와 같이 간곡하니 내 마땅히 그대가 좋은 신발을 마련해 준 은혜에 보답하기 위해 말하지 않겠다."

고 하였다. 지남은 두 손을 모으고 백번 머리를 조아리며 말하였다.

"대인의 말씀은 진실로 생사 간에 사무치는 은혜입니다. 그러나 만약 이 사실을 총관이 아시게 되면 어찌하시겠습니까?"

"그 문제는 염려하지 말라. 내가 입을 열지 않으면 총관이 어떻게 알겠느냐? 그러나 나를 따라가서 보았던 사냥꾼들이 걱정되는구나."

"그 문제는 소관이 알아서 처리하겠습니다. 그 점은 대인께 염려가 되지 않도록 조치를 하겠습니다."

라고 하자 시위가 대답했다.

"그렇다면 염려할 바가 없겠다. 뒷일은 그대가 알아서 처리하게."

지남은 시위의 고마움에 거듭 감사를 드리고 황송한 몸짓으로 서헌을 나오니 이미 주위는 어둠이 내려있었다. 지남이 밖을 나오니 구 도차사원이 그때까지 중대청에서 지남을 기다리고 있었다.

"무슨 일이 있어서 이와 같이 오래 걸렸습니까?"

지남이 시위와 나눴던 벌목 이야기를 들려주었다. 그는 크게 놀라며 한편으로 기뻐하면서 말하였다.

"이곳에 과연 이런 놀라운 일들이 있는 것을 내가 일찍이 듣고 있었으나 일이 워낙 중대하여 입 밖으로 내지 못하였습니다. 지금 이 말을 들으니 시위가 덮어주었으니 이제 걱정이 없습니다. 반드시 조정에서 큰 상을 아끼지 않을 것입니다. 무산 일대의 잘못을 저지른 범죄자들 이외에 감사, 병사, 수령, 변장 등 그 책임을 져야 할 당사자들이 누가 영감의 은혜에 보답하고자 하지 않겠습니까?"

구후익의 찬사를 들은 지남은 겸손하게 대답했다.

"나라가 어려운 일을 당하였으니 마땅히 성심성의를 다하는 것뿐일세. 무슨 상을 운운하는가?"

"그 또한 사람들을 탄복시키는 말씀입니다. 그러나 이곳의 인심이 지극히 교활하고 간악하니, 신중히 하여 일을 누설하지 말고 진중하게 처리하셔야 할 것입니다."

지남이 도차사원과 헤어져 숙소에 돌아오니 참봉 채우주가 와서 기다리고 있었다.

"오늘 시위를 만나 어떠한 이야기가 있었었소?"

"이곳 사람들이 강을 건너가서 벌목을 한 일이 있습니까?"

라고 지남이 말하니까 채 참봉이 얼굴빛이 하얗게 질리며 말했다.

"지난해 겨울에 많이 베어 왔지요. 벌목한 흔적과 운반한 자취를 숨기지 못해 칙사의 행차가 이곳을 거쳐 간다는 소문을 듣고 걱정들을 많이 하고 있는데 무슨 말이 있었소?"

"그에 대한 말이 있었습니다. 그런데 그에 대한 무슨 대책은 세워놓고 있습니까?"

"대책이란 게 있을 수가 있습니까. 차관이 매일 국경을 건너 수렵을 했으니 벌목은 이미 탄로가 났을 텐데 아직도 아무런 말이 없으니 영감께서 잘 처리한 것으로 알고 있습니다."

"내가 읍소를 하기는 해놓았습니다만 아직 장담은 못 합니다. 다만 벌목 현장을 목격한 시위는 그냥 눈감아 주겠다고 했는데 어떻게 될는지 좀 더 두고 봐야 합니다."

"시위 대인이 눈감아 주신다면야 그걸로 넘어가겠지요. 하여튼 이번에 영감께서 오신 것은 바로 무산 백성들을 죽음에서 다시 태어나게 하신 것입니다. 이것은 하늘이 보우하고 귀신이 도운 것입니다."

라고 하며 채 참봉은 침이 마르도록 지남을 칭찬했다.

"하여튼 이 일이 외부에 발설되면 무산뿐 아니라 온 나라가 불행해질 것입니다. 참봉도 절대 외부 발설이 없도록 단속을 해주세요."

라고 하며 지남은 참봉에게 이곳 백성들의 입단속을 철저히 당부했다.

5월 21일, 시위는 총관 마중을 가겠다며 지남을 불렀다.

"총관이 올 때가 지났는데도 아직 소식이 없으니 내가 한번 가봐야 하겠소, 김 동지, 그대는 움직이지 말고 여기에 기다리고 있게!"

하면서 단지 수행인 두 사람과 천막 하나를 가지고 출발하였다. 그러나 지남은 시위가 총관을 만나면 혹시 벌목 이야기를 할까 불안해서 시위 일행을 좇아 20리쯤 따라갔을 때였다.

"관아에 유숙하고 있는 자들은 어찌하고 이렇게 왔는가?"

"대인께서 이렇게 출발하시는데 소관으로서는 가만히 있을 수 없다는 뜻을 주사에게 말씀드리고 왔습니다."

"그래? 여기까지 왔으니 그럼 같이 가세."

라고 하며 지남이 동행하는 것을 허락하였다. 그리하여 시위와 함께 접반사가 머무르는 임강대의 처소에 도착하였다.

***

그때 임강대에 막 도착하자마자 풍산 만호 한세흠으로부터 총관이 남증산을 지나 노은동산 길을 따라 내려가고 있는 중이라고 긴급한 연락이 왔다. 노은동산이라면 임강대에서도 그리 멀지 않은 곳이었다. 그러자 시위는 총관을 맞이하려 길을 나섰고 지남도 접반사와 함께 따라나섰다. 어윤강 역참에 도착하니 김만희가 총관이 곧 도착할 것이라 했다.

지남이 시위를 따라가다 드디어 총관의 행차를 만났다. 말에서 내려 총관에게 인사를 드리니 반갑게 맞아주었다. 그러자 홍이격도 반갑게 인사를 했다. 그길로 시위는 총관을 모시고 총관의 숙소로 가고 지남은 접반사를 따라 접반사 숙소로 돌아왔다.

접반사는 총관을 따라 백두산에 갔던 군관 이의복, 조태상, 차사관 허량, 박도상, 통관 김응헌 등을 불러 그간의 노고를 치하했다. 그들의 얼굴은 반쪽에다 행색은 완연한 걸인이었다.

“다들 고생이 너무도 컸소, 나라의 일이니 어찌하겠소, 나는 참석도 못해 면목이 없소.”

라고 접반사가 먼저 노고를 치하하자 이의복이 말했다.

“접반사께서 이렇게 환대해 주시니 기쁜 마음 한량이 없습니다.”

라고 하자 다들 돌아가며 접반사에게 인사를 올렸다.

서로의 인사가 끝나자 이의복이 그간에 있었던 일을 간추려 보고했다.

그의 말에 따르면, 총관이 토문강의 발원지를 찾기 위해 조선인들과 함께 백두산 동남쪽을 헤매다가 한 곳에서 사람 인(人) 자처럼 두 갈래로 나눠지는 샘을 발견하였는데 그 물줄기 중 하나가 동쪽으로 흐르다 갑자기 끊어지는 바람에 다시 솟아나는 지점을 찾기 위해 100여 리를 찾아 헤맸으나 다른 물줄기가 없으므로 그것을 근원으로 알고 있다고 했다. 그리하여 총관은 다른 물줄기가 없으므로 남증산을 거쳐 노은동산으로 나와 넓은 길을 따라 이곳까지 왔다고 했다.

접반사의 인사가 끝나자 지남은 총관 숙소를 찾아갔다. 접반사와의 만남을 주선하기 위해서였다. 그러자 총관은 논의할 게 있으니 지금 바로 오라고 하였다. 접반사는 총관을 만나 오랜만에 서로의 안부를 묻고 노고를 위로하였다.

그러자 총관은 정계비를 세우는 일은 황제께서 피차의 간사한 백성들이 국경을 넘나드는 폐단을 막으려는 뜻이었으며, 두만강의 근원이 끊어져 매우 멀리 떨어져 있어 겨우 그 강의 줄기를 찾게 되었다고 하였다. 그 말을 듣고 있던 접반사가 총관의 말을 반박하고 나섰다.

"대인께서는 찾은 물줄기는 두만강 원류가 아니고 대홍단수입니다. 진실한 두만강 원류는 임강대 근처에서 대홍단수와 합쳐져서 동쪽으로 흘러갑니다."

라고 하였다.

그러자 총관은 그 말이 무슨 뜻인지 몰라 산의 지도(山圖)를 꺼내서 일일이 가리키면서 접반사의 주장을 반박하였다.

"내가 조선인들과 함께 이 지역 일대에서 수원을 꼼꼼히 찾았는데도 이곳 이외에는 다른 물줄기는 없었다."

"이곳 사람들은 임강대 상변에 와서 합치는 물을 두만강이라고 칭합니다."

라고 하며 자신도 이곳에 와서 들은 이야기를 마치 진실인 양 거듭 주장했다.

그러면서,

"그곳은 이곳으로부터 불과 10여 리밖에 떨어져 있지 않으니, 대인께서 만약 잠깐 가서 보시면 실상을 아시게 될 것입니다."

라고 하면서 총관이 세운 백두산정계비가 잘못되었다는 식으로 계속 주장했다. 두 사람의 대화를 옆에서 지켜보고 있던 지남은 접반사의 주장이 너무도 황당해서 이럴 수도 저럴 수도 없어 어쩌면 좋을지 몰라 당황해하고 있었다.

지금 목 총관이 백두산정계비에 동쪽의 국경선을 '동위토문'이라고 했기 때문에 그 비문에 따르면 고구려와 발해의 북만주의 땅이 조선의 강역으로 편입될 수 있는 절호의 기회인데, 접반사는 오히려 그것이 잘못된 것이라고 주장하고 있었다.

그 순간을 통역하다 더 이상 참을 수가 없게 되자 지남은 분연히 일어서서 총관에게 말했다.

"총관 대인, 대인께서 현장을 우리 조선인과 함께 수일 동안 친히 답사하시고 세우신 정계비는 만고에 옳으신 결정이었습니다. 지금 저의 접반사께서 뭔가 착각을 하시고 드리는 말씀이옵니다. 하오니 대인께서는 조금도 염려하실 필요가 없사옵니다."

라고 말하자 갑자기 접반사의 얼굴이 벌겋게 달아오르며 소리를 질렀다.

"무어라? 네놈이 지금 무슨 망발을 지껄이고 있는 것이냐? 네놈이 일개 역관 주제에 감히 이 접반사를 칙사 앞에서 모욕을 주다니! 내 네놈을 결코 살려두지 않겠다."

그러자 지남이 담담하게 말했다.

"대감님, 소인은 죽음이 두려운 것이 아니라 지금 나으리의 짧은 식견이 두려울 뿐이옵니다."

그래도 상황 판단을 하지 못한 접반사는 흥분을 감추지 못하고 길길이 날뛰며 악을 썼다.

"내 네놈의 목을 내 손으로 칠 것이다."

이 모습을 보고 있던 총관이 접반사에게 엄중하게 물었다.

"사또, 내가 누구인가?"

"대청 황제 폐하의 칙사이옵니다."

"알면서도 이렇게 망동을 서슴지 않는가?"

"송구하옵니다."

총관은 끝까지 화를 내지 않고 다시 조용히 말했다.

"내가 혜산에 있을 때 너희 나라 길 안내인에게 물었을 때, 동쪽으로 흐르는 물은 물줄기가 끊어져 100여 리를 지난 후에 비로소 솟아난다고 말하였다. 지금 내가 찾아낸 수원은 이 이야기와 서로 부합되는데, 접반사가 말한 물줄기가 과연 진짜 두만강의 줄기라면 너희 나라 사람들이 어찌하여 그때 설명하지 않았느냐?"

"그때 혜산에서 물어 본 사람은 갑산 사람이라, 두만강 근원에 대해서는 잘 알지도 못하면서 그와 같이 망령되이 대답한 것입니다."

라고 하며 접반사는 끝까지 정계비 내용이 잘못되었다는 식의 주장을 굽히지 않았다. 그러자 총관도 백두산에서 찾을 만큼 찾아 헤맸기 때문에 확신을 가지고 말했다.

"임강대 상변에 비록 합쳐지는 물이 있더라도 그것은 대국(大國) 지방의 여러 물줄기가 합쳐서 이곳에서 만날 수도 있다. 내가 황제의 뜻을 받들어 힘써 조사하였고 그래도 혹시 두만강의 원류가 분명하지 않을까 걱정하여 너희 나라 사람들과 함께 살펴도 보았으며 또 이러한 사실들을 필첩식으로 하여금 황제 폐하께 이미 상주하였으니, 이제는 이를 바꿀 길이 없다."

총관이 이미 황제에게 상주하였다고 해도 접반사는 답답하게도 자기주장을 굽히지 않았다.

"대인께서 이미 대홍단수를 잘못 아시고 그 강을 두만강이라고 지목하였습니다. 진짜 두만강이 이곳에서 멀지 않은 곳에서 합쳐지는데, 한번 가서 보시지 않는다면 이는 황제의 명을 받들어 살피는 도리에 어긋나지 않을까 합니다."

"내가 만약에 두만강 수원을 잘못 찾았고 과연 진짜 두만강이 백두산으로부터 내려온 것이 있다면, 너희 국왕이 황제에게 자세히 갖추어 상주한 연후에 다시 살펴보는 것이 좋을 것이다. 나는 결단코 내가 본 것을 바꿀 수 없다."

고 하며 접반사를 돌려보냈다.

숙소로 돌아온 접반사는 군관 이의복과 조태상을 남몰래 조용히 불러 지금 지남을 포박하여 임강대에 하옥시키라고 명했다.

"아니? 대감님, 지금 무슨 말씀을 하고 계십니까? 수역을 하옥하라니요?"

하고 영문을 모르는 이의복이 접반사에게 그 까닭을 물었다.

"저놈이 총관 앞에서 나를 능멸하고 두만강 원류를 왜곡하여 총관의 혜안을 흐리게 하는 중죄를 범하였다. 지금 당장 내 명을 거행하라!"

"아니 되옵니다. 대감님, 소인이 백두산에서 총관을 수행할 때, 총관이 단 하루도 김 수역을 칭찬하지 않은 날이 없었사옵니다. 조선에 김 수역 같은 사람이 있다는 게 조선의 축복이며 나이만 좀 젊다면 청으로 데려가고 싶다고 하였사옵니다. 만약 김 수역을 하옥시키면 큰 변고가 일어날 것입니다."

라고 하자 접반사는 잠시 생각하다가 그럼 한양에 가서 보자고 하며 일단 그날 저녁은 아무 일 없이 넘기기로 하였다.

그런데 이런 사실도 모른 채 지남은 접반사를 찾아가 벌목(伐木) 사건을 아뢰었다. 그러자 보고를 받은 접반사는 사색(死色)을 하며 조금 전과는 전혀 다른 태도를 보였다.

"아니! 지금 벌목이라고 했느냐?"

"네, 그러하옵니다."

"아! 어찌 이런 일이 있을 수 있나? 그럼 시위가 그 전모를 알고 있다는 것이냐?"

"네, 그렇습니다. 시위께서는 소관의 얼굴을 봐서 발설은 하지 않겠다는 언약을 하기는 하였는데, 총관에게 과연 보고하지 않았는지 그 여부를 알 수 없으니 심히 걱정이 됩니다."

접반사가 크게 놀라 무릎을 계속 치면서 말하였다.

"북쪽 변방의 인심이 비록 영악하다고 하지만, 어찌 그 일의 곤란함이 여기에 이를 줄 생각했겠는가? 이 일이 만약에 발설되면 우리에게 미칠 환란이 이보다 큰일은 없을 것이다. 다행히 무사하게 넘어간다고는 하지만 아직은 믿을 수가 없고 만약 그렇게만 된다면 그 기쁘고 다행스러움은 없을 것이다. 주상전하께서 자네를 허락하여 주신 은혜가 이제 나타나는가 보구나."

조금 전 지남을 하옥시키라는 명을 내렸던 접반사가 벌목 사건의 진상을 듣고는 그의 태도가 완전히 거꾸로 바뀌어 버렸다.

"내일 내가 마땅히 모임을 갖게 될 터인데 그때 서로 의논할 터이니 자네는 염려하지 말라. 내 생각으로는 자네가 시위와 아주 친하기 때문에 그와 같은 후한 조치를 취해주었고, 또 총관께서도 자네를 대우하는 것이 범상하지 않으니, 비록 이 사실을 들어 알게 되더라도 환난이 없을 것이다."

"어떻게 보장할 수 있겠습니까? 전적으로 운에 맡길 수밖에 없습니다."

"그렇기는 하지만 지금까지 무사한 것은 자네의 공이다. 어찌 되었든 조금 더 돌아가는 상황을 두고 보세."

하고 어윤강 역참 숙소에서 밤은 그렇게 지나갔다.

어윤강을 출발한 총관 일행이 해 뜰 무렵 박하천에 도착하였다. 천변에서 휴식을 취할 것이라고 하여 접반사는 지대관(地待官)에게 술과 돼지를 잡아 새참을 전달했다. 그러나 총관은 이번에도 음식을 돌려보냈다. 그러자 지남이 총관을 찾아가 잡은 돼지를 도로 살릴 수는 없지 않느냐고 하자 총관이 웃으며 청을 들어주었다. 그 덕에 온 수행인들은 술과 고기를 실컷 먹었다.

총관이 휴식을 취한 뒤 독소에 이르니 관찰사가 마중을 나와있었다. 관찰사는 총관을 무산부(茂山府) 객사로 안내했다. 숙소에 들어가서도 총관은 몸이 너무 피로하다며 일체의 환영행사를 거절하고 오직 조촐한 저녁 식사만 요구했다.

식사가 끝나자 총관이 두 사또에게 내일 무산을 떠나겠다고 말했다. 접반사가 이제 중요한 일도 모두 끝났는데 하루 더 쉬었다 모레 떠나라고 권하였다. 그러자 총관은 접반사의 청을 들어 그렇게 하겠다고 하였다.

그런데 갑자기 문제가 발생했다. 다음 날 아침 식사를 마친 뒤, 총관이 갑사들을 불러 하루 쉬는 동안 조선인들의 두만강 건너 벌목과 인삼 채취를 조사해 오라고 시켰다. 하루를 더 쉬었다 가라고 한 것이 오히려 화근이 되었다. 조선 측에서는 보통 문제가 아니었다.

함경도에는 무산처럼 여진족과 이웃하며 사는 곳이 많았다. 기근이 들면 두만강을 수시로 넘나들었고, 이런 일은 여진족도 마찬가지였다. 그러나 두 나라의 조정에서는 달랐다. 이를 두고 월경이니 월강이니 하는 큰 죄목을 씌워서 극형으로 다루기까지 했다. 그러니 눈감으면 사소한 일도 문제를 삼으면 죽을죄가 되었다. 그런데 총관이 무슨 속셈에서 인지 두만강 건너 벌목과 인삼 채취를 조사하라고 한 말은 두 사또에게는 간 떨어지는 소리였다.

지남은 당연히 시위를 의심했다. 내일 이곳을 떠나겠다고 하던 총관이 갑자기 이를 조사하라고 하니 지남의 의심은 당연했다. 만약 시위가 총관에게 일러바쳤다면 어쩔 수 없는 일이었다. 갑사들이 두만강을 건너가면 벌목 현장은 쉽게 발견될 것이고 그렇게 되면 관찰사는 백성들에 대한 단속을 잘못했다 하여 조정으로부터 파직을 당할 것이고 접반사는 이를 막지 못했다고 책을 면하기 어려울 것이었다. 두 사또는 긴급히 지남을 불렀다.

"이 일을 어찌하면 좋겠는가? 무슨 일이 있어도 이 일만은 막아야 하네."

하고 관찰사가 말했다.

"지당하신 말씀입니다. 허나 총관께서 이미 알고 지시하신 거라면 대처

방안은 없습니다."

라고 지남이 대답하자 접반사가 떨리는 목소리로 지남에게 말했다.

"이보게, 수역, 이 일이 터지면 관찰사와 내가 어떻게 되는지 알면서도 그렇게 말하는가?"

"허나 총관이 알고 지시하였다면 무슨 수로 막을 수가 있겠사옵니까?"

"그러지 말고, 지금 총관의 마음을 돌릴 수 있는 사람은 그대밖에 없으니 어떻게 좀 해보게."

"소직이 그 방법을 안다면 어찌 그냥 있을 수가 있겠사옵니까? 두 사또께서 하명하여 주시면 소인이 성심껏 받들어 모시겠습니다."

"허! 허! 이 사람, 자꾸 남의 이야기하듯 그러지."

하고 두 사또는 번갈아 가며 지남에게 매달렸다. 지남은 두 사또의 하소연에 어쩔 수 없이 물러 나와 시위를 찾아갔다.

"대인, 소관이옵니다."

"어서 오게, 김 동지. 급하게 웬일인가?"

"삼가 여쭤볼 게 있어 찾아뵈었습니다."

"여쭤볼 게 있다? 어서 말해보게. 그대가 나에게 말 못 할 게 뭐가 있겠나?"

시위는 지난번 멧돼지 사건 이후로 지남에게 매우 관대해졌다.

"혹시 벌목 사건을 총관에게 말씀드렸습니까?"

"아니 이 사람! 내가 입을 다물겠다고 약조하지 않았느냐?"

"그러면 왜 총관께서 벌목과 인삼 불법 채취를 확인하고 오라고 하십니까?"

"그거야, 대인 생각이시겠지. 나는 모르는 일이야."

그 말을 들은 지남은 한숨을 돌린 듯 천정을 한번 힐끗 쳐다보고는 다시 말을 이었다.

"외람되지만 한 말씀을 올려도 되겠사옵니까?"

"말을 하라니까. 나도 자네에게 한 번은 보답은 해야지."

"만약 갑군들이 강을 건너가서 벌목 현장을 발견하고 오면 대인의 입장도 난처해질 것이 분명하니 외람되지만 대인께서 그들을 거느리고 강을 건너 사냥이나 하고 오시면 어떻겠사옵니까?"

지남의 말을 듣고 보니 일리가 있다고 생각했다. 갑사들이 가서 벌목 현장을 적발하여 온다면 자신의 입장도 난처해질 것이라는 걸 모를 시위가 아니었다. 한참 생각을 하더니 시위가 말했다.

"알았네. 내 그렇게 하마."

그 말을 듣고 지남은 돌아오고 시위는 갑사들을 불러 모아놓고 출발 준비를 하였다.

"내가 며칠간 사냥을 하여 이쪽 사정에 밝으니 제군들과 함께 벌목과 인삼 채취 현장을 뒤져볼 것이다. 그러니 나를 따르라!"

하면서 시위가 갑사들을 거느리고 강을 건너 자신이 벌목 현장을 보았던 정반대 방향으로 그들을 이끌고 갔다.

지남은 시위가 정반대 방향으로 가는 것을 확인하고는 다시 돌아와 두 사또에게 아뢰었다.

"소직이 시위 대인을 움직여 두었으니 그들이 돌아올 때까지 기다려 보아야 하겠습니다."

라고 하자 잔뜩 겁을 먹은 관찰사가 말했다.

"아니 그대가 사냥을 따라가지 왜 돌아왔는가?"

"말이 되는 말씀을 하시오, 이 수역이 늙은 몸으로 어찌 갑군들과 사냥을 같이 따라간단 말이오?"

하면서 접반사가 관찰사의 말을 반박하였다.

"관찰사께서 염려가 되어서 하시는 말씀이시겠지요. 너무 개의치 마시옵소서."

하고 지남이 접반사를 위로하였다. 그리하여 세 사람은 괜히 하루 더 있으라고 한 것을 후회하며 시위가 돌아올 때까지 무산부 성문 밖에서 눈에 핏발이 서도록 시위만 기다리고 있었다.

해가 저물고 날이 저물자 어둠 속에 저쪽 산모퉁이에서 시위의 모습이 보이기 시작했다. 반가운 마음으로 지남이 말을 달렸다.

"김 동지, 왜 여기까지 나와있어?"

"대인을 기다리고 있었사옵니다."

"걱정할 것 없네, 이보게 사슴을 4마리나 잡아 왔지 않는가?"

"아니 그게 아니고 벌목과 인삼의 채취 말입니다."

"이 사람아. 잘되었다고 하지 않았나? 자, 안심하고 길이나 안내해!"

하면서 시위가 지남을 앞세우고 성문 안으로 들어섰다.

그길로 지남은 두 사또에게 달려가 시위와의 대화 내용을 보고했다.

"김 수역! 그대가 진실로 피바람을 잠재웠구나! 이 은공을 상주할 수도 없으니 어찌하면 좋을지."

라고 접반사가 말하자 관찰사는 지남의 두 손을 잡고 흔들며 어쩔 줄을 몰랐다.

13.

정계비는 조·청 국경조약이다

그렇게 해서 지남의 지략으로 총관의 벌목 조사는 무사히 지나갔다. 다음 날 아침 식사가 끝나자 총관이 또 지남을 불렀다.

"오늘 상의할 일이 있으니 사또에게 좀 들라고 하라."

연락을 받은 두 사또가 관복을 입고 들어가니 편하게 편복을 입고 오라 하여 다시 가서 군복을 입고 갔다. 접반사도 왕의 사신인데 입는 옷까지 간섭을 당했다. 체면이 말이 아니었다. 그것이 약소국의 설움이었다. 동헌에 들어가니 총관 일행이 서열대로 앉아서 차를 마시고 있었다. 두 사또는 읍을 하고 각자 자리에 앉았다. 총관이 백두산의 지도를 꺼내 펼치면서 두 사또에게 가까이 오라고 손짓을 하였다.

그 지도는 총관이 압록강과 두만강의 원류를 찾아 헤맬 때 그린 그림이었는데, 그 물줄기가 계속 그려지지 않고 흐르다 끊어진 곳이 많았다. 그는 지도상의 각 지점을 일일이 가리키며 두만강의 원류를 자세하게 설명하였다. 그 뜻은 자기와 조선의 차사관, 군관, 역관 등이 다 함께 확인한 것이니 조금도 의심할 여지가 없다는 것이었다. 접반사는 달리 대답할 말이 없어 그저 "예예."라고 하고 있었다.

"동쪽으로 흐르는 물의 근원이 끊어진 곳이 이와 같이 모호하고 분명하지 않으니 후속 조치로 경계표를 세우지 않는다면 피차의 백성들이 상고하기가 어려울 터이니 장차 어떻게 처리하면 좋겠소?"

라고 총관이 물었다.

"대국과 소국의 국경을 정하는 일은 저희가 감히 의견을 내서 망령되이 논의할 수 있겠습니까? 오직 흠차(欽差)의 가르침만을 기다릴 뿐입니다."

라고 말하자 총관은 확신을 가지고 다시 말했다.

"목책을 세워 경계를 표시하면 어떻겠소?"

"목책을 세우는 일은 그 지역에 수목이 없을 수도 있으며 또 장구한 계책이 되지 못합니다. 차라리 그 편한 형판에 따라 흙이나 돌을 쌓아두는 것이 마땅할 듯합니다. 그것도 저희가 마음대로 할 수 없으니, 조정에 장계를 올려 그 지시에 따를 것입니다. 그러면 그때는 우리나라에서 단독으로 시행할 수 없으니 대국인이 와서 함께 검사하는 것이 좋을 듯합니다."

"내가 이미 자세히 조사하여 국경을 정하였으니 우리가 검사할 필요는 없소, 위급한 일이 아니니 목책이든, 토축이든 원근에 따라 형편대로 설치를 하고 그 일을 마치면 매년 동지사 편에 보내주면 내가 황제에게 상주하겠소."

라고 총관이 말했다.

"이제까지 우리나라에서는 두 강을 국경으로 한다는 말은 전해져 왔으나 명백하게 표시를 한 적은 없었습니다. 지금 다행스럽게 대인께서 저희들이 생각하지 못한 경계의 계책을 또 곡진하게 가르쳐 주시니 토석(土石堆)으로 경계를 세우도록 하겠습니다."

라고 말하고 두 사또는 돌아왔다.

숙소로 돌아온 두 사또는 김지남을 불러 백두산에 같이 갔던 이의복과 조태상, 김응헌 등 여섯 사람을 모두 불러 한자리에 모았다.

"대체 총관이 목책이나 토석으로 경계를 세우라고 하는데 어디서 어떻게 할지 망막할 뿐이오. 같이 갔던 사람들은 들은 이야기가 있었는가?"

라고 접반사가 운을 뗐다.

"이제까지 백두산에서는 아무런 이야기가 없었사옵니다."

라고 이의복이 답변을 하자 관찰사가 다시 물었다.

"석비를 세웠으면 족하지 무얼 다시 경계를 표시하라고 하는 것인지?"

"아닙니다. 실제 백두산에 올라보니 서쪽으로 흐르는 압록강의 원류는 눈에 보이지만, 동쪽으로 흐르는 물줄기는 조금 흐르다가 땅속으로 사라져 버립니다. 그 물줄기를 찾으려고 온 산을 며칠간 헤매며 결국 두만강 쪽으로 내려오다 100리도 넘는 곳에서 한 물줄기를 발견하고 그것이 사라졌던 물줄기가 다시 땅 위로 솟아오른 곳으로 알고 그 구간을 나무나 토석으로 연결시키라는 뜻일 것이옵니다."

라고 차사관이 말했다.

"그렇게 하시면 아니 되옵니다. 총관의 생각은 어떤지 모르겠습니다. 다만 석비에는 '동위토문'으로 새겨져 있으니 경계 표식을 그렇게 할 수는 없습니다."

라고 경문이 말했다.

그러자 관찰사가 경문에게 물었다.

"그러면 총관이 백두산에서 두만강 쪽으로 조사를 하며 내려왔는데 그 표식을 어떻게 한다는 말인가?"

"변계의 표식은 정계비에서부터 시작하여야 합니다. 총관이 두만강을 따라 내려오신 것은 정계비와는 아무런 상관이 없습니다."

"그러면 국경의 표식을 두만강 쪽이 아니라 토문강 쪽으로 설치해야 한다는 말인가?"

"그렇습니다."

"총관이 토문강을 따라가지 않고 두만강을 따라 내려왔지 않는가?"

라고 관찰사가 말했다.

"총관이 내려온 길이 국경선의 기준이 될 수는 없습니다. 오직 중요한 것은 정계비에 기록된 내용입니다. 정계비는 우리의 주상전하와 청의 황제가 합의하여 세운 국경합의석(國境合議石)입니다. 이는 곧 조·청 양국의 국경조약(朝·淸 國境條約)에 해당하는 것입니다."

경문의 설명을 듣고 있던 접반사가 다시 반문했다.

"주상전하와 청의 황제 옥쇄가 찍혀있지 않는데 어찌 조약이라 하는가?"

"조약은 두 나라 사이의 약조입니다. 이 석비의 내용은 우리 전하와 청의 황제의 경계에 대한 전권을 명받은 사신들의 율법의 효력을 가진 행위입니다. 청의 황제가 백두산에 와서 그 석비에 옥쇄를 찍을 수도 없을 뿐 아니라 그 형식에 있어 반드시 문서일 필요도 없습니다."

아들 경문의 주장을 옆에서 듣고 있는 지남이 아들과 눈빛을 마주치며 고개를 끄덕였다.

"그렇지! 황제가 백두산에 와서 석비에 옥쇄를 찍을 수는 없지. 그리고 그 형식이 꼭 문서여야만 되는 것도 아니라는 말은 지극히 마땅한 말이다."

두 사또는 경문의 논리적 주장에 반신반의하면서 일단은 조정에 장계를 띄우기로 하고 회합을 끝냈다. 숙소로 돌아가는 길에 지남이 아들을 불렀다.

"네 말이 옳다. 석비는 두 나라의 조약이다. 고생했다!"

"아닙니다, 아버지의 가르침일 뿐입니다."

지남은 아들의 등을 토닥이며 숙소로 돌려보냈다.

***

그런데 그때, 총관이 돌아가는 지남을 다시 불렀다. 총관은 두루마리 하나를 보여주었다. 거기에는 놀랍게도 백두산 지도가 그려져 있었다. 이번에 따라온 황실 화공 유운경이 실제를 보고 그린 백두산 지도였다. 그것은 조선에도 청에도 없는 조선의 보물급에 해당되는 지도였다. 그 당시만 해도 지도는 각 나라의 최고의 비밀에 해당되었다.

"이 지도는 백두산 이남의 조선 지방을 그린 지도이다. 두 벌을 그려서 한 벌은 황제에 상주할 것이고 한 벌은 김 동지에게 줄 것이니 마땅히 국왕에게 전하라. 다만 아직 필사를 마치지 못하였으므로 완성된 후에 주겠다."

라고 말하였다.

지남은 접반사에게 즉시 알려드렸다. 접반사는 감탄하며 말했다.

"만약 그 지도를 얻게 되면 그대의 업적은 전하께서 능히 아실 것이네!"

하고 치하했다.

오후가 되어 총관이 지남에게 말을 전하라고 했다.

"삼수부에 내가 가지고 온 쌀 10석이 남아있으니 그것은 나를 위해 길을 닦은 장교, 군인 등에게 골고루 나누어 주고 10척의 마상선도 각 진에 나누어 주라. 그리고 내일 출발해서 두만강이 바다로 들어가는 곳을 살펴본 후에 경원으로 돌아와서 후춘으로 넘어가겠다. 이러한 뜻을 역시 두 사또에게 보고하라."

고 하였다.

이번에도 그렇지만 이제까지 총관은 조선에 넘어와서 개인적으로는 매우 자상하고 조선의 백성들에게 우호적인 모습을 보여왔다. 두 사또가 전하는 음식은 조선에 폐가 된다며 일체 거절하면서도 자신이 몰고 온 소나 마상선과 그림 등을 아낌없이 주었다. 남을 의심하는 것은 옳지 않지만 역사적으로 보아 옛날 여진족들에 비해 그는 분명히 도량이 큰 사람으로 보였다.

특히 발씨 사나운 백두산에서 두만강의 발원을 확인한 뒤 그 하류가 바다로 흘러들어 가는 지점을 직접 눈으로 확인하겠다고 하는 투철한 사명의식은 놀라울 정도였다. 자신이 설정한 정계가 헛되지 않도록 토석으로 경계를 표시하라는 섬세함까지 보였다. 그는 황제의 칙사라 하여 때로는 위압적이기도 하였지만 이제까지 우리가 무식하다 업신여긴 그런 오랑캐는 분명히 아니었다.

총관은 무산-회령-종성-온성-경원을 거쳐 자신이 관할하고 있던 후춘(厚春)으로 넘어갈 여정을 잡고 있었다. 무산을 떠나는 날 아침 시위는 두만강을 따라 마상이 배를 타고 먼저 출발하고, 총관은 자신의 상징인 네 폭 황룡기(黃龍旗)를 앞세우고 총과 활로 무장한 갑군들의 호위를 받으며 육로로 출발했다.

무산도 본래는 부령부에 속한 한 보(堡)였지만 지금은 크게 발전하여 무산부로 승격하면서 양영보와 풍산진까지 관할하게 되었었다. 함경도의 동북부 지역에 이렇게 보와 진 같은 군사 시설이 많은 것은 조선 초까지 여진족들이 많이 살고 있었고 조정에서는 백두산을 지켜내기 위한 북방정책의 일환이었다.

목 총관은 무산과 인접한 길림 연변 등 동북간도의 오라(烏喇)지역을 관리하는 총관으로서 당연히 이 일대의 조선의 군사 시설인 진, 보와 성곽들에 대한 지대한 관심을 가지고 있었다. 지나는 길목마다 설치되어 있는 성곽의 위치와 규모 등을 유심히 관찰하며 지나갔다. 일행은 양영보에서 점심을 먹고 풍산진에 도착하니 벌써 해가 저물었다. 두만강을 따라 출발했던 시위도 해가 저물자 도착했다.

저녁 식사 후, 총관은 지남을 불러 앞서 말했던 백두산 지도를 주면서 말했다.

"이제 겨우 필사가 끝났다. 이것을 국왕에게 바치도록 하라."

하였다. 당시 지도는 어느 나라나 할 것 없이 극비에 속하는 사항이었다. 그런데 지남에게 백두산 일대의 지도를 주는 것은 예상도 할 수 없는 일이었다. 지남은 너무나 고맙고 황송해서 그 지도를 즉시 접반사에게 전했다. 접반사도 크게 감사해하며 그 지도를 자세하게 살피기 시작했다.

그 지도상에는 압록강 근원이 두 갈래로 표기되어 있었다. 한 줄기는 백두산 꼭대기에서 남쪽으로 흐르고 다른 한 줄기는 서북쪽에 흐르다가 다시 하나로 합치는데, 남쪽으로 흐르는 물줄기에는 압록강의 근원이라고 적혀있고, 서북쪽의 줄기에는 아무런 표시가 없었다. 그 지도를 한참 살펴보던 접반사가 말했다.

"이 서북쪽 강줄기도 압록강의 근원이라고 쓰면 좋겠다. 자네가 가서 이름을 써서 받아 오라. 이걸 이대로 조정에 가져가면 잘하고도 좋은 소릴 못 들을 것 같다."

이렇게 귀중한 지도를 주는 것만으로도 크게 고맙게 생각해야 할 처지에 그 지도에 설명이 부족하니 어떠니 하니까 지남으로서도 정말 짜증이 났다.

"이것은 당초 정계비를 세울 때 이의복과 김응헌 등이 부탁을 했는데 끝내 써주지 않았다고 합니다. 그런데 지금 소인이 어떻게 그걸 받아 올 수 있겠습니까?"

하고 어렵다는 듯이 말했다.

"그래도 한번 가봐!"

라고 하며 접반사가 고집을 꺾지 않았다. 지남은 어쩔 수 없이 그 지도를 소매 속에 넣고 총관의 숙소로 다시 갔다. 총관이 다행스럽게도 시위, 주사와 함께 있었다. 지남이 나아가 그 지도를 펴놓고 말하였다.

"이 지도를 보면 압록강의 두 근원 중 서북쪽 근원에는 표기가 없는데 이대로 임금에게 바치면 여기에는 왜 이름을 쓰지 않았느냐고 물으면 딱히 드릴 말씀이 없어 황공하지 않겠습니까? 바라옵건대 대인께서는 이러한 이치와 형세를 양해해 주시어 서북쪽 근원에도 이름을 써주도록 화공 유윤길(劉允吉)에게 하교해 주심이 어떠하겠습니까?"

라고 말하니,

"네가 말하는 바가 일리는 있으나 나 역시 돌아가 황제께 상주할 때 혹시 강 하나에 어째서 근원이 둘이냐고 하시면 내가 어떻게 대답해야 하겠느냐?"

"저의 어리석은 생각으로는 강 하나에 여러 갈래의 근원이 있다면 그 이름을 함께 써주는 것이 당연하다고 생각합니다."

라고 하자 총관이,

"그러한 이치는 없다."

라고 하며 거절하였다. 그러자 지남이 총관에게 바짝 다가가며 다시 간청하였다.

"꼭 그러시면 황제께 상주하는 지도에는 이름을 쓰지 않더라도 우리에게 주는 지도에는 이름을 써주심이 어떠하시겠습니까?"

총관이 웃으며 말하였다.

"이 산에 무슨 보배라도 산출되는 것이 있느냐? 그래, 그러면 자네의 얼굴을 봐서 소원대로 해주겠다."

라고 하며 화공 유윤길을 불러 지도를 주면서 말하였다.

"이 서북쪽 강줄기의 머리에 '압록강원(鴨綠江源)' 4자를 써서 주어라."

고 하였다. 이렇듯 총관은 지남을 아끼고 신뢰해 주었다. 지남이 즉시 돌아와 두 사또에게 보고하니 접반사가 기뻐하며 나에게 말하였다.

"자네가 총관의 신임을 얻어 매사가 순조롭구나. 이제 모든 게 끝난 것 같다."

고 하였다.

14.

놀라운 조선 여인들

총관은 다음 날 새벽에 무산을 출발하여 회령 경계에 도착하니 회령 부사 조태상이 제반 의장, 접대인, 인부 등을 두루 거느리고 기다리고 있었다. 무산에서 데리고 간 의장과 하인들을 교대하여 50여 리를 가니 볼하진(乶下鎭)이 나왔다. 총관 일행을 위한 점심 준비가 한창이었다. 한쪽에서 통돼지를 삶는다고 가마솥에 하얀 김이 연기처럼 솟아오르고 다른 한쪽에서는 밥을 짓느라 구수한 쌀밥 냄새가 진동을 했다. 자기들은 점심을 먹지 않는다고 자랑을 하더니 오늘은 웬일로 총관도 술 한잔에 밥 한 그릇을 뚝딱 해치우고 나서 말했다.

"돼지가 새끼였나? 고기가 연하고 맛이 있구먼, 밥도 아주 맛있고…."

하면서 다른 사람들은 한창 밥을 먹고 있는데 그는 벌써 자리에서 일어나 출발을 서두르고 있었다. 아무래도 마음이 급했던 모양이었다. 그때까지 식사를 하고 있는 지남을 바라보며 말했다.

"김 동지는 천천히 먹고 따라오게. 내가 먼저 갈 테니."

하면서 먼저 출발하였다. 그 소리를 들은 지남도 바로 숟가락을 놓고 뒤를 따랐다. 워낙 급하게 서두르다 보니 그 덕에 회령에 일찍 도착하게 되었다.

지남이 도착한 날 저녁, 조 부사가 긴히 상의할 게 있다며 지남을 찾아왔다.

"나 같은 사람에게 무슨 상의할 게 있소?"

하고 지남이 조 부사에게 물었다. 그는 회령개시의 폐단을 들고 나왔다.

당시 회령은 청인들의 요구로 1년에 두 번씩 봄, 가을로 개시(開市)라는 시장이 열리고 있었다. 처음에는 정상적으로 잘되다가 날이 갈수록 그들의 횡포가 심해져 회령의 백성들이 극심한 어려움을 겪고 있었다. 청나라 사람들은 주로 곡식이나 소록피 등을 가지고 오고 조선의 상인들은 주로 소, 소금, 농기구인 보습 등을 가지고 가서 팔았다. 그런데 소는 나라에서 정해준 값이 있는데 우리가 소를 몰고 가면 상급은 중급으로, 중급은 하급으로 자기들 마음대로 소 값을 정하는 횡포를 저질렀다. 그리고 아무리 항의해도 소용이 없었다.

그리고 특히 폐단이 심한 것은 그 사람들을 먹고 재우는 것이었다. 개시가 열리면 조선 관원과 청나라 관원이 파견되어 시장을 관리하였는데 그 수가 처음에는 100여 명에서 나중에는 무려 500여 명까지 늘어났다. 그런데 그들이 두서너 달 동안 먹고 자는 비용을 모두 우리 측 상인들이 부담하고 있었다. 이를 견디다 못한 회령시장 사람들이 시장을 버리고 떠나는 사람도 많았다. 이렇게 회령개시의 폐단이 극심해도 누구 한 사람 나서서 감히 입도 뻥긋하지 못했다. 그런데 소문에 오라 총관이 지남을 매우 신뢰한다는 말을 듣고 부사가 지남을 찾아온 것이었다. 부사는 지남에게 이러한 폐단을 자세하게 말하고 지남에게 매달렸다.

"회령시장 사정이 이러니 수역이 총관에게 잘 말해서 이 근심거리를 풀 수 있도록 힘써주시게."

하면서 폐단을 정리한 서장을 내밀었다. 사정을 듣고 보니 지남도 도저히 그냥 넘어갈 수는 사안이라 일단 총관에게 말씀은 드려보겠다고 약조하고 헤어졌다. 그러나 상황이 여의치 않아 회령에서는 그 말을 하지 못하고 종성에까지 오게 되었다.

지남은 조 부사가 써준 서장을 소매 속에 넣고 먼저 홍이격을 만났다. 그러자 그는 총관에게 그 말을 해봤자 소용이 없을 거라고 했다. 이유는 횡포를 저지른 오라와 영고탑 사람들이 모두 총관이 관할하는 지역의 사람들이기 때문이었다. 그러나 지남으로서는 이때가 아니면 해결하기 어려울 것이라 판단하고 총관을 직접 찾아갔다.

"대인께서는 지금 우리나라에 오셔서, 진실로 황제께서 백성을 보호하시는 지극한 마음을 실천하시고, 항상 민간에 폐를 끼치는 것을 염려하셨습니다. 대인께서 지나가는 곳마다 어지시다는 칭송이 울려 퍼지니 백성들이 어찌 감격하고 축수하지 않겠습니까? 어제 회령에서 소관이 안타까운 이야기를 들은 바가 있어 대인께 간절히 호소하고자 하오나 황송하여 감히 말씀드리지 못하고 주저하고 있습니다."

그러자 총관이 말하였다.

"이미 마음속에 품은 바를 어찌 감히 말할 수 없다고 하여 말하지 않을 수 있겠는가?"

이에 지남이 정색하고 말하였다.

"총관께서도 잘 아시다시피, 회령개시는 대국에서 먼저 요청하여 진실로 양국이 서로 화합하기 위해서 열린 것입니다. 이는 하늘이 공평하고 땅이 공평한 뜻을 따른 것입니다. 그런데 근래 회령에서는 인심이 점차 옛날과 같지 않아 규정을 따르지 않고 억지로 급료를 징수하고 물건값을 마음대로 정하는 폐단이 해마다 증가하고 있습니다. 이로 인해 회령의 백성들이 너무도 많은 고통을 받고 있습니다. 바라옵건대 대인께서는 이 백성들을 불쌍히 여기시어 이러한 폐단을 금하신다면, 그 혜택을 어찌 다 헤아릴 수 있겠습니까?"

총관이 말하였다.

"알았네. 그대의 말을 들으니 참으로 불쌍하지만, 내가 직접 본 일이 아니므로 그대의 말만 믿고 결정할 수는 없다. 그러나 사실이 그렇다면 오라 백성들의 폐단은 내가 마땅히 금단하겠다."

라고 하였다. 지남은 허리를 거듭 굽혀 총관에게 감사의 표시를 하고 물러 나왔다.

총관의 일정은 바빴다. 백두산정계비를 세웠으니 그는 이제는 하루라도 빨리 오라지역으로 돌아가고 싶어 했다. 그 뒷날(5월 27일)도 종성에서 아침 일찍 출발하여 온성 부사 이후전(李厚全)과 유원 첨사 박신혁(朴信赫)의 안내를 받아 온성에 도착했다. 종성에서 온성에 오는 길목에도 동관진과 영달진이 웅장하게 자리 잡고 있었다. 조선과 청의 관계는 또 언제 변할지 모르니 이번 기회에 조선의 각 진보의 성을 둘러보는 것도 총관에게는 큰 기회가 아닐 수 없었다.

***

저녁을 먹고 난 뒤 홍이격이 지남을 불러 총관의 뜻이라 하여 가발 60개를 구입해 달라고 하였다. 말이 쉬워하는 말이지 어찌 하루 밤사이에 가발 60개를 청하느냐고 하자 그는 총관의 뜻이라고만 했다. 지남이 두 사또에게 이 사실을 고하자 접반사는 어려움이 있더라도 내일 아침까지 만들어 내라고 관찰사와 이 부사에게 명했다.

그날 저녁 이 부사가 지남에게 가발을 만드는 광경을 보라며 지남을 관문 밖으로 안내했다. 지남이 부사를 따라 관문 밖에 나가니 그사이에 수십 명의 기생과 아녀자들이 강변 군데군데 앉아서 머리를 풀어 머리카락을 자르고 있었다. 관의 명이 얼마나 무서웠으면 이 어둠 속에서 머리를 자르고 있을까 생각하니 지남의 가슴이 미어졌다. 울며 탄식하는 여인들의 흐느끼는 소리가 몰래 숨어서 보고 있는 지남의 귀에까지 들려왔다. 어쩌면 아녀자의 생머리를 잘라달라고 하느냐며 차라리 죽게 해달라고 항의하는 사람도 있었다.

지남은 차마 그 모습을 볼 수가 없어 그길로 발길을 돌려 홍이격을 다시 찾아갔다.

"대통관, 이곳 온성에는 준비된 가발이 없어 관비는 물론이고 여항의 아녀자들까지 잡아다 강가에서 머리를 자르고 있습니다. 소관이 조금 전 보고 왔는데 차마 그 모습을 눈 뜨고 볼 수는 없습니다. 하니 그 수를 줄여주든지 아니면 반은 다음 날 경원에 가서 구해보겠습니다."

라고 하자 홍이격을 총관만 핑계 대고 지남의 청을 거절하였다. 그러자 지남도 온성에서는 더 이상 가발을 구할 수 없다고 강경하게 말하고 숙소로 돌아와 버렸다.

아침 일찍 온성을 출발하여 황척파보(黃拓坡堡)에 도착하니 역시 경원부사 오정석(吳挺奭)이 마중을 나와있었다. 온성의 의장과 수행인을 교대하여 총관을 경원부로 안내했다.

총관이 도착하기도 전에 오라 장경이 갑군 20명을 거느리고 두만강을 건너와 총관 영접 준비를 하고 있었다. 그런데 장경을 본 총관이 노기등등하여 매우 호통을 쳤다.

"네가 비록 직책이 낮고 못났지만 어찌 월경이 큰 죄가 됨을 알지 못하느냐? 지난번에 필첩식을 보냈을 때 영접한다고 월경하는 일이 없도록 분부하였는데도 이와 같이 범월을 하였으니 이것은 절대로 용서하기 어렵다."

고 하면서 오 부사도 함께 불렀다.

"너는 조선의 지방관이 되어 다른 나라 군사들이 월경하여 오는 것을 그대로 두고 보았느냐? 너는 그 죄가 얼마나 무거운지 모르느냐?"

고 하였다. 오 부사도 총관의 말을 듣고 보니 그렇기는 한데 한편으로 총관 영접을 위해 오는 사람을 막을 수도 없어 묵인해 준 것이었다. 난처해진 오 부사가 능히 답변을 못 하고 지남에게 매달렸다.

"나는 어떻게 설명해야 할지 모르겠으니 중간에서 수역이 설명을 좀 잘 해주시게."

그러자 지남이 총관에게 직접 용서를 구했다.

"지방관이 어찌 범월을 엄금하는 법을 모르겠습니까? 그러나 장경이 흠차를 영접하기 위해 배를 타고 온다고 하기에 법을 알면서도 막지 않은 것입니다. 대인께서 용서하여 주시옵소서."

라고 하니, 그때 오라 장경이 모자를 벗고 머리를 땅에 처박으면서 용서를 빌었다.

"소인이 무식하여 대인을 영접하는 것만 생각하고 범월이 중죄 됨을 잠시 망각하고 있었사옵니다. 바라옵건대 대인께서는 특별히 용서하여 주십시오."

라고 하며 고개를 드는데 이마에서 피가 흐르고 있었다.

"내가 이곳에 온 것은 황제의 뜻을 받들어 두 나라의 간악한 백성들이 월경하여 일을 일으키는 폐단을 금하고자 하는 것이다. 지금 너같이 중국의 관리라는 자가 범월한 것을 다스리지 않는다면 어떻게 타국의 간악한 무리들이 월경하는 것을 금지할 수 있겠는가? 결단코 용서해 줄 수 없다. 빨리 돌아가서 후춘 지방에서 기다리고 있어라."

하고 꾸짖으면서 내보냈다. 그러면서 한편으로는 후춘으로 돌아가는 그 사람들이 배가 고프지 않도록 쌀밥과 음식을 충분히 해서 보내라고 지남에게 부탁했다. 목 총관이 조선의 관리들이 보는 앞에서 자기 부하가 배고

플까 봐 음식을 챙겨주면서도 월경에 대해서 처벌하겠다고 하는 것은 조선 사람들도 월경하지 말하는 경고의 뜻이 담겨져 있었다.

그 일이 있은 뒤 총관이 지남을 불러 문서 하나를 주면서 접반사의 답장을 받아 오라 하였다. 접반사가 그 문서를 받아 펼쳐보았다.

> 황제의 뜻을 받들어 변경을 조사하는 대인 목극등은 조선 접반사, 관찰사에게 공문을 보냅니다. 변경을 조사할 일로서 내가 친히 백두산에 이르러 살펴보니, 압록강과 토문강 두 강이 모두 백두산에서 서쪽과 동쪽으로 발원하여 양쪽으로 나누어 흐르고 있습니다. 원래 강의 북쪽을 중국의 영토로 정하고 강의 남쪽을 조선의 영토로 정한 것은 세월이 이미 오래되어 논의할 것이 없습니다. 두 강이 발원하는 분수령(分水嶺)에 비를 세우고 토문강의 근원으로부터 물줄기를 따라 내려오면서 살펴보았는데 물줄기가 수십 리를 가다가 물의 흔적이 보이지 않다가 돌 속에 묻혀 밑으로 흘러 100리에 이르러서야 비로소 큰 물줄기가 나타나 무산으로 흐릅니다. 그래서 사람들은 변계(邊界)를 알지 못해 범월하기도 하고 집을 짓기도 합니다. 그러므로 접반사와 관찰사는 같이 상의하여 무산과 혜산의 서로 가까운 곳에다가 파수대(把守臺)를 설립하여 경계를 알게 한다면 월경하여 문제가 없을 것입니다. 그렇게 하면 양 국경이 무사하게 될 것이니 상의하여 공문을 보내도록 하시오.

라고 하였다. 접반사는 변계에 파수를 설치하는 일은 조정의 뜻이 있어야 하므로 이에 대해서는 차후 회신하기로 하였다.

***

총관은 두만강이 동해로 흘러들어 가는 서수라보(西水羅堡)를 보기 위해 경원(慶源)에서 경흥(慶興)으로 가는 도중에 아산진(阿山鎮)에서 자고 그다음 날인 5월 30일 경흥부에 도착하였다. 동헌 앞에는 주변을 관망하기 좋은 정자가 눈길을 끌었다. 식사를 마친 총관은 산책을 하겠다며 그 정자로 향했다. 경흥부사와 지남이 뒤를 따랐다. 정자에는 망덕정(望德亭)이란 현판이 붙어있었다. 이 정자는 6진 시절 망루였다고 했다. 정자에 오르니 주변이 한눈에 들어오고 멀리 두만강이 흘러가는 한 굽이가 보였다.

총관이 부사를 불러 묻기를,

"저 두만강이 바다로 들어가는 곳이 여기에서 몇 리나 떨어져 있는가?"

"두만강은 서수라보(西水羅堡) 앞에서 바다로 들어가는데, 여기서 가면 90리는 될 것입니다. 그러나 20리쯤 가면 두리산(斗里山)이 있는데 그 산 꼭대기에 올라가 보면 훤히 볼 수 있습니다."

라고 대답하자 지남이 다시 '두만강'을 강조하며 말했다.

"총관 대인, 서수라보 앞에서 동해바다로 들어가는 강은 대홍단수에서 발원한 두만강입니다. 두만강!"

그러자 지남이 '토문강'이 아니라 '두만강'을 강조하는 지남의 말뜻을 모르는 총관은,

"글쎄, 누가 그렇지 않다고 하던가. 그럼 내가 내일 아침 직접 확인하겠다."

라고 하면서 아무렇지도 않게 말꼬리를 다른 데로 돌렸다.

"김 동지, 내가 지금 강을 따라오면서 보았는데, 조선인들이 강 안에 있는 섬에다 농사를 짓고 있던데 왜 이를 금지시키지 않는가?"

그러자 옆에 있던 부사가 흠칫하고 놀라며 말했다.

"소관은 보질 못하였습니다."

"나는 보았는데 그대들은 어찌하여 못 보았다고 하는가?"

"어찌 되었던 가난한 백성들이 힘써 농사를 지었으니 지금은 어쩔 수 없고 내년부터는 경작을 금하도록 하라."

그러자 경흥부사가

"네, 마땅히 그렇게 하겠습니다."

라고 하였다.

"내가 지금 너희 나라에 와서 눈으로 보고 말할 만한 일이 한두 가지가 아니지만 모두 김 동지 그대의 얼굴을 보아서 끝까지 침묵하고 돌아가겠다. 그대는 능히 내 마음을 아는가?"

하므로, 지남은 사례하며 말하기를,

"소관이 비록 불민하지만 어찌 대인의 어진 덕을 알지 못하겠습니까?"

라고 하였다.

그리고 총관은 망덕정에서 내려오면서 내일 두리산에 갈 때 붓과 비단을 준비하라고 일렀다. 주변에 어둠이 내리자 총관은 망덕정에서 내려왔다. 숙소로 돌아갔다.

***

"두리산이 여기서 얼마나 돼?"

시위가 경문에게 물었다.

"저 앞에 보이는 저 산이랍니다. 가까워 보이지만 가는 가보면 꽤 거리가 된다고 합니다."

"마실 물이나 준비를 좀 하지."

"이미 출발시켜 놓았습니다."

잠시 뒤 총관이 모습을 드러냈다.

"오늘 누가 따라갈 것인가?"

"박규상 차사원과 소직이 되시겠습니다."

라고 경문이 답하자 오른손을 들어 좋다는 뜻을 보였다. 총관이 말 위에 오르자 갑군들이 앞에서 행차의 길을 열었다. 평소의 행차처럼 황룡기도 없고 호위무사들도 여남은에 불과했다.

산이 가까워질수록 두리산은 안개인지 구름인지 알 수 없는 운무가 산 꼭대기에 걸려있었다.

"저런 상태라면 올라가도 보이지 않겠는데."

"글쎄요. 오는 날이 장날 같은데요."

하고 박 차사원이 경문과 대화를 나누면서 갔다. 두리산은 전망이 좋아 평소에도 바다를 보기 위해 많은 사람들이 즐겨 찾던 곳이다. 산이 그리 높지 않아 일행이 꼭대기에 올랐는데도 운무가 걷히지 않아 운무가 걷힐 때까지 기다리고 있었다. 햇살이 퍼지기 시작하자 안개도 함께 걷히기 시작했다. 일단 걷히기 시작하자 언제 그랬냐는 듯이 깔끔하게 걷히더니 산 아래 멀리 서수라보(堡)가 보이고 그 보를 안고 도는 두만강의 물줄기가 선명하게 드러났다.

그 순간 총관은 경문에게 준비한 붓을 가져오게 하여 직접 그 물줄기를 비단에 그리기 시작했다. 그는 떨리는 손으로 물줄기를 그리면서 한 번 보고 한 획을 긋고, 또 한 번 보고 한 획을 그어 그리기를 반복하며 붉은 비단 폭에 두만강 하류의 지도를 완성했다. 그리고는 그 왼쪽 아래 그린 날짜와 자신의 이름을 쓰고 마무리를 지었다. 총관의 지도가 완성되자 하산을 시작했다.

한편 지남은 총관이 하마 올까 기다리며 성문 밖을 지키고 있었다. 멀리서 호위무사들이 보이자 지남이 총관을 맞으러 나아갔다.

"안개가 끼었던데 잘 보이셨습니까?"

"다행히 안개가 걷혀주더군."

하며 지남을 따라오라고 손짓을 했다. 총관은 동헌에서 지남에게 그림을 보여주며 말했다.

"높은 곳에 올라 내려다보니 역력히 볼 수 있어서 오히려 물가에 가서 살펴보는 것보다 나았다."

"이것은 유 화공이 그린 것입니까?"

라고 묻자 총관이 말하기를,

"이것은 목(穆) 화공이 그린 것이다."

라고 하고는 곧 크게 웃었다. 그러면서,

"이제 내가 할 일은 다 했다."

라고 하며 오후 늦게 아산진(阿山鎭)으로 다시 돌아왔다.

6월 2일 오전 아산진을 출발하여 해 질 무렵 경원부에 도착했다. 총관은 피곤했던지 부관에게 목욕물을 준비시키고, 목욕이 끝나는 대로 회의를 할 수 있도록 참모들에게 연락을 하라고 지시했다. 총관의 막사에는 시위와 홍이격, 발십고 부장들까지 모두 참석하여 총관을 기다렸다. 잠시 뒤 총관이 목욕을 마치고 간편한 차림으로 회의장에 나타났다. 이제까지의 강행군으로 피곤했던지 그의 얼굴에는 여러 곳에 울긋불긋 부기가 있었다.

"이제까지 여러분들의 노고에 힘입어 황명을 차질 없이 받들 수 있었소. 이제 곧 우리는 이곳을 떠나야 하는데 그 준비사항이 어떻게 되어가고 있나 해서 오늘 이 자리를 마련하였소. 포 시위, 어떻소? 이제 떠나기만 하면 되오?"

"네, 그렇습니다. 하명만 하시면 언제라도 떠날 준비는 되어있습니다."

총관의 물음에 시위는 시원하게 대답했다. 그들도 지난 2월부터 근 석 달째 정계비에 매달려 있었기 때문에 하루라도 빨리 집에 돌아가고 싶어 미리부터 출발 준비를 해오고 있었다. 총관은 주사 악세와 홍이격에게도 같은 질문을 하였다. 그들도 역시 모든 준비를 마쳤다고 보고했다. 그러자 총관이 홍이격에게 다시 물었다.

"지난번 내가 부탁한 가발은 어찌 되었는가?"

라고 묻자 홍이격이 깜짝 놀라며,

"그것은 아마 조선의 김 동지가 준비를 하고 있을 겁니다."

라고 대답했다.

"그러면 김 동지를 불러 확인을 해보라!"

라고 하자 홍은 지남을 급히 불렀다.

그때 지남도 총관이 온성에서 요구한 가발 60개를 채우지 못해 두 사또와 대책을 의논하고 있던 중이었다. 지남은 스스로 발이 저려 고개도 들지 못하고 죄인처럼 허리를 굽혀 회의장 안으로 들어갔다. 모두의 시선은 지남에게로 쏠렸다.

지남이 총관에게 인사를 하고 자리에 앉자 총관이 직접 물었다.

"김 동지, 내가 일전에 부탁한 가발은 어찌 되었는가?"

"아이구, 총관 대인, 죽을죄를 지었습니다. 그렇지 않아도 지금 두 사또와 부족한 가발에 대한 대책을 논의하던 중이었습니다."

그 말을 듣던 총관은 지남의 말을 중간에서 끊고 들어가며 소리를 꽥 질렀다.

"뭐라고? 죽을죄를 지었다고! 그럼 죽어야지! 내가 말한 게 언젠데 지금까지 준비를 하지 못했단 말인가?"

총관이 지남에게 그렇게 대노하며 고함을 지른 적은 근래는 처음 있는 일이었다. 그러자 지남이 변명을 하기 시작했다.

"이곳 함경도는 살기가 어려워 여인들이 모두 자기들 머리를 잘라 양식을 사고 있기 때문에 긴 머리를 가진 여인들을 찾기가 매우 어려웠습니다. 그리하여 두 사또께서도 심히 걱정을 하고 있습니다."

"그럼 이제까지 몇 개나 준비했는가?"

"30개이옵니다. 대인께서 이제까지 우리 조선에 대해 깊은 온정을 베풀어 주신 은혜를 누구보다 두 사또께서 잘 알고 있사옵니다. 그래서 지금 평양과 한양에 사람을 보내놓고 그 결과를 기다리고 있는 중입니다."

총관이 지남의 말을 들어보니 준비를 하지 않은 게 아니라 사정이 어렵다는 것을 알게 되었다. 그러자 총관 자신도 낙담하는 기색을 보이며 말했다.

"사실 그 가발은 내가 쓸려는 것이 아니라 황실로부터 부탁을 받은 것인데 내가 어찌 빈손으로 황실에 들어갈 수 있겠는가?"

하고 자기의 심중을 드러내 보이며 크게 한숨을 쉬었다. 지남도 총관의 사정을 듣고 보니 이것이 보통 심각한 문제가 아니었다.

조선이나 청을 가릴 것 없이 궁중 여인들에게 가발(가체)은 여인으로서의 신분과 권위의 상징이었고 미의 완성이었다. 그리고 조선 여인들의 가체는 특히 색깔이 진하고 머릿결이 고와 당시 명이나 청의 궁중 여인들에게 절대적 사랑을 받고 있었다. 그렇기 때문에 조선의 가발은 그 값이 없었고 부르는 게 값이었다. 그래서 이번에 목 총관이 조선에 파견된다는 소식을 듣고 청의 황실에서 특히 부탁을 한 것이었다. 그런데 지금 돌아갈 때는 다 되었는데 가발 준비가 되지 않았다고 하니 총관으로서도 기가 막힐 노릇이었다.

회의장 안의 분위기가 무겁게 흐르자 홍이격이 목소리를 높여 총관에게 말했다.

"대인, 이번 가발은 조선놈들에게 맡겨두어서는 결코 안 됩니다. 저 인간들 하는 짓들을 보십시오. 지난봄 우리 예부에서 자문으로 그렇게 지시를 하였는데도 말(馬)도 전혀 준비해 두지도 않았고, 대인께서 직접 보셨지만 이 강(江) 안에 있는 섬에 농사만 해도 그렇습니다. 그렇게 짓지 말라고 하는데도 우리 말을 듣지 않고 있지 않습니까?"

"그러면, 어쩌자는 말인가?"

"용감한 우리 발십고의 갑군을 풀어서 당장 가발을 구해오도록 해야 합니다."

그러자 총관이 한참 눈을 감고 생각하더니 고개를 끄덕이며 말했다.

"그래! 그럴 수밖에 없겠어!"

하고 총관이 홍의 의견에 동조한 뒤 다시 물었다.

"누굴 보내지?"

그러자 옆에 앉아있던 부장 아응거이(阿應巨伊)가 자리에서 일어서며 말했다.

"총관 대인, 소장이 다녀오겠습니다."

그러자 총관은 아응을 바라보며 말했다.

"이번에는 술주정 안 부리고 잘할 수 있겠어?"

"네, 이번에는 술 근처에도 가지 않겠습니다."

그러자 총관은 그에게 갑군 10명을 차출하여 보내라고 명했다.

이렇게 하여 아응거이는 그다음 날 갑군 10명을 거느리고 가발을 구하러 떠났다.

***

아웅거이는 원래 오라지역에서 포악한 주정뱅이로 소문난 장수였다. 그러나 누구에게도 뒤지지 않는 충성심 하나로 목 총관의 신임을 두텁게 받고 있었다. 그래서 이번 가발 수집 출정에도 총관은 그를 불러 단단히 일렀다.

"이봐! 아웅."

하고 총관이 그를 못 믿어 하는 눈초리로 그를 바라보며 불렀다.

"네, 총관 대인."

"자네 이번만은 술 좀 참고 사고 치지 마! 알았어?"

"네, 총관님, 이제 돌아갈 날도 며칠 남지 않았잖아요."

"말은 잘하네, 내가 한 말 잊지 말고 명심해!"

총관은 평소의 아웅거이의 행동거지를 잘 알고 있기에 술을 먹지 말라는 당부에 당부를 거듭했다. 총관은 걱정을 하면서도 그의 충성심 하나를 믿고 또 내보내게 되었다. 그는 총관의 신임을 과신하고 주제넘은 말을 했다.

"총관님, 소장이 저 황룡기 하나만 앞세우고 가게 허락하여 주십시오."

그러자 옆에 있던 포 시위가 허탈한 웃음을 지으며 말했다.

"이봐! 아웅, 너 지금 제정신이야?"

"아니, 저 황룡기가 4개나 있는데 대인의 명을 받들어 하나를 앞세우고 간다고 해서 뭐 크게 잘못된 게 있습니까?"

하고 오히려 정색을 하고 시위에게 달려들었다. 그때 옆 좌석에 앉아 있던 주사 악세가,

"장군, 그런 게 아닙니다. 그냥 가세요."

하고 아웅을 타이르자 그는 고개를 옆으로 홱 돌리며 못내 아쉬운 표정을 지었다. 그렇게 해서 바로 그다음 날 아웅은 자기가 평소에 거느리고 다니던 건장한 갑군 10명을 데리고 가발을 구하러 출발하게 되었다.

그때 지남은 그들이 걱정스러워 길 안내와 통역을 빌미로 자신이 따라 나서겠다고 하니 조선 사람은 필요 없다며 거절하였다. 아웅이 맨 처음 간 곳은 경원부의 외곽의 한 주막집이었다. 그는 역시 주정뱅이답게 자기의 본거지를 주막에 설치하고 먼저 술 한 병을 다 들이키고 나서 부하들에게 지시하였다.

"나는 이곳에 진을 치고 있을 테니 너희들은 마을을 돌며 머리를 자를 만한 여자들만 보면 무조건 강제로 이곳으로 끌고 와! 그러면 그다음은 내가 알아서 할 것이야!"

라고 지시를 하고 부하들 둘을 남기고 나머지 8명을 4명씩 한 조를 짜서 온 마을을 설치고 돌아다니게 하였다. 그들은 말을 달려 온 동네를 휘젓고 다녔다. 조용하던 마을이 삽시간에 말발굽 소리로 마치 전쟁이 일어난 듯 하였다. 마을 사람들이 모두 놀라 집 밖으로 나왔다. 그때 조선의 낭자머리를 한 여인이나 댕기머리를 한 처녀들은 눈에 보이는 대로 모두 잡아 끌어갔다. 그렇게 무지막지하게 동네 아녀자들과 처녀들을 붙잡아 들이니 불과 얼마 되지 않아 끌려온 여인들이 20명이 넘었다.

아웅은 매우 만족한 듯 부하에게 술 한 잔을 더 따르게 하고 말했다.

"이렇게 간단한 일을 조선놈들은 한 달이 넘도록 핑계만 대고 있으니, 바보 같은 놈들!"

하면서 들고 있던 잔을 들이켰다. 그는 고삐가 풀리니 만주 초원을 휘달리며 술 마시고 약탈하던 옛 추억이 그리웠던지 계속 술을 마시며 호기를 부렸다. 영문도 모르고 끌려온 여인들이 고개를 숙이고 있는 모습을 보고 그는 즐거워했다. 아웅이 대충 보아도 이 여인들의 머리만 잘라도 필요한 양은 확보할 것 같았다. 그는 자리에서 일어나 끌려온 여인들에게 말했다.

"나는 대 청 황제의 명에 따라 너희들의 머리를 자를 것이다. 만약 조금이라도 반항하면 그때는 목을 자를 것이다. 알겠느냐?"

술에 취한 그가 머리가 아니면 목을 자르겠다고 위협하니 겁에 질린 여인들이 입도 뻥긋 못했다. 아무도 나서는 사람이 없자 그는 부하들로 하여금 머리를 자르게 했다.

한 여인이 끌려나가 삭발을 당하고, 두 번째 여인이 또 눈을 감은 채 삭발을 당했다. 조선 여인들은 겁에 질려 얼굴이 백지장처럼 하얗게 되어 눈물만 흘리고 있었다.

그 광경을 바라보고 있던 아웅은 그 순간에도 의기양양하며 조선 놈들은 일의 추진력이 없다며 계속 술을 마셔댔다. 세 번째 여인이 끌려나갔다. 그녀는 머리를 길게 땋은 앳된 처녀였다. 그녀의 커다란 눈에서 눈물이 비 오듯 두 볼 위로 흘러내리고 있었다. 그때였다. 한 여인이 나서서 울면서 애원하였다.

"장군, 저 아이는 혼인 날짜를 받아놓은 제 딸년입니다. 그러니 쇤네의 머리를 잘라드릴 테니 우리 숙이만은 좀 봐주십시오."

하면서 애원하였다. 그러자 아웅은 그 처녀를 한참 바라보더니 말했다.

"고것 참 예쁘게 생겼구먼! 혼인 날짜를 받아두었다고! 그러면 머리를 자르면 안 되지."

하면서 그 대신 숙이를 자기에게 끌어오라고 하고 다른 여인들을 계속해서 자르라고 했다.

그다음부터 아웅은 다른 데는 관심이 없고 오직 숙이만 쳐다보며 술을 따르게 하고 어깨를 감싸며 술을 마셔댔다.

"혼인 날짜를 받아놓았다고. 하하하! 부하들이 진짜배기를 잡아왔구나!"

하고는 숙이의 얼굴을 빤히 쳐다보더니 그녀에게 강제로 입을 맞췄다.

그때 억센 팔에 강제로 입술을 빼앗긴 숙이는 아무 저항도 못 하고 그냥 당한 뒤, 아웅의 귀싸대기를 사정없이 후려쳤다. 그래도 아웅은 여자니까 당연히 그러려니 하고 좋다며 다시 그 억센 팔로 숙이를 안고 강제 입맞춤을 하며 숙이의 입안에 혀를 깊숙이 집어넣다가 그만 혀를 꽉 깨물리고 말았다.

"아! 나 혀 잘렸어…."

하면서 손으로 입을 감싸는데 그의 입에서 흐르는 피가 그의 두 손을 벌겋게 물들였다. 그러면서 아웅은 한 손으로 입을 감싼 채 흥분하여 자리에서 벌떡 일어나며 칼을 뽑는 순간, 밖에서 '펑!' 하는 강력한 폭발음이 들렸다.

갑군들은 무슨 일인지 몰라 밖으로 뛰어나갔다. 그때 자욱한 화약 연기가 사라지면서 그 속에서 한 젊은 청년이 서서히 모습을 드러내기 시작했다. 당당하게 버티고 선 그의 표정은 여유 있고 비장했다. 오른손에는 심지가 불에 타들어 가고 있는 폭발물이 들려있고 왼손에는 또 다른 폭발물을 2개나 더 쥐고 있었다. 그것은 인마를 살상할 수 있는 사제폭탄이었다.

김지남이 새로운 화약을 만든 뒤로부터, 조선에는 한 사람이 던질 수 있는 수류탄 같은 폭발물을 만들어 병사들에게 공급하고 있었기 때문에 젊은 사람들은 지포(紙砲, 불꽃)를 이용하여 그와 같은 사제폭발물을 만들어 물고기도 잡고 놀이로 즐기기도 하였다. 이 청년은 자신의 약혼녀가 끌려갔다는 사실을 알고 자신이 평소에 즐겨 만들던 폭발물을 가지고 나타났던 것이다.

문밖에서 폭발음이 들려오자 갑군들이 칼을 뽑아 들고 줄줄이 문밖으로 나갔다. 그때 청년은 손에 쥐고 있던 폭발물을 그들을 향해 집어 던졌다.

맨앞서 가던 놈이 강력한 폭음과 함께 공중으로 푹 솟구치더니 나무 조각처럼 휙 뒤로 나가떨어졌다. 그리고는 다른 손에 들고 있던 심지에 불을 붙이려고 했다. 그러자 나머지 갑군들은 뒷걸음을 치며 뒤로 물러서기 시작했다.

청년은 아무 말 없이 아응을 향해 까닥까닥하며 손가락 짓을 했다. 잔말 말고 당장 숙이를 돌려보내라는 것이었다. 술에 취해 있던 아응도 겁에 질려 숙이를 발로 차며 밀어버렸다. 청년은 숙이의 손을 끌고 나가며 나머지 폭발물을 자기 뒤로 던져버리고 연기 속으로 유유히 사라져 갔다.

사태가 이렇게 변하자 끌려갔던 조선 여인들도 그 틈을 이용해 모두 집으로 돌아가 버렸다. 주정뱅이 아응은 결국 가발은 가져오지도 못하고 사고만 치고 말았다. 그날 저녁 숙소로 돌아온 아응은 혼은 났지만 그에 대한 총관의 신망이 너무도 높았기 때문에 남자가 그럴 수도 있다고 그냥 넘어갔다.

그다음 날, 약이 바짝 오른 총관은 접반사와 관찰사를 급히 불렀다.
"나는 내일부터 강 안의 섬에 불법으로 농사를 짓고 있는 사람들을 모조리 잡아들여 연경으로 끌고 갈 것이다."
라고 하며 이번 아응 사건의 보복을 시작했다. 그 말을 하고 나서 곧바로 군사를 풀어 섬의 경작자들을 모조리 잡아들이기 시작했다. 엊그제는 조선 여인들을 잡아들이더니 오늘은 남자들을 줄줄이 묶어 잡아들이기 시작했다. 죄목은 '불법 경작'이었다. 그러자 회령 경원 경흥 일대는 일순간 벌집을 쑤셔놓은 듯하였다. 남자들이 끌려오자 여인네들이 끌려올 때보다 훨씬 더 심각한 상황이 벌어졌다.

접반사와 관찰사는 이 사실을 임금에게 알리는 문제를 두고 격론이 벌어졌다. 백성들을 연경으로 끌고 가겠다고 하니 장계를 올리지 않을 수도 없고 그렇다고 이 사실을 알렸다가는 살아남지 못할 것이 뻔했기 때문이었다. 두 사또는 급한 대로 지방 수령들을 전부 불러 대책을 논의했다. 회령, 종성, 온성, 경원, 경흥 부사들이 전부 참석했다.

"이 일을 어찌하면 좋겠소?"

하고 접반사가 숨이 넘어가듯 다급한 목소리로 서두를 꺼냈다.

"주상전하께 장계를 올리면 즉시 비국에서 다시 차사가 내려올 것이고 그렇게 되면 사태는 걷잡을 수 없게 될 것입니다. 그러니 장계는 뒤로 미루고 일단 이 사태부터 먼저 수습하는 게 순서일 것 같습니다."

라고 이후전 온성 부사가 말했다. 그러자 관찰사는 그 방책은 일을 터 크게 만든다며 일단 장계부터 먼저 올려야 한다고 주장했다. 이렇게 장계를 올리는 문제를 두고 왈가왈부하며 의논은 서로의 언성만 높아갔고, 우리 백성들이 청에 끌려가는 일만은 막아야 한다고 말했지만 그 방법을 말하는 사람은 아무도 없었다.

그때 지남이 접반사에게 말했다.

"이번 사태는 가발에서 발단이 되었으니 그것만 준비되면 경작문제는 잘 풀릴 것 같습니다만 다른 분들을 의견이 어떠한지 모르겠습니다."

라고 하였다.

"그 가발은 어떻게 준비한단 말인가?"

하고 관찰사가 지남에게 되물었다.

"부인들이 머리를 잘라주지 않으면 남편들이 청으로 끌려갈 상황이니 이 일을 부인들과 먼저 상의해 보는 게 순서일 것 같습니다."

라고 하자 각 수령들이 그 말이 옳다며 그 방향으로 한번 추진해 보자고 하였다. 그리하여 각 수령들이 황급히 자기 관아로 돌아가고 오정석 경원 부사도 황급히 돌아와 마을의 경작자 부인들을 불러 모으고 이제까지의 논의 결과를 설명하자 부인들은 남편을 위해 기꺼이 자기 머리를 잘라서 총관에게 갖다 바치겠다고 하였다.

그다음 날 각 지방의 경작자 부인들이 다 같이 모여 총관을 찾아왔다. 총관이 무슨 일이냐며 그들을 관아로 들어오게 하였다. 여인들은 모두 머리에 하얀 수건을 두르고 있었다. 그리고 두 손에는 작은 보따리를 하나씩 공손하게 들고 있었다. 총관은 그 여인들을 보고 매우 괴이하게 여겼다. 여인들이 떼를 지어 자신을 찾아오는 일은 평생에 처음 있는 일이라 매우 괴이하게 여기고 물었다. 그러자 한 여인이 앞에 나서며 총관에게 예를 갖추고 말했다.

"총관 대인, 쇤네는 경원 읍내에 사는 숙이 에미입니다. 이제까지 조선 땅에 오셔서 저희들을 불쌍히 여기시고 인정으로 자애를 베푸셨다는 소문을 익히 들었습니다. 그리하여 우리 여인네들은 그 은혜에 조금이라도 보답하는 마음에서 스스로 머리를 잘라 대인께 올리고자 하오니 부디 거절하지 마시고 받아주시길 바랍니다."

라고 하며 자신이 자른 머리를 하얀 무명천에 곱게 싸서 바쳤다. 그러자 다음 여인도 총관에게 깍듯이 예를 갖추고 자기의 머리를 바치고 뒤로 물러섰다. 이러한 행렬이 엄숙한 분위기 속에 조용하게 이어졌다.

총관은 이 광경을 보고는 눈을 감고 아무 말도 하지 않았다. 여인들이 모두 자신의 가발을 바치고 나서는 고개를 숙이고 나란히 서서 총관의 명을 기다렸다. 총관이 눈을 떴을 때는 그 여인들이 머리에 하얀 수건을 두르고 나란히 큰절을 하며 예를 갖추었다. 그때 총관은 무겁게 입을 열었다.

"조선은 참으로 대단한 나라다. 큰일을 당하면 모두가 하나 되어 불같이 일어나는 모습을 나는 일찍이 본 적이 없다. 백성들의 이 정신이 살아있는 한 이 나라는 영원할 것 같다. 나는 섬 경작문제를 불문에 부칠 것이다. 끌고 온 농부들을 전부 집으로 돌려보내라!"

하였다. 경원부에서 발생한 가발사건은 변방 여인들의 지혜로 섬 안의 경작사건까지 모두 무난하게 매듭이 지어졌다.

***

다음 날 아침 이제 총관이 떠나는 마지막 날이라 점심때 객사에 주안상까지 마련했다. 또 거절할 줄 알았던 총관이 어제 일로 마음이 여유로워졌는지 승낙을 하면서, 이번 정계비 설치에 관여했던 두 나라의 주요 관원들을 모두 참석케 했다. 총관이 술을 마시기 전에 먼저 인사말을 했다.

"내가 지난 2월 15일 연경을 출발하여 벌써 석 달 보름이 되었소. 그동안 길고 먼 여정에서 어려움도 많았지만 그래도 무사히 일을 마치고 내일이면 이곳을 떠나려 하오. 이렇게 되기까지는 무엇보다 조선의 왕의 배려와 여러분의 협조가 있었소. 다시 한번 여러분들의 노고에 감사를 드리며, 앞으로도 우리는 서로 만나는 기회가 더러 있을 것이라 생각하오. 고맙소."

총관의 인사말이 끝나자 시위에게도 소회를 부탁했다.

"나는 하고 싶은 말은 없고 조선의 음악이나 한번 들어봤으면 합니다."

라고 하자 관찰사는 즉시 아쟁과 피리 부는 악공들을 불렀다.

그러자 총관은 접반사에게 백두산도 같이 가지 못하게 된 것을 미안하게 생각한다며 답례를 부탁했다.

"이번에 황지를 받들고 우리 땅에 오셔서 고생도 많이 하셨는데 무엇보다도 우리 조선에 조그마한 폐도 끼치지 않으려고 배려해 주시는 마음에 깊이 감사드립니다. 이제 내일이면 이곳을 떠나 대국으로 돌아가시는 데 우리 전하께서 보내신 예단을 올릴까 합니다."

라고 하자, 총관이 말하기를,

"이번의 행차가 조선에 폐단을 끼친 것이 진실로 적지 않다. 장차 이것으로써 돌아가 황제에게 상주할 것인데, 내가 지금 이 물품들을 받는다면 황제께서 소국을 생각하시는 뜻에 어긋남이 있을 것이다. 국왕이 전하는 지극한 뜻을 모르는 것은 아니지만 이 마음을 고치기 어렵다."

하면서 임금이 보낸 예단을 거절하려 하였다. 그러자 두 사또는 할 말을 잊고 침묵하고 있으니 갑자기 술좌석 분위기가 얼음처럼 냉기가 돌았다. 그 때 지남이 자리에서 일어나 말하기를,

"예로부터 칙사의 행차에는 예단이 있었는데 이를 거절하는 일은 단 한 번도 듣지 못하였습니다. 대인께서 칙사로서 이 예단을 받지 않겠다고 하는 것은 우리의 주상전하에 대한 비례(非禮)라고 생각합니다."

"자네의 말이 옳지만 내 마음은 이미 정해졌다. 이번의 행차에서는 결코 받을 수 없다."

고 하고 끝내 물리쳤다.

그리하여 결국은 두 사또가 올린 주안상까지 제대로 먹지 않았다. 접반사는 숙소로 돌아와 일전에 총관으로부터 받은 경계설치에 관한 의견을 문서로 작성하여 지남에게 보냈다.

> 바라옵건대, 여러 대인께서 황제의 명을 공경히 받들어 우리나라에 왕림하셔서 험한 지역을 친히 다니시며 경계를 조사하여 밝히셨습니다. 분수령 위에다 비를 세워 표로 삼고 또 토문강의 근원이 땅속에 숨어 드러나지 않고 흐르므로 명백히 하는 데 흠이 있을 것을 염려하여 이미 지도에 친히 표시해 주셨습니다. 목책을 세우는 일을 다시 얼굴을 맞대고 의논하여 오직 자세히 다하지 못할 것을 염려하여 이러한 자문을 보내

다시 묻는 거조가 있었습니다. 위로는 황제의 사방의 백성을 자식처럼 여기는 인자로움을 체득하시고, 아래로는 우리나라에서 일을 일으킨 사단을 걱정하셔서 곡진히 돌보심이 이와 같이 지극하시니 감격하고 존경스러움을 비유할 바가 없습니다. 일전에 합하께서 목책 설치의 편의를 굽어 물으셨습니다. 저희들은 목책은 오래갈 계책이 아니므로 혹은 흙으로 쌓고 혹은 돌을 모아놓고 혹은 목책으로써 농한기에 공사를 시작할 뜻과 중국의 인원과 중국인에 의한 감독 여부를 여쭈었습니다. 대인께서 이미 정계한 후이니 표를 세울 때에 대국인이 와서 감독할 일이 없을 것 같다고 하고 농민들을 공사에 동원치 말도록 하셨습니다. 또 이것은 하루가 급한 일이 아니니 감사가 주관하여 하고 편의에 따라 공사를 시작하도록 하되 비록 2, 3년 후에 완공하더라도 무방하다고 하셨습니다. 매년 동지사가 올 때 진척된 상황을 통역관에게 말하여서 대인에게 전해주면, 황제께 상주할 방도가 없지 않을 것이라고 하셨던 까닭에 저희들은 물러난 후에 이 뜻을 국왕에게 보고하였습니다. 자문 중에 양쪽이 무사하다는 말만 하였고 이 밖에 다시 말씀드릴 것이 없습니다. 또 자문으로 회신하는 것은 일의 체모상 감히 할 수 없어서 삼가 정문으로 우러러 답합니다.

총관이 펼쳐보고 난 후에 말하기를,

"무릇 공문을 작성하는 형식에 있어 회답하는 공문은 반드시 원문을 먼저 쓴 후에 할 말을 쓰는 것이 관례이다. 지금 이 답서는 더욱이 나의 자문을 상단에 먼저 쓴 연후에야 돌아가 황제께 주달할 수 있겠다."

라고 하였다. 총관의 뜻에 따라 정문을 고쳐서 다시 보내주었다.

저녁 식사 후, 총관이 내일 아침 일찍 후춘으로 건너가겠다고 군령을 내렸다.

그 소식을 들은 접반사는 마음이 바빠졌다. 아직도 총관과 의논해야 할 일들이 남아있었기 때문이었다. 접반사는 급히 지남을 불렀다. 접반사는 지남에게 지난번에 총관이 요구한 가발과 매방울 등을 보내면서 아직 못다 한 일이 있으니 출발 시간을 늦춰보라고 말했다.

"이 물건이야 전하면 되지만 한번 내린 군령을 제가 청한다고 연기하여 주시겠습니까?"

"그래도 가보게, 아직도 해야 할 일들이 남아있으니."

그길로 지남은 총관을 찾아가 준비한 물품을 전하고 군령에 관한 면담을 하였다.

"수천 리 험난한 노정에 밤낮으로 상종하다가 갑자기 헤어지게 되니 정리상 서운함을 금할 수 없습니다. 바라옵건대 대인께서는 하루 이틀 더 머무르셔서 상하 사람들의 바람을 위로해 주심이 어떠하시겠습니까?"

"허전한 마음이야 너나나나 다름이 없으나 황제의 유지를 받드는 사람이 무단히 머무르는 것은 원래 법례가 아니다. 아쉽지만 김 동지의 청을 들어줄 수가 없다."

"서운한 마음도 그러하지만 아직 처리해야 할 일도 없지 않으니 군령을 조금 물리셔서 마무리 짓지 못하는 일이 없도록 해주심이 어떠하십니까?"

"군령을 이미 내린 후에 또한 바꾸는 법규가 없지만 우리 김 동지 뜻이 그렇다면 내가 불가불 억지로 따르지 않을 수 없구나."

하면서 아침 진시(8시경)에 출발하기로 한 군령을 오시(12시)로 글을 고쳐 군령을 발하여 주며, 가지고 갔던 물건값도 함께 쳐주었다. 지남이 돌아와 물건값을 접반사에게 전하는 한편 군령도 바뀐 사실을 전하자,

"수역은 이제 천자의 마음도 움직이는구나!"

하면서 지남을 추켜세웠다.

15.

작별

날이 새면 총관이 떠난다고 하니 지남은 심란하여 뜬눈으로 밤을 새웠다. 잠시라도 눈을 붙여보려고 뒤척였으나 애를 쓸수록 정신은 맑아져 끝내 눈썹 한번 붙이지 못하고 날이 밝았다. 아침 식사를 하고 나니 박규상과 함께 오라는 접반사의 호출이 있었다.

"이것을 총관에게 전하게."

"이게 무엇입니까?"

"납약(臘藥)과 약간의 간식을 싼 신행(먼 길을 떠나는 사람에게 주는 물건)이니 그냥 전하기만 하면 되네."

"이번에도 거절하지 않으실지 모르겠습니다."

하면서 물러 나와 총관 숙소를 찾았다. 총관이 먼저 물품 명세를 쓰윽 훑어보더니,

"신행마저 거절하면 예의가 아니지?"

하면서 납약과 떡 몇 개만 챙기고 나머지는 다시 가져가라고 했다. 지남은 가져갔던 물건을 멋쩍은 표정을 지으며 다시 가지고 왔다.

접반사는 되돌려받은 물품을 받아 옆에 두고 지남과 박 차사원을 앉으라고 했다.

"어제 받은 물건값을 되돌려주었으면 하는데 어떤가?"

"이치를 따지자면 그 말씀도 옳습니다. 자기들은 신행마저 거절하면서 우리가 주는 물건은 모두 값을 쳐주니…."

라고 박규상이 접반사의 말이 옳다는 식으로 동조를 하였다.

"그럼 여기서 제가 홍이격을 한번 만나보겠습니다."

라고 지남이 말하고 홍을 찾아가 자초지종을 이야기했다.

"칙사께서 우리가 전하는 작은 성의도 다 물리치시니 주인으로서 우리의 체통이 말이 아닙니다. 어제 접반사께서 물건값을 받아두었던 것은 총관께서 폐단을 줄이려는 뜻을 어길까 봐 염려한 때문이었습니다. 그래서 이제 돌아가시려고 하니 그간 주신 선물과 받는 물건값도 모두 돌려드리려고 합니다. 이런 뜻을 총관에게 보고해 주면 어떻겠습니까?"

하였다. 그 말을 듣고 있던 홍이 얼굴빛이 갑자기 굳어지며 말했다.

"김 동지! 지금 제정신인가? 나는 그런 말을 전할 수가 없네."

"우리로서도 그렇게 하는 것이 칙사를 모시는 도리에 합당한 것입니다. 어려우시더라도 총관에게 말씀하여 주십시오."

"이제까지 모든 일이 순조로웠는데 지금 와서 기름을 부으려고 하는 것인가? 헛소리하지 말고 그냥 돌아가게!"

라고 혼쭐만 나고 돌아와 그냥 넘어가기로 했다.

한편 총관이 이제까지 서너 달 동안 함께 고생한 지남과 조선 사람들을 전부 오라고 하였다. 지남은 김호연, 박규상, 아들 경문 등과 함께 총관을 찾았다. 총관 방에 들어가니 시위와 주사, 홍이격이 총관 뒤에 좌우로 서 있었다. 홍이격이 지남 일행은 탁자 앞에 나란히 서게 하였다. 총관이 조그마한 그림을 두루 나누어 주면서 말하기를,

"이 물건들은 매우 보잘것없지만 그동안의 노고에 나의 마음을 표하고자 하는 것이다."

라고 하며 나눠주고 난 뒤, 그들을 먼저 돌려보내고, 지남은 조금 남으라고 했다.

"그대는 연로하니 내가 오래된 물건을 하나 선물하겠다."

라고 하며 오래되어 물색이 변한 병풍 하나를 주었다. 지남은 뭐라 할 말이 없어 그냥 머리를 숙이며 감사하다는 인사를 하고 병풍을 안고 나왔다. 두 사또에게 갔더니 먼저 나온 사람들이 모두 모여 받아 온 그림들을 펼쳐 놓고 있었다.

지남이 병풍을 펼쳐보니 병풍은 두 폭짜리였고, 당대 최고의 화공으로 알려진 장일봉(張一鳳)의 낙관과 '장송백응도(長松白鷹圖)'라는 화제가 쓰여있었다.

접반사가 깜짝 놀라며 말했다.

"아니, 이게 웬 보물인가! 총관이 그대를 대우함이 지극히 범상치 않구나."

하였다.

그러자 옆에 있던 김호연이

"그럼 값을 쳐서 술이나 한잔합시다."

라고 농을 걸자 모두 다 웃음바다가 되었다.

점심 식사 후, 총관이 떠날 때가 되자 객사 앞마당은 분주했다. 푸른 하늘에 황룡기가 바람에 펄럭이고 갑군들이 무장을 하고 총관의 위엄을 갖추었다. 조선의 군사들도 총관을 배웅하기 위해 일렬로 정렬해 있었다.

이윽고 출발을 알리는 나팔 소리가 울리자 총관이 의관을 갖추고 모습을 드러냈다. 두 사또가 의관을 정제하고 앞으로 나아가 예를 갖추었다.

"그동안 나라의 강역을 정계하는 대업을 완수하시고 무사히 귀국하시는 대인께 감축드립니다."

그러자 총관이 접반사의 손을 맞잡고 말하기를,

"우리들이 비록 황제의 명을 받고 왔지만 무사히 일을 마치고 돌아갈 수 있게 된 것은 진실로 (조선) 국왕의 돌보아 주심에 힘입은 것이오. 더구나 별도로 문위사까지 파견하고 예단을 후히 내려주시니 가히 성의가 지극함을 알 수 있었소. 모든 일에 폐단을 줄이라는 황제의 명이 있어 감히 어길 수 없지만, 마음속에 감격한 것은 받은 것과 다름이 없습니다. 이 뜻을 반드시 상세히 진달해 주시오."

라고 하였다. 그리고 이 관찰사의 손도 마주 잡으며 그동안 어려움 속에서도 최선을 다하려는 그 성의는 깊이 알고 있다고 하며 감사의 뜻을 전했다.

그러자 관찰사가 그동안 인마(人馬)를 충분히 준비하지 못한 것을 죄스럽게 생각한다며 너그러이 용서해 달라고 부탁하자 이제는 다 지난 이야기라고 오히려 관찰사를 위로했다. 그러면서 총관이 손을 번쩍 들더니 무엇인가 깜빡했던 것을 기억해 낸 듯 말했다.

"아! 내가 깜빡 잊은 게 하나 있었는데 다름이 아니고 조선의 의서인 『동의보감』 한 부를 다음 동지사 편에 좀 보내주시오."

"그 의서는 금서(禁書)라 전하의 윤허를 받아야 합니다. 아무튼 받아보실 수 있도록 성심을 다하겠습니다."

라고 접반사가 말하자 총관이 말에 오르려고 돌아서며 물었다.

"누가 우리를 안내할 것이오?"

"소관이 관찰사와 함께 배웅할 것입니다."

그러자 총관이 다시 돌아서며 말했다.

"그러지 마십시오, 우리는 여기서 작별을 합시다. 김 동지만 따라오게 하십시오."

라고 이번에도 두 사또의 배웅을 거절하며 성문을 나섰다.

***

지남이 박도상과 김호연, 병이 등을 데리고 총관을 따라 성문을 나서니 하늘은 맑고 경원 들판에 벼들이 초록 비단을 펼쳐놓은 듯했다. 저만큼 떨어져 앉은 운봉산에는 이름에 걸맞게 낮에도 구름이 산허리를 감고 있었다. 총관 일행이 고을 앞을 지나자 구경나온 사람들로 성시를 이루었다. 운봉산을 지나 진북(鎭北) 나루에 도착하니 강 건너편에는 벌써 총관을 마중 나온 청나라 군사들이 깃발을 펄럭이며 진을 쳐놓고 있었다. 이쪽에서 도착한 총관의 모습이 보이자 일행을 싣고 갈 배들이 일제히 노를 저으며 다가와 총관에게 인사를 올렸다.

이 강을 건너가면 이제 조선 땅과도 이별이다. 언제 다시 밟아볼지 알 수 없는 일이었다. 총관도 그사이 든 정이 깊었던지 나루 앞에서 잠깐 쉬어가자고 하며 자기 부하들에게 술과 고기를 가져오라고 했다. 영이 떨어지자 그들 중 배 한 척이 다시 돌아가 사슴 3마리와 약주 한 항아리를 싣고 왔다. 그 사이 갑군들은 순식간에 임시 천막을 설치했다.

천막 안에는 술좌석이 벌어지고 밖에는 사슴을 굽느라 하얀 연기가 하늘로 솟구쳐 올랐다.

"김 동지, 이 술과 사슴고기는 모두 우리 집 하인들이 마련한 것이니 안심하고 먹어도 될 것이오."

라고 말하며 지남을 가까이 와 앉으라고 손짓했다. 총관 일행과 마중을 나간 지남 일행이 탁자에 둘러앉자 이별주를 나누고 있었다. 총관의 제의로 한 순배의 술잔이 돌았다. 그 술은 조선의 붉은 색 소주와 흡사하였고 맛이 지극히 독하고 매우면서도 달짝지근하였다. 입에 마시기에는 좋았으나 취하는 것이 매우 심하였다. 청나라 사람들은 너나없이 그 독주를 홀짝홀짝 단번에 입안에 털어 넣었다. 그러나 박도상이나 김호연은 한 잔을 마시면 목구멍에 넘어가기도 전에 '캭' 하고 기침을 하기도 하고 오만가지 인상을 찌푸렸다.

총관이 두 번째 잔을 지남에게 권했다. 지남이 사양하며 말하기를,

"소인은 천성으로 술을 마시지 못하니 대인께서는 생각해 주십시오."

하였으나, 총관이 말하기를,

"이 술은 비록 독하지만, 잠시 뒤엔 쉬이 깨오. 이제 큰일을 마쳤으니 취하지 않고 무엇하겠는가? 내가 오늘 이 순간만은 취하고 싶소."

라고 하며 권하기를 그치지 않았다. 이 또한 지극히 대우하는 말씀인지라 감사함을 이기지 못하고 지남은 석 잔까지 받아 마시기는 했지만 너무 독해 더 이상은 마시지 못했다.

총관이 다시 술 한 잔을 쭈욱 마시고 나서 지남의 손을 잡고 지남을 노야(老爺, 어르신)라고 부르며 말했다.

"노야! 오늘 헤어지면 언제 다시 만나겠소. 만나지 못해도 잊지 말고 삽시다."

라고 하자, 지남이 마지막으로 부탁드릴 말씀이 있다고 하였다.

"말씀하시오, 내 기꺼이 들어드리리다."

"대인께서 돌아가시면, 오라상인들의 회령개시 횡포를 꼭 좀 해결하여 주십시오."

"아니, 이런 자리에서도 그런 부탁을 하오?"

"죄송합니다. 백성들이 불쌍해서 드리는 말씀이옵니다."

그러자 총관이,

"노야는 참으로 대단하십니다. 내 돌아가면 반드시 바로 잡아드리겠소."

하면서 지남이 취기가 있어 보이니 총관은 가마를 대령하라고 했다.

지남이 가마 이야기를 듣고 자신은 신분이 낮아 가마를 타서는 안 되는 사람이라고 한사코 거절하였다.

"노야! 걱정 마시오. 내가 타라고 하는데 무슨 걱정이오? 그럼 조심해서 돌아가시오."

라고 마지막 인사말을 남기고 승선했다. 이별은 서러웠다. 지남은 허리를 굽히고 예를 갖추며 떠나가는 총관에게 손을 흔들었다.

배 떠난 자리에는 총관의 지난 석 달이 파도처럼 멀어지고 있었다.

지남이 취기를 다스리기 위해 일행과 함께 강변을 걸었다. 두만강 강바람이 도포 자락을 휘날렸다. 그동안 총관과 함께했던 긴장된 시간들이 그림처럼 스치고 지나갔다. 뒤돌아보니 그의 배는 아득한 하나의 점이 되어 멀어지고 있었다. 깊은 속내는 알 수 없지만 어찌 되었던 그는 자상하고 친절한 사람이라고 생각했다. 맑고 시원한 강바람이 지남의 취기를 일시에 가시게 했다. 성문 앞에 당도하니 접반사가 기다리고 있다고 했다. 접반사를 찾아뵈니 그 자리에는 이 관찰사와 백두산에 올랐던 사람들이 모두 와있었다. 지남이 들어가자 접반사는 바로 총관의 안부를 물었다.

"어떻게 되었는가?"

"대인께서도 떠나시면서 이별을 아쉬워하셨습니다."

"그럼 잘 가셨다는 말인가?"

"네, 그러하옵니다."

"어이구, 잘되었구나! 이런 일을 두고 시원섭섭하다고 하는 것이지!"

라고 말하며 내일 아침 식사 후, 바로 떠날 것이니 한양에서 가지고 왔던 예물과 단자를 다시 한번 점검하라고 했다.

지남은 물러 나와 병이와 엉마이를 데리고 예물 수레가 있는 창고에 갔다. 그동안 풀지를 않은 수레에는 먼지가 뿌옇게 쌓여있었다.

"나으리, 이것을 한양으로 다시 가져가야 합니까?"

"그럼 도로 가져가지 않고 어쩔 테냐?"

한양에서 함경도 경원까지 석 달이 넘도록 이 수레를 몰고 다녔는데 이걸 그대로 다시 끌고 가야 한다고 생각하니 진절머리가 나서 푸념을 했다가 야단만 맞고 말았다.

지남이 단자를 들고 병이와 엉마이는 하나씩 점검에 들어갔다.

"먼저 총관 예단부터 먼저 불러봐!"

엉마이가 물건을 넘겨주면서 숫자를 부르면 병이는 복창을 하고 지남은 단자의 기록과 대조했다.

"붉은 명주가 10필."

"붉은 명주 10필."

"녹생 명주 10필."

"녹색 명주 10필…."

그러나 그것도 가지 수도 많고 숫자도 많아 예삿일이 아니었다.

엉마이가 계속 가지별로 숫자를 세어나갔다.

"표범 가죽 2장."

"표범 가죽 2장."

하고 병이가 무심코 복창하는 것을 지남이 중지를 시키며 말했다.

"지금 너희들 뭐라고 했느냐?"

"표범 가죽 2장이요."

"뭐라? 표피가 2장이라고!"

지남이 정색을 하며 물건을 직접 들춰보며 말했다.

"3장이잖아? 그런데 왜 2장이라고 해!"

그러자 엉마이가 웃으며 말했다.

"병이 성님 한번 골려주려고 그랬습니다요."

"농담도 할 게 따로 있지 이놈아! 표피 한 장이 사라지면 네 목은 열 개가 날아가도 모자랄 것이다."

"네, 잘 알고 있습니다요."

하면서 웃으며 예단 점검을 마쳤다. 점검을 마치고 나니 밤이 제법 깊었다. 지남은 오랜만에 셋이서 그간의 이야기를 하며 오붓한 시간을 가졌다.

16.

간도는 우리 땅이다

6월 초 이른 아침, 드디어 두 사또가 경원을 떠나 한양으로 출발하게 되었다. 경원부사 오정석을 비롯한 온성부사 이후전, 회령부사 조태상, 종성부사 송유룡, 무산부사 이찬원 유원첨사 박신혁, 풍산만호 한 세흠, 나난만호 박도상 등이 접반사를 배웅을 하기 위해 이 일대 지방 수령이 전부 모였다. 접반사와 관찰사는 그동안 그들의 노고를 치하하며 일일이 손을 잡고 고마움을 표시했다.

그길로 지남은 병이와 엉마이를 데리고 접반사를 따라 경원부 성문을 나섰다. 뒤를 돌아보니 성벽은 창연한데 그사이 든 정에 산천도 정겨웠다. 병이도 집으로 간다는 실감이 나지 않은 듯 짐수레에 올라앉아 지남에게 물었다.

"나으리, 이제 집으로 가기는 가는 겁니까?"

"나도 실감이 나질 않는구나."

라고 대답하고 그들의 행색을 보니 얼마나 꾀죄죄한지 거지꼴이나 다름없었다. 이제 그들은 석 달 전 동대문에서 혜화문을 거쳐 되넘이-녹양-철원-김화-영흥-함흥-북청-경원으로 갔던 경흥로(慶興路)를 다시 거꾸로 밟아 한양으로 가게 될 것이다. 일행이 한성에 도착한 것은 6월 13일 늦은 저녁이었다.

다음 날 오전, 접반사와 관찰사는 지남과 함께 비변사를 찾았다. 제조 영감이 접반사를 보자 반가이 맞으면서도 대뜸 백두산에 오르지 않은 까닭을 못마땅하다는 듯이 물었다.

"거기까지 가서 왜 백두산에 오르지 않았소?"

접반사는 그 말을 듣는 순간 예상했던 대로 이제 올 것이 왔다고 생각했다.

"새삼스럽게 드릴 말씀은 없습니다. 장계에서 밝힌 그대로입니다."

"알겠소. 하여튼 조정에 가면 시끄러울 것이오. 내일 전하를 알현하는 것으로 승정원과 논의되어 있으니 그렇게 준비하시오."

제조의 그 말을 옆에서 들은 지남은 죽도록 일하고 갑자기 죄인이 된 듯하였다. 내일 복명 자리가 어떻게 될지 무거운 심정으로 비변사를 나왔다.

"이제 우리는 퇴로가 없습니다. 오직 당시 상황만 진실하게 말씀드리고 처분을 기다리는 수밖에 없습니다."

이 관찰사가 접반사에게 담담한 어조로 말하자, 지남도 자신의 의중을 말했다.

"안 간 것이 아니라 못 간 것입니다. 그 이상 더 드릴 말씀도 없지 않습니까?"

그래도 접반사는 마음이 무거운 듯 침통한 표정으로 집으로 돌아갔다.

***

다음 날 아침, 지남은 두 사또를 따라 입궐하여 임금을 알현하였다.

그 자리에는 영의정 서종태, 좌의정 김창집, 대사헌 이만성, 예조판서 민진후, 사헌부 대사간 이의현, 장령 구만리, 지평 권익관 등 사신접대와 변경을 담당하는 모든 대신들이 거의 참석하였다. 그들의 면면만 보아도 조정에서 이번 백두산정계비에 얼마나 많은 관심을 가지고 있는지 알 수 있었다. 접반사와 관찰사는 그들의 위세에 눌려 위축될 대로 위축된 분위기 속에 드디어 주상전하께 복명하였다.

"신 접반사 박권은 전하의 명을 받들어 청의 칙사 목극등을 영접하기 위하여 문위사 등 20여 명과 함께 지난 3월 25일 출발하여 두 달 스무날 만에 돌아왔습니다. 이렇게 무사히 돌아온 것은 모두 전하의 하해와 같은 성은의 덕분이옵니다."

라고 아뢰고, 그동안 있었던 일을 요약해서 낭독을 이어가려 하자 임금이 제지하며 말했다.

"이미 수차례 장계에 밝힌 이야기들이니 반복할 이유가 있겠는가?"

그때 예조판서가 아뢰기를,

"이번 접반사 일행은 절차상 다소 부족한 점이 있기는 하였지만 강역을 정계함에 있어 두만강이 아닌 토문강으로 기록되게 한 것은 크게 찬양할 만한 일이라 사료되옵니다."

그러자 주위에서 수군거리는 소리가 들렸다. 그때 뒷줄에 앉아있던 사헌부 장령 구만리가 기다렸다는 듯이 임금에게 아뢰었다.

"백두산 행차에 사명을 맡은 저 사람들은 신하로서 마땅히 청차와 함께 가야 하는데도, 접반사 박권과 함경 감사 이선부는 대신 편비(偏裨)를 보내고 모두 물러나 앉아 몸이 쇠약하고 늙었다는 핑계를 댔습니다. 백두산의 길이 비록 험난하다고 하지만 다른 사람들은 모두 통행하는데, 접반사와 함경 감사만 유독 가지 못한단 말입니까? 나라의 경계를 정하는 막중한 일에 다만 한 장의 글로서 보고하였을 뿐, 물의 근원을 다투어 논할 즈음에는 이미 목격하지도 않고 단지 '예예.' 하고 답하기만 하였으니, 사명을 맡긴 뜻이 어찌 제 마음대로 하게 하는 것이었습니까. 청컨대 박권과 이선부를 모두 파직하소서."

라고 아뢰었다.

그러자 예조판서가 청을 높이며 접반사의 편을 들고 나왔다.

"파직이라뇨? 아니 되올 말씀이외다. 예로부터 끝이 좋으면 모든 게 좋다고 했습니다. 백두산에 오르지 못한 과정상의 잘못이 있기는 하지만 정계비에 '동위토문'이라고 새기게 한 점은 높이 사야 할 것입니다."

그러자 이번에는 대사간 이의현까지 문책론에 합세하였다.

"업무를 논함에 있어 공과(功過)는 엄격히 구별되어야 합니다. 공이 있다 하여 과가 없어지는 것은 아닙니다."

"허허, 참! 헌부에서 장계를 보셨으면서도 그런 말씀을 하십니까? 이들이 백두산을 오르지 못한 것은 목총관의 위력 때문이었고, 정계비상의 '동위토문'은 잃어버린 우리의 실지(失地)를 회복할 수 있는 엄청난 공이 아닙니까?"

라고 하며 예판이 자기의 주장을 굽히지 않았다.

"그것이 왜 우리의 실지를 회복할 수 있다고 하십니까?"

라고 장령이 다시 예판을 반박하고 나서자 임금이 더 이상의 논쟁을 제지하며

"백두산 경계를 정할 때 접반사와 관찰사가 함께 가지 못한 것은 싫어하고 꺼리며 다른 일을 핑계로 삼은 데서 나온 것이 아니니 파직을 청하는 것은 옳지 않다."

라고 하며 장령 구만리의 청을 허락하지 않았다.

***

그리고 임금이 지남에게 물었다.

"과인이 이제까지의 장계를 한 자도 소홀함이 없이 읽었다. 그 과정에서 과인이 다시 확인하고 싶은 말이 있다. 백두산 동북지역은 누구의 땅인가?"

"우리 땅입니다."

"우리 땅이라고?"

"네, 그러하옵니다."

라고 지남이 전하께 자신 있게 답하자 장령 구만리가 또 반박을 하고 나섰다.

"아니옵니다. 전하! 저자는 지금 전하를 기망하고 있사옵니다. 현재 우리의 국경은 압록강과 두만강을 경계로 삼고 있는 것은 삼척동자도 다 아는 사실이고, 그 강을 건너가면 월경이라 하여 엄하게 다스리고 있는 것도 엄연한 현실인데 어찌 그 땅을 우리 땅이라고 할 수 있단 말입니까?"

라고 하자 그 말을 듣고 있던 지평 권익관이 지남을 협공이라도 하려는 듯이 연이어 질문을 던졌다.

"목 총관이 하산할 때, 두만강을 따라 내려와서 강 하류인 서수라보까지 확인했다고 하면 토문강이 아니라 두만강을 염두에 둔 것이 아니겠습니까?"

라고 하며 지남을 강하게 압박했다. 그러자 지남은 먼저 목 총관이 두만강을 따라 하산한 것에 대한 해명을 먼저 했다.

"목 총관이 두만강을 따라 내려와 강 하류인 서수라보를 관찰하고 간 것은 사실입니다. 그러나 그의 하산 경로가 국경이 될 수는 없습니다. 오직 국경선 기준은 백두산정계비 하나뿐입니다."

라고 목 총관의 하산 경로에 대한 설명을 한마디로 매듭지은 뒤, 백두산 동북지역에 대한 자기 소신을 임금께 아뢰기 시작했다.

"전하! 우리 조선과 청(후금)이 처음으로 국경을 논한 것은 정묘호란이 있었던 1627년 3월 강도화약(江都和約)이었습니다. 그 제3조에는 '조선과 금국은 서약하노니, 우리 양국은 이미 강화하기로 하였다. 앞으로 두 나라는 서약을 준수하고 각자의 강역을 보전한다(朝鮮與金國立誓 我兩國已講和好 今後兩國各遵誓約 各全封疆).'라고 되어있습니다. 그러나 이 화약은 심각한 문제를 안고 있습니다.

첫째, 이 강도화약은 무효입니다. 그 이유는 후금이 조선을 침략하여 왕을 겁박하여 강압에 의해 체결되었기 때문입니다. 둘째, 국경은 선(線)으로 이어져야 하는데, 그들이 설정한 봉금지대(封禁地帶) 외에는 당시에는 국경으로 확정 지을 수 있는 선이 없습니다. 셋째, 백두산 동북지역은 역사적으로 본래 우리 땅입니다. 고조선, 고구려, 발해, 고려 때도 우리 땅이었습니다. 그러나 왕조가 바뀌면서 애석하게도 그 땅을 온전하게 이어받지 못했습니다."

라고 하자 좌의정이 지남의 답변 중에 끼어들어 지남에게 물었다.

"지금 현실적으로 저들이 지배하고 있는데, 역사를 들먹이면 되겠는가?"

그러자 지남은 다시 차분하게 논리를 펴나갔다.

"국경은 힘에 의해 결정됩니다. 그래서 지금까지는 좌상대감의 말씀이 지당하십니다. 그러나 이제는 백두산정계비로 인해 그쪽 지역은 우리의 땅이라고 떳떳하게 주장할 수 있습니다. 그리고 이보다 훨씬 이전인 1638년 청의 호부는 요동-봉황성(鳳凰城)-왕청변문(旺淸邊門)까지 공사를 실시하고 그 안쪽을 자신들의 국경으로 한다고 반포한 바도 있었습니다."

라고 당당하게 대답했다.

그렇다! 이번에 목극등이 온 것은 국경의 살인사건을 조사하기 위한 것이 아니라 강희제(康熙帝)가 만들고 있는 「황여전람도」를 완성하기 위함이었다. 그는 조·청 양국의 국경을 백두산에서 발원하는 강을 기준으로 삼으려고 하였다. 백두산 천지에서 발원하는 강은 압록강과 토문강뿐이다. 토문강이 정계비에 들어가게 된 것은 천지 바로 아래서 발원되기도 하지만 결정적인 것은 목 총관이 조선에 들어올 때 가지고 온 예부 공문에 '토문'에서 조사하라는 명문의 지시가 있었기 때문이었다. 그리고 두만강은 백두산 천지에서 100리도 넘는 대홍단수 인근에 그 발원지가 있다.

압록강과 토문강 발원지는 백두산 천지 동남쪽 아래에서 사람 인 자(人字) 모양으로 두 갈래로 나뉘어 한쪽은 서쪽으로 흘러 압록강이 되고, 다른 한쪽은 동쪽으로 흘러 토문강을 이룬다. 목 총관은 수차례 확인을 거쳐 그 발원지의 분수령 위에 정계비를 세우고 즉시 강희제에게 보고하였다. 황제는 보고를 받고 그에 대한 아무런 거부 의사를 표하지 않았다. 그 자리에 우리 측 대표인 접반사는 참가하지 못했지만 다른 여섯 사람이 대신 참가하였으므로 그 비석은 조선과 청이 함께 세운 것이 되고, 그 내용에서 서쪽은 압록강을, 동쪽은 토문강을 경계로 한다고 하였으므로 간도를 포함한 토문강의 동남쪽은 당연히 우리 땅이 되는 것이다.

특히 1718년 강희제가 프랑스 선교사 J.B. 레지스(Legis)로 하여금 현지를 답사하게 하고 실측하여 그린 지도에도 조선의 국경선이 압록강과 두만강으로 된 것을 볼 수 없다.

간추려 말해, 간도를 포함한 백두산 동북지역을 우리 땅으로 인정한 청의 근거는 1638년 청의 호부 기록, 1712년 백두산정계비, 1718년 프랑스 선교사 J.B. 레지스가 실측하여 그린 지도 등이 있다. 그러나 한 나라의 영토는 역사와 정통성보다 실효적 지배가 우선한다. 애석하게도 이 지역은 청과 중국이 이어서 지배하고 있다.

지남의 설명을 들은 임금이 다시 물었다.
"글쎄, 그쪽 지방이 우리 땅임은 분명한데 좌상의 말씀대로 현실적으로 저들이 지배를 하고 있으니 묘책이 있을 수 있겠는가?"

"전하! 지금 저들은 상국의 행세를 하고 있고 우리가 힘으로 저들을 제어하기는 어렵습니다. 전하! 오지 않는 새벽은 없습니다. 우리는 그때까지 천둥소리에도 젓가락을 떨어뜨리는 계략을 견지하여야 할 것으로 사료되옵니다."

여러 신료들은 그 말을 듣고 한동안 멍한 표정들이었다. 그러나 영의정은 그 말이 약자는 때를 기다려야 한다는 유현덕의 도회지계(韜晦之計)임을 알고 크게 감탄하며 말했다.

"전하! 김 수역이 드린 말씀은 참으로 놀라운 발상입니다. 백두산의 동북 일대가 우리의 땅임은 자명한 일이지만 지금 현재 우리가 다툴 수 있는 힘이 없으니 결코 밖으로 드러내지 말고 조용히 준비하여 때가 오기를 기다려야 한다는 깊은 사려로 여겨지니 통촉하여 주시옵소서!"

그러자 접반사 일행이 안타까운 예조판서도 지남의 의견은 먼저 나라의 힘을 길러놓고 때를 기다리라는 서애 류성룡 대감의 말씀과도 상통하는 혜안이라고 극찬했다.

임금은 세 사람의 말을 듣고 잘 알아들었다는 듯이 고개를 끄덕였다. 그때 지남이 아직도 심중에 남은 말이 있었던지 임금께 주청을 드렸다.

"전하! 신 삼가 아뢰올 말씀이 있사옵니다."

"기꺼이 말해보라! 그대의 진언은 경청할 것이다."

"청은 후금에서 이어졌고 후금은 금에서 내려왔는데 금의 시조는 신라 왕족 김함보입니다. 이러한 역사적 사실은 『금사(金史)』, 『요사(遼史)』, 『송막기문(松漠紀聞)』 등 여러 사서에 기록되어 있고, 청나라 사서인 『만주원류고』에도 나와 있는 움직일 수 없는 역사적 사실입니다."

"그래서!"

임금은 지남의 막힘없는 역사의 식견에 매료된 듯 그에게서 잠시도 시선을 멈추지 않았다.

"다시 말씀드려, 이들 사서에 의하면 청의 뿌리는 한족(漢族)이 아닌 신라(新羅)입니다. 하오니 역사의 뿌리가 같은 우리는 그들과 관계를 돈독히 하되, 때가 오면 잃어버린 땅을 되찾을 수 있도록 철저한 계략을 조용히 갖추어 나가야 할 것이옵니다."

지남의 거듭되는 진언에 임금은 매우 흡족한 듯 자상한 목소리로 말했다.

"그대의 말은 구구절절이 놀랍고 가상하구나. 그대에게 가자(加資)를 품정케 하고 큰 상을 내리도록 할 것이니 소원이 있으면 말하라!"

"신은 역관입니다. 상도 벼슬도 바라지 않습니다. 다만 역관으로 남게 하여 주시옵소서."

〈끝〉

별첨

<경흥로>

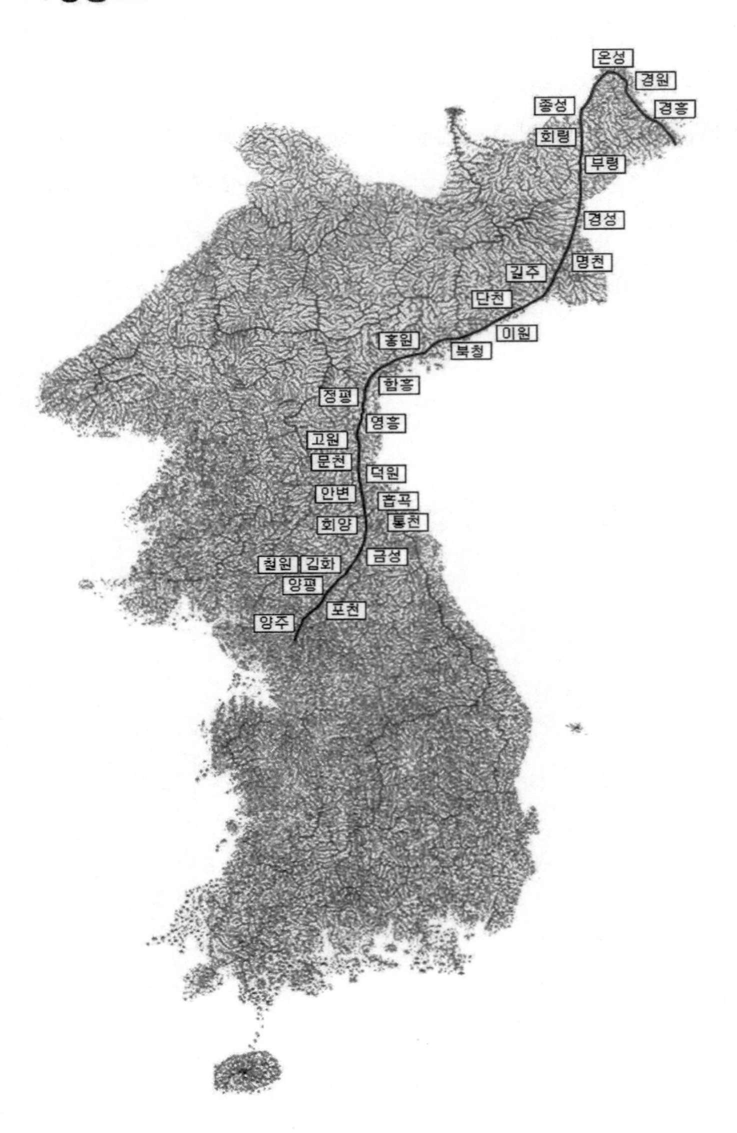
온성
경원
경흥
종성
회령
부령
경성
명천
길주
단천
이원
홍원
북청
함흥
정평
영흥
고원
문천
덕원
안변
흡곡
통천
회양
금성
철원
김화
양평
포천
양주

참고문헌

1. 『조선왕조실록』
2. 『동사록』(김지남)
3. 『북정록』(김지남)
4. 『신전자초방』(김지남)
5. 『심양일기』(소현세자)
6. 『흠정 만주원류고』(남주성)
7. 『북간도』(안수길 대하소설)
8. 『징비록』(류성룡)
9. 『열하일기』(박지원)
10. 『주해 을병연행록』(홍대용)
11. 『육효박사』(이시송)
12. 『주역』(노태준)
13. 『유마도』(강남주)
14. 『역주 화포식언해 신전자취염소방언해』(세종대왕기념사업회)
15. 『심행일기』(이준)
16. 『승정원일기』(박홍갑 외)
17. 『인물로 보는 조선사』(김정우)
18. 『조선붕당실록』(박영규)
19. 북간도 반환청구소송(강정민)

20. 『조선역관열전』(이상각)

21. 『인현왕후전』(태을출판사 편집부)

22. 『객주』(김주영 대하소설)

23. 백두산정계비 건립 실황기(국토통일원)

24. 『백두산정계비의 비밀』(김병렬)

25. 『연행사의 길을 가다』(서인범)

26. 『조선후기 중국과의 무역사』(유승주, 이철성)

27. 「'황여전람도'와 일본 고지도에 나타난 장백산과 토문강」(이돈수, 『간도학보』. 2021년 12월호)

28. 「'대고려국', 만주국, 동북인민정부의 상관관계연구」(신용우, 『간도학보』, 2020년 9월호)

29. 「한국이 '간도협약의 무효'를 중국에 통보하지 않는 이유분석」(이일걸, 『간도학보』, 상기호)

30. 「간도문제에 있어서 일본 책임론에 관한 연구」(조병현, 2016년 간도학회)

31. 그 외 인터넷 검색자료

대역관 김지남

초판 1쇄 발행 2024. 3. 26.
2쇄 발행 2024. 3. 29.

지은이 하치경
펴낸이 김병호
펴낸곳 주식회사 바른북스

편집진행 김재영
디자인 양헌경

등록 2019년 4월 3일 제2019-000040호
주소 서울시 성동구 연무장5길 9-16, 301호 (성수동2가, 블루스톤타워)
대표전화 070-7857-9719 | **경영지원** 02-3409-9719 | **팩스** 070-7610-9820

•바른북스는 여러분의 다양한 아이디어와 원고 투고를 설레는 마음으로 기다리고 있습니다.

이메일 barunbooks21@naver.com | **원고투고** barunbooks21@naver.com
홈페이지 www.barunbooks.com | **공식 블로그** blog.naver.com/barunbooks7
공식 포스트 post.naver.com/barunbooks7 | **페이스북** facebook.com/barunbooks7

ISBN 979-11-93879-43-6 04810
979-11-93879-03-0 04810(세트)